Weltgeschichte für Ungeduldige

Arnold Ibing

Copyright: © 2013 Arnold Ibing
Druck und Verlag: epubli GmbH, Berlin
www.epubli.de
ISBN 978-3-8442-5903-2

Inhalt

1. Geschichte für die Zukunft — 4
2. Botschaften aus vorgeschichtlicher Zeit – Offene Fragen und Mythen — 6
3. Älteste Kulturen: Indien, Iran, Mesopotamien, Ägypten – Religiöse Formen von innerer und äußerer Welt, Erfindung von Wirtschafts- und Staats-Organisation — 15
4. Griechenland: Klassik – Verheißungen des Humanismus — 28
5. Israel, Hellenismus, Erwartung von Erlösung — 38
6. Rom - Fortschritt zur Republik, Rückschritt zum Kaisertum — 44
7. Christus und Christen – Form und Sinn des Lebens werden verwandelt — 51
8. Paulus – prominenter Christ mit antiker Herkunft — 60
9. Vom Römischen Welt-Imperium zum Christlich-römischen Imperium — 62
10. Völkerwanderung, Strömungen des Christentums, das Weltreich der katholischen Kirche siegt, Begründung des Mittelalters — 69
11. Islam – neues Weltreich der muslimischen Umma — 79
12. Hochmittelalter: Kreuzzüge; die neuen Maßstäbe und Ideen in Gesellschaft und Wissenschaft; Individualität: das bezweifelte Potenzial gedanklicher Selbstständigkeit; Demokratie — 84
13. Neuzeit, Durchbruch der geistigen Freiheit, Reformation, Renaissance, freier Geist und Willkür in einer neuen Epoche — 115

14 Von der religiösen zur politischen Neugestaltung in England und Frankreich, die neuen Ideale, Revolution, Aufklärung, Vertrauen in die Vernunft und Krieg — 131

15 Deutsche Klassik, Vernunft und Bildung, Idealstaat und Kleinstaat, ein Versuch zum inneren König — 155

16 Napoleons Jahrzehnt, Preußens Reformen, Deutschlands Rückfall in die Restauration — 166

17 Kolonialismus und Englands Industrialisierung — 181

18 Deutscher Größenwahn, Bismarck, Wilhelm II., der Imperialismus und die Zündung der Welt-Katastrophe, der Erste Weltkrieg — 192

19 Moderne – Umbruch zum 20. Jahrhundert — 216

20 Riskante Demokratisierung in der bestraften Nation, Deutschlands Nachkriegs-Krisen 1918 – 1923 — 233

21 Vom Hitler-Putsch 1923 zu NS-Weltkriegs-Inferno und Holocaust bis 1945 — 243

22 Nach dem Zweiten Weltkrieg: die vergrößerten Ansprüche — 270

Anmerkungen — 282

1 Geschichte für die Zukunft

Di: Ja, ich will mit dir über Geschichte reden!

Eo: Warum?

Di: Ich weiß zu wenig, mir fehlt es an Überblick in der Geschichte! Ich will wissen, was uns geprägt hat: Wer sind wir, wodurch, geworden? Erst, wenn wir wissen, was wir hinter uns haben, wenn wir begreifen, was wir geworden sind, können wir darüber sprechen, was vor uns liegt und wer wir sein wollen!

Wie können wir uns selbst verstehen? Welches Bild können wir von uns haben? Das Selbstbild und Selbstverständnis prägt unser Handeln in jedem Moment! In dem, was wir tun, wirkt, was wir über uns selbst denken. Wir handeln nach dem, was wir sein wollen und was wir bereit sind, uns zuzutrauen und zuzumuten!

Unser Bild von uns selbst können wir nicht zeichnen ohne ein Geschichtsbild. Erst mit einem Verständnis von dem gewordenen Bestand könnte ich reden über die Frage: Wie stelle ich mir unsere Zukunft vor?

Eo: Ich kann dir nur beistimmen! - Wie sollen wir anfangen? - - Das Gespräch wird vernachlässigt. Wir müssen uns wehren: durch Sprechen, durch Gespräche und durch Schreiben. Wir müssen unser Wissen und Denken im Gespräch freilegen!

Di: Im Gespräch einen Weg zu uns selbst gehen! Einen Gesprächsweg zu unserem Selbst-Verstehen durch die Geschichte!

Eo: Versuchen wir es!

Di: Einen schnellen Weg von den Anfängen vorwärts durch die Geschichte?

Eo: Ungeduldig durch die Geschichte, ja! Ein großes Vergnügen! Nur Grundfragen für ein Gesamtverständnis! Und die elementaren Verhältnisse der Epochen!

Di: Welche Fragen würdest Du behandeln?

Eo: Lass mich erst einmal vier Fragen vorschlagen! Erstens: Warum sollten wir die Anfänge der Geschichte ansehen? Was bedeuten uns die frühesten Kulturen? Das älteste Indien, der älteste Iran, das Zweistromland, Ägypten, Griechenland und Rom – was sagen uns diese Kulturen heute?

Di: Ja, gut! Ich fand die alten Kulturen immer interessant, aber ich würde mich schwer tun, die Grundverhältnisse zu beschreiben!

Eo: Zweitens: Was bedeuten uns in der Gegenwart die Epochen, in denen die großen Religionen gebildet wurden? – Was sagen uns die ältesten Gesellschaften mit Religionen, die viele Götter kannten? Dann die Gesellschaften mit den Lehren von dem einen Gott: Monotheismus des Judentums? - Das Christentum und der Islam? – Welche Anlage hat und welche Verheißungen eröffnet das Judentum? Welche Grundimpulse und welche Wandlungen hatte das Christentum in seinen ersten tausend Jahren? Welche Anlage, Form und Überlieferung prägen den Islam?

Di: Die Fragen finde ich gut, bei diesen Themen bin ich sehr unsicher!

Eo: Drittens: Was bietet uns ein Grundverständnis des Mittelalters? Warum bewundern wir die mittelalterlichen Marktplätze und Rathäuser, die romanischen und gotischen Kirchen und Kathedralen? Warum gehen wir den Geheimnissen mittelalterlicher Literaturwerke nach?

Di: Es wäre gut, dafür vernünftige Begründungen zu hören! Es gibt so viele Angebote auf dem Büchermarkt und in den Medien, in denen das Mittelalter verklärt wird!

Eo: Viertens: Was hat uns in den Wandlungen der letzten sechshundert Jahre seit dem Ende des Mittelalters geprägt? Seit dem fünfzehnten Jahrhundert hat die Welt sich so schnell verändert wie seit Jahrtausenden nicht mehr. Was hat so schnell vorangetrieben? Stehen enormen Beschleunigungen etwa auch enorme Vernachlässigungen gegenüber?

Wie finden wir in diesen Spannungen einen Weg? Wer sind wir geworden? Wer wollen wir sein? Wie verstehen wir uns selbst? Wie stellen wir uns unsere Zukunft vor?

Di: Da, spätestens, kommen wir bei dem Bild von uns selbst an. – Es ist sicher: Ohne Geschichte finden wir uns selbst nicht! Aber: werden wir für diese Betrachtungen nicht doch zu lange brauchen?

Eo: Du kannst unterbrechen, sobald es dir zu weitschweifig wird, ja? Es soll für ungeduldige Leute geredet werden! Wir haben wenig Zeit! Die Gegenwart läuft uns so schnell davon, und die Zukunft drängt unbändig!

2 Botschaften aus vorgeschichtlicher Zeit – offene Fragen und Mythen

Di: Fangen wir an! - Was weißt du über die Anfänge der Geschichte?

Eo: Die geschriebenen Dokumente reichen zurück bis etwa ins 4. oder 5. Jahrtausend vor Christus. Da war die Schrift erfunden worden. Davor finden wir in der Erde noch Reste von Bauten oder Gebrauchsgegenständen, etwa zurück bis ins 8. oder 10. Jahrtausend vor Christus. Noch weiter zurück reichen Bilder und Zeichnungen an Höhlenwänden, bis 40 000 Jahre, auch Waffen-Reste, zum Beispiel Pfeilspitzen, teils bis 300 000 Jahre vor Christus. Die ältesten Skelette in Ostafrika stammen aus der Zeit von vor 400 000 bis vor 4 Millionen Jahren.

Di: Diese Zeiträume werfen viele Fragen auf für die Wissenschaft, für die Archäologie und die Anthropologie – aber wie helfen sie uns, uns selbst zu verstehen?

Eo: In diesen frühesten Zeiträumen suchen wir nach Antworten auf die vielleicht größten Fragen unserer Herkunft: Haben wir einen Schöpfer? Oder haben wir uns selbst aus den Tieren entwickelt, durch Anpassung an neue Situationen, durch Versuch, Irrtum und Zufall in unserer ganz eigenen Evolution?

Di: Also - wie antwortest du dann auf die große Frage: ist unsere Entwicklung eine Evolution der Anpassung? – Oder entstammen wir einer Schöpfung?

Eo: Milliardenfach Schöpfung! – Aber die Evolution der Anpassung mitten darin!

Di: Wie kannst du so entschieden antworten?

Eo: Ich las in einer Zeitschrift einen großen Report über Astronomie und die Entstehung der Welt. Forscher, die sich auf die Berechnung von Wahrscheinlichkeiten spezialisiert haben, verglichen darin die Wahrscheinlichkeit einer Evolution durch Anpassung, Versuch, Irrtum und Zufall mit der Wahrscheinlichkeit einer intelligenten Schöpfung. Die Aussage war, dass die unendlich reichhaltigen Sinn-Beziehungen in unserer Welt mit vielen Zehner-Potenzen wahrscheinlicher aus intelligenten Willensprozessen hervorgegangen sind, als dass sie durch einen Evolutionsprozess, der nur sich selbst überlassen ist, entstanden sein könnten. Diese Aussage hat mich sehr beeindruckt.

Di: Erstaunlich! – Aber wir sind moderne Menschen, wie sollen wir damit leben? Wir haben keine Beziehung zu einem „intelligenten Willen", der in der Evolution fügend tätig gewesen wäre!

Eo: Wenn ich Berge, Gebirge, Steinformationen, Flüsse und Landschaften sehe, staune ich. Pflanzen und Tiere, die Schönheit von Blüten, Formen und Farben lösen in mir Bewunderung aus, ebenso die Gestalten der Tiere, deren Verhalten und deren

Fähigkeiten. Sollte ich über meine Gefühle sprechen, würde ich nach Worten suchen für sprachloses Staunen. Ich präge mir immer neu ein, was ich sehe, und staune immer neu und freue mich, ratlos über die Fülle. Und wenn ich die Menschen ansehe, den Formenfluss ihrer Gestalten, das Verhalten, das Stehen und Sprechen und Lachen, die Anmut, den Gefühlsreichtum, das Gesicht, die Augen, den Blick, alle die Organe in ihrem Zusammenwirken, das Staunen, das Beeindruckt-Sein, die Einfälle und Ideen, die Zuwendung, die Liebe in all ihren zarten und reichen Stufen, vom Blick bis zur Annäherung, zum Kuss – alles das ruft in mir bewundernde Begeisterung, tiefe Dankbarkeit hervor, staunend Anteil daran haben zu dürfen. Wir sind groß und unendlich fähig! Aber wie viel größer muss eine Fähigkeit sein, die uns und all dies um uns herum gebildet hat!

Di: Gut, gut! Du willst also sagen, wir hätten ein unmittelbares Erleben eines „intelligenten Willens" in uns? Du meinst doch damit „das Göttliche", wir hätten eine Erfahrung des Göttlichen? Wir müssten diese Erfahrung nur als Erleben auch erkennen, anerkennen und zulassen, wir müssten diese unmittelbare Teilhabe in ihrer Bedeutung nur wirklich würdigen? Wir seien also gewissermaßen „unmittelbar zu Gott", wenn wir uns dem, was an Gefühlen und Wahrnehmungen in uns lebt, nur öffneten und das, was wir geschenkt erhalten, nur annehmen wollten?

Eo: Wenn du das so sagen könntest?- Ich könnte dir zustimmen!

Di: Aber du glaubst doch nicht, dass diese vielen, vielen Menschen, die du kennst, die durch Lebensformen geprägt sind, in denen ein Göttliches eben nicht vorkommt, dass diese sich in einer nennenswerten Anzahl solchen Gedanken und Gefühlen öffnen könnten?

Eo: Hast du es je versucht, das auszusprechen?

Di: Oh nein, ich nicht, warum sollte ich?

Eo: Man duldet es, man hört dem, der so überzeugt ist, zu, man unterbricht zumindest nicht, man lässt es – oft kommentarlos – stehen. – Können wir es auch erst einmal so stehen lassen?

Di: Das könnten wir, ja! – Versuchen wir das!

Eo: Es wäre viel, viel mehr über diese Grundfragen der Evolution zu sagen. - Lass mich aber bitte noch einmal bei dem Eindruck anfangen, den du äußertest, dass die frühesten Zeiten für uns nichts Greifbares enthalten und daher uninteressant wirken. Hier sind ein paar Worte über die Phantasie einzufügen. Wir müssen uns eingestehen, dass die Beschäftigung mit Geschichte immer die Phantasie bewegt, und wir möchten, dass die Phantasie lebendig wird durch das, was wir aus der Geschichte aufnehmen. Aber wir brauchen die Phantasie auch bei allem Erforschen von Geschichte! Und: die Phantasie hat das Bestreben, detaillierte Bilder zu entwickeln, wir möchten uns in unserer Phantasie möglichst genau vorstellen können, was gewesen ist. Jetzt haben wir aber immer weniger Anhaltspunkte für differenzierte Vorstellungen, je weiter wir in den Zeiträumen zurückgehen und je weniger Fundstücke existieren. Wie sollen wir uns also Schöpfung vorstellen? - Über die Frühzeit tragen wir Heutigen die Bilder der anthropologischen Forschung schon in uns, die uns anschaulich zeigen, wie sich der Urmensch zum aufrechten Gang erhebt. Man hat uns grobe, behaarte Gesichter von den erste Menschen gemalt, Gesichter, denen wir spontan gerne ausweichen würden. Unsere Vorfahren erscheinen uns nicht gerade sympathisch. - Es gibt aber durchaus mehr Anregungen zur Erkundung dieser frühen Zeiten. Man bräuchte nur bereit sein, sich einzulassen auf Quellen, die weiter zurückreichen als archäologische Funde.

Di: Aber was redest du, es gibt doch keine Quellen ohne Funde! Was meinst du damit?

Eo: Erzählungen aus frühesten Zeiten: Mythen!

Di: Natürlich - ja, der Ursprung der Mythen ist nicht mehr erschließbar. – Sprache - muss alles begleitet haben – nur: sie hinterlässt keine sichtbaren Reste. - Es ist richtig: mündliche Überlieferungen könnten unendlich früh begonnen haben und auf unendlich

Frühes verweisen. Und sie können unendlich lange weitergegeben, also tradiert werden. - Aber wie zuverlässig sind sie?

Eo: Nimm das bekannteste Beispiel: Schliemann hat Troja gefunden, indem er den Erzählungen Homers vertraute und ihren Ortsangaben nachging. Ähnlich könnten wir uns zum Beispiel auch Platon vornehmen, der die Erzählungen der ältesten Vorfahren der Griechen sehr wertschätzte und Einiges in seine Schriften aufgenommen hat. Aber auch die Mythen anderer Völker sind überliefert, auch die jüdische Bibel enthält Mythen über die Anfänge. Wenn wir Verschiedenes zusammen sehen und vergleichen, könnten wir sie auf Übereinstimmungen prüfen. Das gibt Stoff für beide, für Phantasie und Vernunft.

Di: Also erzähl!

Eo: Erzählen will ich jetzt nicht, aber wir könnten Erzähltes betrachten. Die verbreitete Skepsis gegenüber Mythen könnte vielleicht gemindert werden, wenn Mythen aus verschiedenen Kulturen Ähnliches oder Gleiches enthalten.

Di: Du sagtest das! - Zum Beispiel?

Eo: Die Flutsagen! Aus über 80 Völkern rund um den Erdball gibt es alte Erzählungen von einer großen Flut, von Israel über das Zweistromland, Indien und Griechenland bis nach Grönland, Nord- und Südamerika und nach Polynesien in der Südsee. - Manche dieser Berichte enthalten das Bild einer Gestalt, die dem Gott oder der Götterwelt besonders nahe steht, rechtzeitig vor der Flut gewarnt wird, sich retten kann und nach der Flut mit dem Aufbau einer neuen Kultur beginnt. NOAH (Israel), UTNAPISCHTIM (Mesopotamien), MANU (Indien) und DEUKALION (Griechenland) sind Namen solcher Führer.

Di: Wird die Flut überall als Bestrafung durch die Götter dargestellt?

Eo: Nein, nicht überall findet eine solche Bewertung statt, darin sind die Mythen verschieden. Aber in der jüdisch-christlichen

Überlieferung steht der Begriff der „Sintflut", die, laut Bibel, über diejenigen Menschen hereinbrach, die die Gebote Gottes nicht geachtet haben.

Di: Dieses Ereignis ist aber doch nicht das Früheste, es ist doch der Flut schon einiges an Menschen-Geschichte vorangegangen, in der Bibel zum Beispiel gibt es die Geschichten von Adam bis Noah!

Eo: Ja, natürlich. Zu dieser frühesten Geschichte fand ich eine Erzählung aus Griechenland interessant, die bei Platon überliefert ist. Sie enthält sehr ungewöhnliche Bilder.

Di: Welche?

Eo: Sie sind für uns sperrig und schwer annehmbar und schwer deutbar. Es fällt schwer, sie nicht zu belächeln und sich trotz ihrer Wunderlichkeit auf sie einzulassen.

Di: Heraus mit diesen Bildern! Wo finden sie sich bei Platon?

Eo: Im Dialog „Politikos", „Der Staatsmann". Da wird berichtet, dass der Weltenschöpfer den frühesten Menschen Wesen zugeteilt habe, die sie schützten und lenkten wie Hirten ihre Herden. Es sei den Menschen unter deren Obhut gut gegangen, das Wetter sei freundlich eingerichtet gewesen, die Vegetation habe genügend Gras bereitgestellt für weiche Lagerstätten, mit den Tieren hätten sich die Menschen in freundlichem Austausch und guter Verständigung befunden.

Di: Das klingt sehr nach Paradies.

Eo: Ja, richtig – höre aber weiter! Die Menschen seien aus der Erde aufgewachsen und in sie zurückgesunken. Und als sie so viele Aussaaten, als ihnen bestimmt waren, durchlebt hätten, sei die Erde stillgestanden, ein furchtbares Chaos sei eingetreten, und die Erde habe angefangen, sich in die entgegengesetzte Richtung zu drehen.

Di: Und wer hat dieses Karussell-Spiel veranlasst?

Eo: Die erste Drehungsrichtung habe der Gott CHRONOS bewirkt, der habe aber dann das Ruder losgelassen und sich in seine Warte zurückgezogen. Mit der neuen Drehungsrichtung habe ZEUS die Leitung übernommen. Aber nun hätten die Menschen alles für ihr Überleben selbst bewirken müssen. Sie seien nicht mehr aus der Erde hervorgegangen, sondern hätten einander selbst hervorbringen müssen, die Nahrung sei ihnen nicht mehr aus der Natur bereitgestellt worden, sondern sie hätten mühsam den Ackerbau entwickeln müssen. Die Tiere seien ihnen nun feindlich entgegnet. Da allerdings hätten ihnen aus Mitleid die Götter beigestanden, Demeter zum Beispiel beim Landbau und Hephaistos bei der Herstellung von Werkzeugen. Die Menschen hätten sich nun erinnern müssen, wie alles früher für sie geleitet worden sei und hätten durch Nachahmung der früheren Fürsorge nun selbst alles für sich erarbeiten und mit Mühe gestalten müssen.

Di: Das klingt doch wie in der Bibel nach der Vertreibung aus dem Paradies.

Eo: Ja, diese Parallele drängt sich auf. Man könnte auch das Bild, dass die Menschen aus der Erde hervorwachsen, mit der Epoche in der biblischen Erzählung vergleichen, in der Adam – aus Lehm geschaffen – als einer, als eingeschlechtlicher Mensch, erwähnt wird. Auch in Platons Erzählung werden die Menschen erst nach dem Umbruch der Erddrehung, in einer zweiten Epoche, zweigeschlechtlich, müssen erst jetzt einander selbst hervorbringen. Das Gegenüber von Adam und Eva, die Polarität der beiden Geschlechter, wäre auch dort ein zweiter Schritt in der Menschheitsgeschichte.

Di: Ein eingeschlechtlicher Mensch – da müsste ich also wirklich länger drüber nachdenken, wie das gemeint sein könnte - ?

Eo: Du bist nicht der erste, den Platons Erwähnung eines frühen, eingeschlechtlichen Menschen, den er auch im Bild vom „Kugelmenschen" fasst, verstört. Platon hat dieses mythische Bild ausführlicher beschrieben im Dialog „Symposion", in dem über die Liebe gesprochen wird.

Di: Wenn ich mich damit beschäftigen wollte, müsste ich also dort nachlesen, gut. - Aber noch ein Anderes: verstehe ich das richtig, dass in der Erzählung bei Platon die Bestrafung fehlt, die in der Bibel nach dem Sündenfall erfolgt? Die Austreibung aus dem Paradies und die folgenden Mühen, Feldbau und schmerzhafte Geburten, sind doch im biblischen Mythos als Strafe beschrieben.

Eo: Ja, bei Platon enthält dieser Umbruch fast das Gegenteil, ZEUS scheint die Hilflosigkeit der Menschen zu wollen, damit sie lernen, selbstständig zu handeln.

Di: Selbstständigkeit entsteht dort aber zunächst in Erinnerung an das Handeln der Götter und an die Taten ihrer helfenden und hütenden Wesen, sie besteht zunächst also aus etwas sehr Unselbstständigem, aus Nachahmung.

Eo: Nachahmung in Erinnerung – griechisch „Anamnesis" - ist bei Platon ein wichtiger Begriff! Erkenntnis ist bei Platon eine Form der Anamnesis. Nur durch sie gelingt es den Menschen überhaupt, sich in die Weltordnung einzufügen, indem sie sich an die Regeln und Gesetze der Welt erinnern, sie nachahmen, erkennen und selbst anwenden. In der Erzählung wird noch berichtet, dass die Menschen die Gedächtnis-Wiederholung, Erinnerung und Erkenntnis schleifen ließen und in der Nachahmung immer nachlässiger wurden.

Di: Womit auch dort ein Zustand der Nichtachtung der Götterwelt einträte. Entwickelt sich auch dort die Menschheit so ungehorsam wie vor der Sintflut in der Bibel?

Eo: Andeutungen dafür gibt es. - Aber wir könnten hier den Vergleich eines griechischen und eines jüdischen Mythos über die früheste Menschheitsgeschichte verlassen.

Di: Er hat immerhin diskutierbare Thesen über den Sinn von Geschichte ergeben: Ist Gott verletzt und straft die Menschen, weil sie in Absonderung vom göttlichen Gebot – in Sonderung und „Sünde" – neugierig, freiheitlich und selbstständig vom verbotenen Baum der Erkenntnis gegessen haben? Oder: wollen die Götter, dass die Menschen über den Weg der Erinnerung an sie und über die Nachahmung und Erkenntnis göttlicher Weisungen allmählich Selbstständigkeit im Erkennen und Handeln gewinnen? – Würde dieses Zweite gelten, dann würden die Götter Ihresgleichen in uns erziehen wollen. Ja, würden sie demnach nicht sogar die Weltordnung mit all ihren Gebilden, Körpern und rätselhaften Drehungen so einrichten, dass die Menschen zu Göttern erzogen würden?

Eo: Darüber könnten wir jetzt diskutieren, wenn unsere Ungeduld uns nicht weiterspringen ließe.

Di: Weiterspringen wohin?

Eo: Wir haben einen Rückblick versucht in die Zeit vor der ersten großen kollektiven Erinnerung, die rund um den Erdball im Bild der Flut erhalten ist. Wir sollten voranspringen in die Zeit nach der Flut.

Di: Kann man die Flut eigentlich physisch nachweisen? Wenn es sie gegeben hat, müsste es doch Spuren geben!

Eo: Das ist schon so, ja. Man will herausgefunden haben, dass im Schwarzen Meer Spuren eines früheren, etwa 90 Meter tieferen Wasserspiegels liegen. Es gibt Theorien, dass das Abschmelzen der Eisgebirge zum Ende der letzten Eiszeit, um etwa 10 000 v. Chr., die Ozeane flutartig gehoben hat. Im Zweistromland gibt es natürlich aus verschiedenen Jahrtausenden deutliche Flutmarken. Dort sind durch die beiden gewaltigen Flüsse Euphrat und Tigris große Fluten nahezu selbstverständliche Epochen-Merkmale. Viele Theorien beschäftigen sich aber auch mit dem Untergang des sagenhaften Kontinents Atlantis. Seit Platon Beschreibungen solch eines Insel-Landes gegeben hat, die erstaunlich konkret sind, über ein Insel-Land, das jenseits der „Säulen des Herkules" gelegen haben soll, also jenseits der Meerenge von Gibraltar, im Atlantik, beschäftigt dieses Thema viele Forscher. Da gibt es Theorien von einem übergewaltigen Meteoriten-Einschlag, der zum Versenken des dortigen Landes und zur Hebung des Meeres geführt habe.

Di: Also, das könnte man alles prüfen und diskutieren. - Wann aber beginnen denn Nachweise uns näher bekannter, wirklich erforschbarer Kulturen? Das müssten dann ja solche sein, die sich nach der Flut entwickelt hätten.

3 Älteste Kulturen: Indien, Iran, Mesopotamien, Ägypten – religiöse Formen von innerer und äußerer Welt, Erfindung von Wirtschafts- und Staats-Organisation

Eo: Für die Zeit nach 10 000 v. Chr. ist in den vergangenen Jahrzehnten viel mehr gefunden worden, als wir vielleicht je erwartet hätten. Im Großraum des Indus-Gebietes entdeckte man bei Mohendscho-Dharo eine unbekannte Kultur aus dem 4. Jahrtausend v. Chr., ja, man fand im weiteren Umkreis des Indus, an den westlichen Berghängen des heutigen Pakistan, erste Siedlungsspuren aus dem 8. und 7. Jahrtausend nahe Mehrgarh. Bauten, Siedlungen, Anfänge von Sesshaftigkeit hatte man vorher in Iran und Ägypten frühestens mit dem 5. und 4. Jahrtausend angenommen. Jetzt fand man hier in Pakistan diese sehr viel früheren, und in Jordanien und in der Türkei bei Göbekli Tepe sogar Siedlungs-Anfänge aus dem 10. bis 8. Jahrtausend v. Chr..

Di: Was aber war das im ältesten Indien denn für eine Kultur?

Eo: Aus den 3. Jahrtausend sind Statuen von Meditierenden gefunden worden. Ein konzentrierter Ausdruck in den Antlitzen, geschlossene Augen und Körperhaltungen wie in Gebeten zeugen von Haltungen der Verehrung gegenüber Gütern, die man „heilig" nennen müsste, die durch das Innere des Menschen zugänglich sind. Die Statuen sind zum Teil in so feiner und vollendeter Technik hergestellt, dass man einen langen Vorlauf aus der Zeit vor

3000 v. Chr. für diese Kunst annehmen muss. Auch alles, was wir aus späteren Jahrtausenden in Indien überliefert haben, deutet auf das Weiterwirken einer sehr ausgeprägten, starken und weit zurückreichenden Tradition religiöser Kultur. Die Frage stellt sich, warum über eine solche Kultur der Frühzeit so wenig überliefert ist? - Indien muss in frühesten Zeiten in großen Bereichen mit Regenwald bewachsen gewesen sein. Üppiger Regenwald stellte alle nötige Nahrung bereit, man hatte vermutlich Lebensformen, aus denen keine Reste für die Nachwelt übrigblieben. Hier gibt es nichts Sichtbares, und die mündliche Überlieferung ist alles: dieses über Jahrtausende mündlich Weitergegebene wurde wohl viel später erst aufgeschrieben in den Büchern der Weisheit, den Veden. In diesen Büchern der indischen Religionskultur gibt es Texte von Einsiedlern im Wald und Gesänge aus tiefer Natur-Verbundenheit.

Di: Sind nicht Hinduismus und Buddhismus Religionen, die sehr auf das Jenseits bezogen sind?

Eo: Indien-Kenner berichten für das alte Indien von einem Lebensgefühl, das durch die Lehre geprägt ist, dass man auf der Erde in der Verkörperung des Gottes BRAHMA lebt. Die Brahmanen als die Träger der Weisheit leben in seinem Kopf, die Kshatriya, die Ritter und Wächter über das Recht, leben in den Armen Brahmas, die Vaishiya, die Kaufleute, in Brahmas Leib, die Shudra, die Arbeiter und Handwerker, in seinen Beinen und Füßen. Und von Leben zu Leben, von Verkörperung zu Verkörperung im Rad der Geburten, kann der Mensch, bei gutem Handeln, aufsteigen. Die Einzelseele, ATMA, kann sich entwickeln und ausweiten, indem sie ihre Schicksalssubstanz, das Karma, von Leben zu Leben fortträgt und verwandelt, sie dringt immer tiefer und weiter vor in die Weltseele, in das Wesen des Gottes BRAHMA. Ziel ist es, die eigene Seele aus dem Durst nach körperlichem Leben, und damit aus dem Leid, zu lösen, aus dem Rad der Geburten auszutreten, ins NIRWANA, ins Nichts, ins All, ins Jenseits einzugehen, keine Verkörperung mehr durchmachen zu müssen. Die Götter der Außenwelt, die ARSURAS, sind im Hinduismus die bösen Götter, die zu meiden sind. Die Götter des Inneren, die DEVAS, sind die, mit denen man sich verbinden will, mit denen man den Weg ins Innere und ins Jenseits zu finden hofft. - Ja, ich glaube, du hast Recht, im Ganzen könnte man sagen, das Leben und die Religion dienen hier dem Weg ins Innere und ins Jenseits.

Di: In Indien ist also eine fein ausgearbeitete religiöse Seelenkunde entwickelt worden, eine religiöse Psychologie, könnte man doch sagen, die zeigt, wie aus der vielfachen Wiederkehr ins irdische Leben eine gleichsam spiralförmige Bewegung hinauf ins Jenseits entsteht.

Eo: So könnte man es sagen.

Di: Aber so leben doch heute noch viele Hindus und Buddhisten.

Eo: Ja, mir scheint, dass bei Millionen und Milliarden von Menschen in ganz Asien dieses Lebensgefühl sehr gegenwärtig ist und viel verbreiteter ist, als wir es uns hier in der westlichen Welt vorstellen können und wollen.

Di: Das ist doch wirklich nicht das Lebensgefühl unserer Kultur, oder? – Wo haben wir unser Lebensgefühl her?

Eo: Vielleicht sind wir eher von dem bestimmt, was im ältesten Iran auf die Kultur des ältesten Indien folgte.

Di: Erzähl!

Eo: Im Hochland von Iran herrschen trockenes Klima und karge Vegetation. Für die dort lebenden Menschen stellten sich bei der Kultivierung große Herausforderungen. Wolken und Niederschläge erreichten fast nur die Randgebirge. Die innere Ebene im Iran ist eine heiße und trockene Wüste. Die Randgebirge wurden dadurch zum wichtigsten Reservoir für die Herkunft des kostbaren Wassers. Man musste Zisternen bauen, um auch im Sommer Wasser zu haben, und abgedeckte Bewässerungssysteme entwickeln, damit nicht zuviel Wasser in der Hitze des brennend heißen Hochlandes verdunstete, wie es in den Salzsümpfen, bereits immer geschah, die abflusslos am Boden der Hochebenen liegen.

Di: Der Anbau von Nahrungsmitteln muss also in dieser Region mit völlig neuem, großem technischen Aufwand verbunden gewesen sein.

Eo: Ja, es ist offensichtlich, weshalb der Iran einer der Ursprungsräume des Ackerbaues wurde: Man musste bewässern, man hat aus Gräsern Getreide-Arten gezüchtet. Aus Wildtieren züchtete man sich Nutztiere heran. Um die Bewässerung ausbauen zu können, entwickelte man Ingenieurstechnik und Werkzeuge. Um Kälte und Hitze ertragen und die kostbare Ernte lagern zu können, baute man Häuser. Um die aufwendigen Systeme erhalten zu können, bildeten sich Dorfgemeinschaften.

Di: War diese Kultur religiös?

Eo: Es ist nicht erstaunlich, dass der Ackerbau selbst ein geheiligter Vorgang war. Die Gründungsgestalt der iranischen Kultur, ZARATHUSTRA, lehrte ausdrücklich eine Religion des Getreide-Anbaus. Er war Bauer, Priester und König. Die gesamte Disziplin, die erforderlich war, um über den Jahreslauf hin, unter sparsamer Nutzung geringster Ressourcen, zu überleben, führte zu strengen Ordnungsformen des äußeren Lebens. Die Lebensregeln wurden als etwas angesehen, in dem sich das Gute ausdrückt und konzentriert, und sie wurden in großer Ehrfurcht eingehalten. Durch die Ordnungen in der Lebensform wurde das Böse ferngehalten. Sie waren das Mittel, um die Erde vom Bösen zu reinigen. In der Einhaltung der Lebensregeln bekämpfte man das Böse. Alles Gute kam aus der Helligkeit des Lichtes, die das Sonnenwesen AHURA MAZDAO, mit seinen helfenden Wesen, den Ahuras, täglich neu spendete. Das Böse hatte im Finsteren und Chaotischen, in allem, was die Ordnungen störte, seinen Wirkungsbereich. Ursache des Bösen war Angra Mainyu mit seinen verführenden und zerstörenden Helfern, den Deven oder Devs. Die hochverehrten Ahuras waren Götterwesen des äußeren Lebens. Die bekämpften und verachteten Devs waren düstere Wesen im Dunkeln des Inneren.

Di: Im alten Iran scheint das Leben verstanden zu sein als ein Kampf zwischen Hell und Dunkel, Gut und Böse.

Eo: Die Weltalter-Lehre des ZARATHUSTRA bekräftigt das: auf ein erstes Weltalter guter und reiner Ordnungen folgt das zweite, in dem das Böse eindringen kann. Im dritten Zeitalter wird, durch die wiederkehrende Hilfe von göttlichen Helfern und eines Erlösers, das Böse niedergekämpft. So kann das vierte Zeitalter folgen, in dem die ursprünglich gute Ordnung wiederhergestellt ist. ZARATHUSTRA sah sich selbst und seine Lehre im dritten Zeitalter, in dem des Kampfes.

Di: Wann lebte dieser ZARATHUSTRA?

Eo: Es gibt viele Jahres-Angaben. Eine griechische Quelle deutet auf das sechste Jahrtausend v.Chr., andere nennen spätere Zeiträume, bis hinab zum 6. Jahrhundert v.Chr.. Wenn man alle für wahr nähme, müsste man von mehreren Lehrern mit dem Namen Zarathustra sprechen, durch die eine zarathustrische Lehrer-Tradition im Iran über Jahrtausende hin fast kontinuierlich gegenwärtig war.

Di: Im Iran also hätte unser Hell-Dunkel-Denken und seine Bildlichkeit für Gut und Böse seine Anfänge?

Eo: So beschreiben es Kultur-Historiker und verweisen auf den Iran als Wiege vieler westlicher Lebens- und Kulturformen.

Di: Und unser technisches, nach äußerer Konstruktion strebendes Denken, das auf Gestaltung und Beherrschung von Naturvorgängen gerichtet ist, hätte dann ebenfalls hier seinen Anfang gehabt. Aber man müsste doch von einer religiösen Form der Technologie sprechen, oder?

Eo: Ja, ausdrücklich! Das mag uns zu denken geben, dass die Anfänge der technischen Welt-Erfassung in großer religiöser Ehrfurcht entwickelt wurden, ja, dass die Erfindungen der Technik selbst mit dem Impuls zur Durchdringung der Welt mit dem Guten verbunden waren. Die Regeln technischer Handhabungen waren ein Mittel im Kampf um die Reinigung der Welt vom Bösen.

Di: Wann ereignete sich die Erfindung von all diesem?

Eo: Zwischen dem 8. und 5. Jahrtausend v. Chr. vermutlich waren in Persien die bahnbrechenden Leistungen der Seßhaft-Werdung, des Ackerbaues, der Viehzucht und einer dörflichen Gemeinschaftskultur entwickelt und stabilisiert worden. Das Zend-Avesta, die Weisheits- und Königsbücher der Zarathustra-Tradition wurden aber erst in der Zeit unseres Mittelalters, gegen 1000 n. Chr., niedergeschrieben.

Di: Welches ist die nächste große Kultur?

Eo: Stelle dir vor, du wärest geübt und sehr erfahren darin, unter schwierigsten Bedingungen im Hochland bei extremer Trockenheit erfolgreich Ackerbau zu betreiben. Jetzt sähest du hinab in ein Tal, wo durch eine Frühjahrs-Überflutung über längere Zeit ein Überfluss an Wasser üppigstes Gedeihen von Pflanzen sozusagen von selbst bewirken würde. Und du sähest, dass wegen zweier großer Flüsse in der übrigen Zeit des Jahres mit der Bewässerungstechnik, die dir vertraut ist, reiche Ernten leicht zu erreichen sein würden. - Würdest du nicht dort hinabziehen und es versuchen wollen?

Di: Wenn ich genügend Gleichgesinnte fände, mit denen ich mich verstehen würde, dann schon.

Eo: Sagen wir, 5 000 wären bereit, dich als kundigen und gerechten König anzuerkennen.

Di: Die Zahl könnte reichen, aber es müsste die Aufteilung in die verschiedenen Aufgaben und Arbeiten gut überlegt werden, die dann zu bewältigen wären. Es müsste gewährleistet sein, dass binnen eines Jahres genügend Dämme gebaut wären, damit die neu angelegten Ackerflächen vor der Frühjahrsflut geschützt würden. Die Wassermassen würden sonst alles frisch Angebaute und die eben erst errichteten Hütten und Speicher gnadenlos hinwegschwemmen.

Eo: Du müsstest also eine große Zahl nur an den Dämmen arbeiten lassen. Während die einen die Dämme bauen, müssten Andere für den Anbau sorgen, Andere für das Vieh, wieder Andere müssten die Häuser errichten, Andere Gefäße herstellen, Andere Werkzeuge. Die Kinder würdest du vielleicht Erziehern und Lehrern übergeben. Die Ernte müsstest du aber auf alle verteilen, da jeder mit seinem Können zum Gelingen des Ganzen beiträgt. Du könntest die Ernte im Tempel des Sonnengottes lagern, dem alles Wachstum gedankt wird. Die Lager-Wächter müssten Maße entwickeln, um die Vorräte zu messen und die Austeilungen gerecht zuzumessen. Du würdest Verantwortliche für die Zahlen und das Messen ernennen, für die nötigsten Aufzeichnungen würdest du Symbol- Entwickler, Zahlen- und Schrift-Entwickler berufen. Chronologen müssten die Flut genau voraussagen, sie würden den Himmel beobachten und an den Sternen das Annähern des Frühjahrs ablesen. Astronomie würde entstehen und viele Gebrauchswissenschaften würden ausgebildet, zum Beispiel Bau- und Wasserbautechnik. Lehm- und Tonschichten im Boden würden größere Bauten mit Ziegeln ermöglichen. Bald würden Überschüsse zu Handels-Aktivitäten führen. Schiffbau würde den Handel beschleunigen und vergrößern.

Di: Mit anderen Worten: wir entwickeln hier die Kultur Mesopotamiens, Sumers, Babylons als eine solche, die auf den Leistungen der iranischen Kultur aufbaut, aber völlig neue Dimensionen öffnet.

Eo: Ja, und wir haben hier erstmals auch wirklich reiche Überlieferungen und Funde. In Mesopotamien gab es Arbeitsteilung, Handel, städtisch-staatliches Leben, Schrift, Recht und geschriebenes Gesetz, Staatsreligion, Wissenschaft und Kunst.

Di: Was ist denn das eigentlich Neue an den Quellen aus Mesopotamien?

Eo: Zuerst einmal die Tontafeln mit der Schrift. Im alten Iran gab es noch keine Schrift. Die erste, frühe Symbol- und Bilderschrift aus dem vierten Jahrtausend wird während eines Jahrtausends zur Zeichenschrift weiterentwickelt, der sogenannten Keilschrift, die viel schneller geschrieben werden kann als die Bilderschrift. Tausende von Täfelchen teilen uns nicht nur Königslisten, Geschäfts-

Vorgänge, Archiv- und Lager-Inhalte mit, sondern auch Gesetze, Berichte aus den Gerichts-Urteilen, mythische Erzählungen, Gedichte und Literatur. Wir können daher die großen Leistungen und die großen inneren Probleme dieser Kultur-Epoche detailliert beschreiben.

Di: Welche Leistungen würdest du neben den genannten hervorheben?

Eo: Zunächst bildet sich in der geschichtlich forschenden Phantasie ein Ideal einer ersten großen Wirtschafts- und Staats-Organisation: Alle arbeiten in ihren verschiedenen Berufen für das Eine, das Wohl aller in einer Gemeinschaft, die in Ehrfurcht und Dank vor den Göttern von einem Priester-Königspaar streng organisiert wird. Eine zentrale Getreide-Verteilung aus dem Tempel sichert die gerechte Beteiligung aller an der arbeitsteilig gemeinsam erarbeiteten Ernte. In allen Handwerken, in der Gold- und Metallbearbeitung, in der bildenden Kunst, in der Tempel- und Palast-Architektur entstehen Höchstleistungen, die bis heute hoch geachtet werden. Das Geld wird erfunden, um den Werte-Tausch zu vereinfachen und zu beschleunigen, indem ein allgemeiner Werte-Träger eingeführt wird. Dieses erste Geld ist die Gerste, später wird das Wert-Äquivalent aus Metallen geformt.

Aber die Berichte, die vom dritten Jahrtausend v. Chr. an immer differenzierter werden, zeigen durchaus keine idealen Zustände. Streitigkeiten zwischen Reich und Arm müssen geschlichtet werden. Schwere Verbrechen werden von den Richtern mit strengen und grausamen Vergeltungen bestraft. Die Gesetze des Hammurabi, die auf eine steinerne Stele geritzt sind, aus dem Beginn des zweiten Jahrtausends, von etwa 1800 v. Chr., geben Beispiele davon. Könige missbrauchen ihre Macht für Tyrannei, sie werden auf dem jährlichen Frühjahres-Fest rituell geohrfeigt, bis sie wienen und bereuen, ehe ihnen die Macht für ein weiteres Jahr übertragen wird. Schwächen müssen in einem Maße ausgebrochen und entfesselt worden sein, dass große Gemeinschafts-Riten zu deren Eindämmung entwickelt wurden.

Di: Gemeinschafts-Riten, was meinst du damit?

Eo: Man könnte vielleicht von kultischen Staatsfesten sprechen. Werfen wir zunächst einen Blick auf die Götter. Die wichtigsten Gottheiten zeigen eine übersichtliche Gliederung nach den Grundgegebenheiten der sichtbaren Natur, wie sie in Himmel, Sonne, Luft und Erde erscheinen: der Gott des Himmels ist AN, der Gott der Sonne heißt SCHAMASCH, der Gott der Luft und Winde ist ENLIL, der Gott des unterweltlichen Süßwasser-Ozeans, von dem die fruchtbare Boden-Feuchtigkeit kommt, ist ENKI. Den Menschen besonders nahe und in sie verliebt ist INANNA, die Liebesgöttin, eine Tochter des Unterwelt- und Fruchtbarkeitsgottes ENKI. Um die Liebe der Menschen ganz auf sich allein zu lenken, beschenkt sie die Menschen in großer Geste mit den ME. Die ME sind all die großen handwerklichen und künstlerischen Fähigkeiten, für die Mesopotamien so bekannt ist, aber auch die sozialen und politischen Amtstätigkeiten, deren Zerr-Formen eingeschlossen: Bestechung, Machtmissbrauch und Tyrannei. Es wird berichtet, dass INANNA all diese ME ihrem Vater listig gestohlen und sie den Menschen vorzeitig ausgeteilt habe. Weitere Episoden über INANNA zeigen, dass die Göttin der Liebe auch Züge einer Göttin der Selbstliebe und des Krieges an sich trägt.

Di: Damit hast du angegeben, wie die menschlichen Schwächen in Verbindung mit INANNA mythisch erklärt und eingefasst werden. Wie aber werden sie bekämpft?

Eo: Aus dem neubabylonischen Reich, Mitte des 1. Jahrtausends v. Chr., gibt es genauere Überlieferungen zu dem berühmten, großen Frühlingsfest, das offenbar auf einer sehr alten Tradition beruht. Danach werden die Menschen zur Feier der aufsprießenden Fruchtbarkeit des neuen Jahres aus der Stadt hinaus in die Natur geführt. Vermutlich feiern sie außerhalb der Stadtmauern mehrere Tage. Das Fest endet mit einer Prozession, die durch die große Feststraße zurück in die Stadt führt. Die Wände dieser Feststraße sind mit glasierten Tonziegel-Reliefs kunstvoll gestaltet. Auf dunkelblauem Grund sehen die Menschen, die aus der Natur in die Stadt, damit also in das Gemeinschaftsleben, zurückkehren, lebensgroße Reliefs von Löwen, die ihnen mit gefletschten Zähnen entgegenschreiten. Auf den Türmen der Straße sind ähnlich bedrohlich zwei weitere Tiere dargestellt: Drachen mit Klauen und einem aufgerichteten Schwanz mit Hornspitze und Stiere, die kraftstrotzend Haupt und Hörner erheben.

Di: Diese Bilder sind berühmt und sehr verbreitet. Wie werden sie gedeutet?

Eo: Der Ausgräber dieser Bilder, der sie zuerst gezeichnet, gesichert und schließlich im Museum fast in Original-Dimensionen wiedererrichtet hat, hat sich lange mit dem Sinn beschäftigt und eine Deutung erarbeitet. Ich möchte seine Deutungen in freier Form wiedergeben. Diese Tiere sind bildlicher Ausdruck für die menschlichen Gefährdungen, die die Gemeinschaft bedrohen und dem Staat schweren Schaden zufügen können. Wenn die Löwen auf beiden Seiten der Prozession an den Mauern den Vorbeiziehenden entgegengehen, könnten die Menschen die Warnung empfinden: Halte dich in der Mitte vor den zerstörerischen Extremen deiner Gefühle: Meide das Übermaß einer Sympathie, die gefräßig Andere verschlingen würde, meide aber auch das Übermaß einer Antipathie, durch die Andere verletzend zurückgestoßen werden. Von den Drachen-Bildern könnte die Warnung ausgehen, die Gefahren böser Gedanken zu meiden: das zerfleischende Zugreifen von Krallen, das Gift der Zunge und das Zustoßen scharfer Spitzen. Die Stiere rufen die Warnung hervor: Meide den stolzen, zornigen unbeherrschten Gebrauch der großen Kräfte deines Willens.

Di: Dieser Archäologe bezieht also die drei Tiere auf die drei Weisen, in denen sich der Mensch an der Gemeinschaft beteiligt: durch Gefühle, Gedanken und Willensäußerungen.

Eo: Ja, und er sieht einen weiteren Deutungsschritt gegenüber diesen drei Bereichen. Er bezieht in seine Deutung auch die Ornamente einer hohen Wand ein, die er im Königs-Palast fand und Thronsaal-Wand nennt. Hier werden, ebenfalls in glasierten Tonziegeln, gelb auf blauem Grund, Säulen aus drei übereinander gestellten, gleichen Elementen gezeigt, auf denen drei Voluten-Paare aufruhen, die mit den Nachbarsäulen Girlanden-artig verbunden sind. Aus der Mitte des obersten Volutenpaares drängt eine Margariten-förmige Blüte bis zur Hälfte nach oben hervor. Derartige Margariten-Blüten begleiten die Darstellungen in der gesamten Prozessionsstraße und auf den Türmen.

Di: Warum legst du auf die Säulen, die Voluten und die Blüten jetzt so viel Wert?

Eo: Hier sieht Walther Andrae – so der Name des Ausgräbers – einen bildlichen Ausdruck für die harmonische Wechselwirkung, die die Gedanken, die Gestaltung von Gefühlen und die Ausformung von Willenshandlungen miteinander eingehen können. Bei harmonischem Zusammenwirken sieht er – wie als eine Blüte des Menschen - das lenkende Ich entstehen, durch das der Mensch sich selbst und seine Stellung, die er in Gemeinschaft und Staat hat, gestalten kann.

Di: Das lenkende Ich also soll die Probleme unmäßig wütender menschlicher Kräfte lösen?

Eo: Welche Instanz sonst soll dazu in der Lage sein?

Di: Das musst du mir später noch genauer erklären. - Jetzt erst einmal noch zum Ganzen der Kultur Mesopotamiens: Wir haben ein arbeitsteiliges, reich produzierendes und handelndes Wirtschaftsleben vor uns, Schulen und wissenschaftliche Bildung, ein Staat, der durch Gesetze, Richter und polizeilich-militärische Gewalt geschützt wird, eine organisierte Massen-Religion, die durch Kunst, durch die Architektur monumentaler Tempel-Türme und durch große Feste eine Beziehung zum Übernatürlichen pflegt und die geleitet wird von einem Priester-Königspaar, das seinerseits Repräsentant von Gott und Göttin ist. Das Paar gibt aus der Welt der Götter die nötigen Weisungen und Gesetze an das Zusammenleben der Menschen weiter – handelt es sich nicht hier um ein wohlgeordnetes Leben, das schon viele Züge unserer modernen Welt enthält? Die Probleme, die wir gut kennen, die sich da anscheinend bereits ergeben haben, eine zu starke Orientierung an Reichtum und Besitz, das Ausgreifen von Begierde, Machtmissbrauch und Boshaftigkeit, werden, wie du zeigst, anscheinend sogar grundlegend erfasst und beantwortet. Mir scheint, dass diese Zeit uns bereits sehr nahe ist. Lehrt uns diese Betrachtung nicht schon Vieles, woran wir auch unser Leben messen können?

Eo: - Da ist sehr viel Lehrreiches. Aber der Unterton der unbeherrschbaren Maßlosigkeit, der in den Botschaften dieser Kultur an die Nachwelt weitergegeben wurde, ist sehr laut.

Di: Kannst du das nicht doch konkreter beschreiben?

Eo: Das große Epos des Zweistromlandes ist das Gilgamesch-Epos. Es ist seit fast eineinhalb Jahrhunderten entziffert und wird – als das früheste Schrift-Epos überhaupt - seitdem in immer neuen Fassungen von faszinierten Übersetzern den modernen Menschen dargeboten. Der Herrscher und König der Stadt Uruk, Gilgamesch, wird darin schonungslos offen als große Problemfigur dargestellt. Er habe von INANNA, als Dank dafür, dass er ihr einmal Beistand geleistet habe, Instrumente zum Geschenk erhalten, die ihm als Mittel zur Beherrschung der Menschen in Uruk dienten. Diese Geschenke INANNAS benutzte er zum Aufbau einer Diktatur, mittels derer er Arbeits-Terror ausübte. Die Bewohner wurden zum Bau einer riesigen Mauer um die Stadt gezwungen. Daraufhin legten sie bei den Göttern Klage gegen ihn ein.

Di: Was folgte daraus?

Eo: Die Götter-Mutter ARURU sandte Gilgamesch als Gegenüber einen behaarten Naturmenschen, Enkidu, der Gilgamesch zum Freund und mäßigenden Begleiter wurde. Gilgamesch lernt aber erst mit dem tragischen, selbstlosen Tod des Freundes, dass es ein höheres Ziel als Ruhm und Herrschaft gibt: Er beginnt, die Unsterblichkeit zu suchen. Die Überlieferung des Epos ist nicht ganz vollständig. Es scheint so, als ob das Problem der Maßlosigkeit in furchtbare Katastrophen führt und ungelöst bleibt. Ebenso ist der Tod ein Problem, das erfasst, formuliert, aber nicht gelöst werden kann. Zwar führt die Suche nach der Unsterblichkeit Gilgamesch in Regionen, die vorher nur wenige Menschen betreten haben. Aber er kehrt zurück, als Sterblicher, ohne den gesuchten Erfolg, jedoch reich belehrt darüber, dass es im Sterblichen etwas Unsterbliches gibt: die Wandlung. Dieser Herrscher selbst hat sich bescheiden und wandeln müssen, in diese Lehre scheint das Epos zu münden. Auch diese einfache Lehre erscheint fast modern.

Di: Zweifellos ein Epos von großem Gewicht!

Eo: Wir könnten noch vieles Interessante darin finden, wenn wir nicht weiterspringen müssten.

Di: Wohin jetzt wieder so schnell?

Eo: Ein kurzer Abstecher nach Ägypten?

Di: Liegt das nicht zeitlich parallel zu Mesopotamien?

Eo: Genau! Ebenfalls zwischen dem 4. und 1. Jahrtausend v. Chr.! Ebenfalls eine Flusstal-Kultur. Ebenfalls werden hier Schrift, Mathematik, Geometrie, Architektur, Kunst, arbeitsteilige Wirtschaft, Handel und Staat erfunden und nehmen einen Höhenflug der Entwicklung, die uns heute noch staunen lässt. Noch eindrucksvoller und deutlicher formuliert ist dort das Problem des Todes. Für die Ewigkeit erhaltene Körper, die Mumien, weit überdauernde Grabbauten in Stein begegnen uns heute immer noch rätselhaft und ehrfurchtgebietend mit ihrer stillen Macht.

Di: Wir vertiefen uns in das Totenbuch ägyptischer Pharaonen, lesen die Botschaften des Osiris und fühlen uns in unseren eigenen Fragen berührt: Was geschieht nach dem Tod? Waren die Ägypter weiter?

Eo: Jedenfalls geben die Quellen vor, dass die damaligen Priester über Einweihungspraktiken verfügt haben, mit denen sie die Pharaonen ins Totenreich des Osiris haben schauen lassen, so dass sie – über alle anderen Menschen hinaus gebildet und gelehrt – einen Weitblick ins Jenseits zurückbrachten und dass sie die Botschaften von dort vernehmen und vermitteln konnten. Man denke an die

Sitzstatue des Djoser aus dem Taltempel der Djoser-Pyramide, die sehr anschaulich davon zu sprechen scheint!

Di: Ein überweltliche Größe, von der Ägypten noch heute profitiert! Warum ging diese Größe unter?

Eo: Es gibt Epochen und Stufen des Verfalls. Schließlich ist es Alexander der Große gewesen, der im 4. Jahrhundert v. Chr. Israel, Ägypten, Babylonien und den Iran einnahm und endlich unwiderruflich in eine neue Epoche hinüberstieß!

Di: Verstehe ich das recht: wir müssen uns mit Griechenland beschäftigen, um zu erfahren, warum diese bewunderten Kulturen schließlich im Kern veraltet waren?

Eo: Nicht anders werden wir die Ablösung verstehen können.

4 Griechenland: Klassik – Verheißungen des Humanismus

Di: Wie willst du an Griechenland herangehen?

Eo: Mit einem Blick auf ein Satellitenfoto: Man sieht die Inselwelt der Ägäis und die Festlandszungen, die sich von Griechenland und von der heutigen türkischen Westküste ins Meer strecken.

Di: Warum wählst du diesen Zugang?

Eo: Das war der Lebensraum der drei großen griechischen Stämme der Äolier, Ionier und Dorer, die seit dem 2. Jahrtausend v. Chr. in Griechenland kulturbildend wirkten. Dieser Lebensraum zeigt vom Aussehen her schon, wie ganz anders er ist, als die großen Flächen der Fluss-Ebenen des Binnenlandes, durch die Euphrat und Tigris im Irak und der Nil in Ägypten oder der Hwangho in China fließen. Hier in diesen kleinteiligen ägäischen Lebensräumen finden sich

Gebirge, die unwegsam sind, die das Land in kleine Regionen teilen, und auch die Verteilung der Besiedlung auf die vielen Inseln bewirkte, dass es viele kleine Lebensorte gab, die kaum zusammenhängend zu erobern und zu beherrschen waren: Es bildeten sich die Poleis, die Stadtstaaten, die oft von einem Burgberg aus, einer Akropolis, beherrscht wurden durch Könige, die von außen kaum gefährdet waren. Aber sie lebten so eng mit Adel und Volk zusammen an einem überschaubaren Ort, dass dann, wenn schlechte Herrschaftsweisen auftraten, diese genau beobachtet werden konnten und schnell zu Adels-Revolten führten. Die Könige waren auf ihre eigenen Leute angewiesen und mussten nachgeben. So entstanden Aristokratien, die Adelsherrschaften: „Aristos" heißt „der Beste", „kratein" heißt „herrschen", also heißen die Aristo-kratien „Herrschaft der Besten". Zum besseren Vergleich könnte man die Monarchien, in der EINER herrscht, auch Mono-kratien, „Ein-Herrschaften" nennen.

Di: Wann vollzog sich dieser Wandel?

Eo: Die sogenannten „mykenischen Königsherrschaften" werden seit etwa 1500 v. Chr. angesetzt, die Adelsherrschaften seit etwa 800 v. Chr..

Di: Und bald erkannte das Volk, dass die Adligen schlecht regierten, und stürzte die Aristokratie. So entstand die Demokratie?

Eo: Ja, das ist sicher die Grundfigur der Veränderung. Man muss etwas einbeziehen, was diesen geographischen Raum auszeichnet. Wir müssen uns vorstellen, dass auf den verschiedenen Inseln sich verschiedene Spezialitäten ausbildeten. Die einen hatten Ton und stellten viel Keramik her. Andere hatten Metalle und waren in der Metall-Verarbeitung Spezialisten, wieder andere hatten Ölbäume, andere Marmor, weitere Holz.

Di: Die Folge war, dass die Inseln sich untereinander austauschten, Handel entstand -

Eo: - und damit Schifffahrt, Häfen, Märkte, Plätze der Kommunikation. Dort wurde von den anderen Orten berichtet, Veränderungen in der Herrschaftsform an einem Ort wurden als Nachrichten schnell verbreitet. Das Erzählen muss eine große Rolle gespielt haben und, da Poleis kleine Stadtstaaten waren, konnten alle Entscheidungen, die die Polis betrafen, von Nahem angesehen und diskutiert werden. Diskussion regt die Vernunft und die Selbstständigkeit des Denkens an. Nicht von Ungefähr gab es die ersten Philosophen im Insel- und Küstenraum Ioniens. Nicht von Ungefähr verlangten selbständig denkende Menschen nach Beteiligung an den Polis-Entscheidungen, nach Demo-kratie, „Demos" heißt „Volk": es ging um Volksherrschaft.

Di: Wann kam es zu dieser breiteren Beteiligung an der Herrschaft.

Eo: In Athen war es 507 v. Chr. mit den Reformen des Kleisthenes. Es ist anzunehmen, dass etwa gleichzeitig auch an anderen Orten im griechischen Kulturraum Ähnliches geschah. Durch die genauen Überlieferungen aus Athen ist genau dokumentiert, wie radikal die Demokratie ausgeprägt war.

Di: Was meinst du mit „radikal"?

Eo: Die 10 „Phylen", die Wahlkreise für je 30 Abgeordnete, mussten jede je ein Gebiet aus den drei Lebensregionen Athens enthalten: ein Gebiet aus der Stadt, ein Gebiet von der Küste, ein Gebiet aus dem Binnenland.

Di: Dadurch wurden also die jeweiligen Sonderinteressen der athenischen Regionen in jeder Phyle vertreten. -

Eo: - Nach einem Losverfahren wurde bestimmt, welche der Phylen in Athen über einen Monat hin regieren musste. Nach einem weiteren Losverfahren wurde bestimmt, wer von den 30 Phylen-Abgeordneten jeweils einen Tag in diesem Monat die Regierungs- und Leitungsvollmacht ausübte.

Di: Also wurden jedem der 30 nach dem Zufallsprinzip zugetraut, in allen aufkommenden Fragen kompetent zu sein! Würde das heute in einer unserer Regierungen möglich sein?

Eo: Das frage ich mich auch. - Nun gut, wir wissen, dass alle diese Männer frei von Arbeit waren, da sie diese den Sklaven aufgebürdet hatten. Sie konnten intensiv reden, diskutieren, voneinander Nachrichten und Zusammenhänge erfahren und durchdenken. Nur insgesamt 3000 von den vielleicht 300 000 Einwohnern im Raum Athen besaßen überhaupt diese Freiheit.

Di: Die Sklaverei ist eine historische Bürde, die die griechische Demokratie, so großartig ihre Konzeption auch ist, immer belastet. – Aber doch noch einmal zurück zum Elementaren der Demokratie. Du hast als Ursache für die Demokratie bisher nur den Handel, die Agora, den Markt, die Diskussionsliebe und die Philosophie erwähnt. Hat die griechische Religion in dieser Entwicklung keine Rolle gespielt?

Eo: Diese Frage ist nicht einfach zu beantworten. Fühlen wir den griechischen Tempeln und Statuen gegenüber eine reale Religion? Höchstleistungen der Kunst, nie wieder erreicht, ein Wunder und Glücksfall in der Kunstgeschichte, aber ist es die Anwesenheit eines Übernatürlichen? Wir wissen, dass die Griechen Charakterzüge ihrer Gottheiten von Babyloniern und Ägyptern und deren Göttern übernommen haben. Wir wissen, dass durch Hesiod ab etwa 900 v. Chr. und durch Homer ab etwa 800 v. Chr. die Götter der Griechen in ihrem inneren Zusammenhang und in ihrem Wirken dargestellt wurden und auch dadurch großräumig in Griechenland bekannt geworden waren. Die Götter wurden durch Epen von Sängern verbreitet. Es gab kein verbindliches, göttlich diktiertes Buch, keine Priester-Dynastie, keine verbindlichen Riten und Regeln! Die Religion wurde verbreitet durch Literatur und bildende Kunst! Das ist in dieser ausgeprägten Form etwas sehr Besonderes. - Wir wissen, dass die Orte Ortsgottheiten hatten, denen die örtlichen Kult-Handlungen der Menschen gewidmet wurden, und dass, wenn die Statue der Gottheit gestohlen wurde, die Ortschaften ihres Lebenszentrums beraubt und die Menschen hilflos waren. Das ist eine Realität, die uns kaum verständlich ist. –

Einzigartig unter den Mythologien ist, dass es in der Mythologie der Griechen drei Generationen der Götter gibt: Die Titanen, die Chroniden und die Olympier, die zum Teil durch Bedrohung, Kampf, Mord und Tod einander abgelöst haben. Die letzte Generation hat sich mit Menschen vermischt und hätte den Kampf um ihr Bestehen nicht gewinnen können, wenn nicht ein Mensch, Herakles, sich auf ihre Seite gestellt und mitgekämpft hätte. – Auf den Friesen des Parthenon-Tempels auf der Akropolis in Athen sitzen die Götter in Größe, Kleidung und Gestalt der Menschen unter den Menschen und nehmen an deren großem Fest, den Panathenäen, teil. – Es ist keine Mythologie bekannt, in der die Götter den Menschen so ähnlich sind und ihnen so nahe gekommen sind!

Di: Man könnte fragen: Sind die Götter menschlich oder die Menschen göttlich geworden? Welche Annäherung stimmt?

Eo: Sehen wir noch die vielleicht wichtigste Götter-Polarität an: DIONYSOS ist der Gott der natürlichen Kräfte, die dem Menschen unbewusst, oft überfließend und überwältigend übermäßig zukommen, er ist Gott des Weines.

Ihm steht gegenüber APOLLON als Gott des hellen, bewussten Maßes, der auch der Gott ist für die Sprache, die Dichtung, für den dichterischen Gesang, Gott der Musik, der Kunst und der Architektur.

Dunkles, verborgen-geheimnisvolles, kraftvolles irdisches Naturchaos und helles himmlisches Maß werden hier polar gegenübergestellt.

Keine Frage: Hier wird die Selbstständigkeit des Menschen entscheidend: Gibt der Mensch mit der Hilfe Apollons den Naturkräften in sich Form, Maß und Proportion? Die großen drei Aufforderungen, die über dem Apollon-Tempel in Delphi stehen, spornen ihn an, diese Aufgabe zu ergreifen: „GNOTHI S'AUTON", „Erkenne dich selbst!", „MEDEN AGAN", „Nichts zuviel!", „METRON ARISTON", „Das Maß ist das Beste!" – Apollon stellt Aufgaben, seinen Weg herausfinden muss der Mensch selbst.

Immer ist den Sterblichen die Schwester Apollons eine Hilfe, ATHENE, die Kluge, die Göttin der Weisheit und Vernunft, die bei ihrer Geburt gewaffnet dem Haupt des Zeus entsprungen ist. Sie vertritt die Vernunft, das Vernehmen, welche Zusammenhänge im Dunkeln des Inneren das Äußere bestimmen. Die Eule, die im Dunkeln sieht und fliegen kann, ist Athenes Tier. Athene steht den Sterblichen im Dunkel ihres Inneren bei.

So findet sich in Griechenland der Mensch in einer Spannung vor, die ihn auszeichnet, zwischen dem, was die irdische Natur ihm an Kräften schenkt, und dem, was ihm von den Harmonien des Himmels zugänglich ist - es liegt an ihm, was er selbstständig von den göttlich-himmlischen Hilfen aufnimmt, um dem Göttlich-Irdischen Sinn und Ziel zu geben. Es hängt von seinem eigenen, aktiven Vernehmen ab, zu erkennen, wo und wie er dem Verfügbaren Sinn gibt und auf welche Weise er es einsetzen will. Der Mensch weiß sich von den Göttern beglcitet und weiß sich ihrer Hilfe sicher, wenn er sie anruft und sich ihnen dankend und opfernd zuwendet. Insofern ist er nicht allein. Aber der Aufruf an die Menschen, die individuelle eigene Vernunft selbst einzusetzen, durchzieht die Erzählungen vom Einwirken der Götter. Die Götter fordern auf, fördern und begleiten, aber handeln muss der Mensch selbst!

Insofern kann man deine Frage nach dem Einfluss der griechischen Religion auf die Entstehung der Demokratie vielleicht doch klar beantworten: Diese Religion arbeitet in allen ihren Elementen auf Selbstständigkeit in der Entscheidung, den Kern der Demokratie, hin!

Di: Und was sagst du zur Philosophie, einer der anderen großen Leistungen Griechenlands für die Nachwelt?

Eo: Dieser ungeheure Schritt von der unbekannten Kollektiv-Autorschaft der Mythen zur individuellen Autorschaft der Philosophie kann kaum zu hoch bewertet werden! Jetzt weiß man von Heraklit, Thales, Parmenides, Pythagoras und Sokrates. Nicht mehr namenlose Priestergemeinschaften in Ägypten, Babylon, Iran oder Indien sind Autoren wegweisender Darstellungen. Nicht mehr Wahrheiten, die in Bilder mit vermenschlichten Symbolen gefasst sind und die man deutend erschließen muss, erreichen uns, sondern immer klarer gefasste Gedanken. Der LOGOS, der Inhalt selbst, tritt in die Sprache ein. Und es ist das Individuum selbst, das, ohne die Hilfe von Priestern, sich Wahrheiten erschließt! Mit Sokrates im 5. Jh. v. Chr. (470-399) beginnt Philosophie, die davor nur fragmentarisch überliefert ist, sich zur Systematik zu wenden, mit Platon (427-357) und Aristoteles (386-322) beginnt das Zeitalter dessen, das alles frühere Sprechen, Deuten und Denken überlegen verdrängen wird, das Zeitalter des systematischen Forschens und der Wissenschaft.

Di: Warum ist Sokrates so bedeutend?

Eo: Er ist der Erste, der von dieser inneren Stimme spricht, die auf einmal sich mit einem „NEIN" meldet, nie aber „Ja" sagt, die er damals „DAIMONION", „Geist", nannte. Diese Stimme nennen wir heute Gewissen. Ethik und Moral traten mit Sokrates aus dem Überliefert-Sein durch Tradition heraus, sie wurden vernünftig argumentierbar und erhielten durch ihre Begründbarkeit einen unumstößlichen Kern, der dann im Gewissen als Instanz auftritt, die das „NEIN" des Widerstandes mit unsterblicher Macht ausstattet. Sokrates widerspricht dem Ruhm der Berühmten in Athen, er widerspricht den herrschenden Richtern. Er setzt das „Nein" auch gegen das Angebot zur Flucht, das ihm seine Schüler unterbreiten. Und die führenden Kräfte Athens beantworten das Nein seines moralischen Widerstandes mit seiner Hinrichtung.

Platons Geist ist entzündet worden an dem, was Sokrates durch sein Werk an der philosophischen Sprache geleistet hat. Im Dialogwerk des argumentierenden Sokrates ist Platons Philosophie geboren. Und Platons Erschließung der Ideenwelt ist, so sehr Aristoteles sich später auch gegen die Form ihrer Ausprägung wandte, die qualitative Basis für die universale wissenschaftliche Prosa des Aristoteles geworden.

Di: Aristoteles wurde doch im Alter der Lehrer Alexanders des Großen (356-323)?

Eo: - das war vom 16. bis zum 20. Lebensjahr Alexanders, unmittelbar vor dem Asien-Feldzug, und so wurde die Philosophie des Aristoteles eine qualitative Basis für die politische und kulturhistorische Umwälzung der gesamten antiken Welt.

Di: Aber Alexander (356-323) entwickelte sich zum Gewaltherrscher, Tyrannen und tausendfachen Mörder!

Eo: Uns Heutigen fehlen die Worte für Alexanders Grausamkeiten. Zugleich staunen wir, dass wir in seiner historischen Wirkung doch auch die Botschaften des aristotelischen Humanismus finden.

Di: Er war von Hybris gezeichnet, er soll sich als Sohn des höchsten Gottes, des Zeus/Amun, verstanden und das Vertrauen seiner Soldaten barbarisch verspielt haben -

Eo: - seine Mutter Olympias und die Priester der Oase Shiwa sollen ihm diesen Glauben, Gottessohn zu sein, gegeben haben, den er als Verheißung und Versuchung mit sich trug. Dagegen haben die Griechen und Makedonen rebellieren müssen! Aber Alexander hat sich doch auch durch großmütige Toleranz, berührende Menschlichkeit und kulturbildende Verantwortlichkeit ausgezeichnet.

Di: Toleranz?

Eo: Kennst du die Geschichte vom Einzug in Jerusalem?

Di: Erzähl!

Eo: Bei der langen Belagerung von Tarsus hatte Alexander vergeblich nach Unterstützung durch die Juden in Jerusalem verlangt. Seine Heerführer erwarteten danach eine grausame Bestrafung der Stadt. Als er sich Jerusalem näherte, sollen die dortigen Priester, einer Traum-Eingebung folgend, die Stadt geschmückt, die Tore geöffnet haben und in Feier-Gewändern ihm entgegengezogen sein. Alexander, dies sehend, soll, einem eigenen früheren Traum-Bild folgend, alle Kämpfe und Plünderungen verboten haben und sich von den Priestern in die Stadt zum Tempel haben führen lassen zu Gebet und Gottesdienst. Der jüdischen Religion sicherte er noch deren Bestand zu, bevor er nach Ägypten weiterzog. Bei den Ägyptern wurde er ebenfalls friedlich begrüßt, ehrte ihre Religion, nahm an ihren großen Festen teil und ließ sich in Luxor/Theben zum Pharao weihen.

Di: Und für berührende Menschlichkeit, welches Beispiel würdest du da anführen?

Eo: Im Inneren Afghanistans wurde er an einem rauschhaften Abend zu vorgerückter Stunde von seinem Jugendfreund Kleitos als Herrscher provoziert, maßlos beleidigt und verspottet. Selbst im Rausch, riß Alexander sich aus allen Bemühungen seiner Umgebung, ihn zu mäßigen und zu hindern, los und ermordete Kleitos. Sein mehrtägiges Weinen und Klagen danach, seine anhaltende Weigerung, seine Herrscher-Rolle wieder anzunehmen, bis er drohend ermahnt wurde, zeigen, dass der menschliche Kern auch nach seinen großen Siegen nicht abgetötet war.

Di: Sicher, Alexander war eine komplexe Persönlichkeit!

Eo: Ein vielschichtiger, aber oft maßloser Alexander, Eroberer Griechenlands, Kleinasiens, Israels, Ägyptens, Babyloniens, Irans und von Teilen Indiens.

Di: Er hat also bis zu seinem Tod 323 v. Chr. den gesamten Kulturraum erobert, über den wir bisher gesprochen haben -

Eo: - er hat durch seine Städte-Gründungen, und indem er dorthin griechische Wissenschaftler, Künstler, Politiker und Lehrer nachzog, die Basis dafür gelegt, dass dieser riesige Raum hellenisiert wurde. Das Griechentum wurde zur Kultur der gesamten alten Welt. Das Griechische wurde Weltsprache. Im Hellenismus entstand über den Einzel-Völkern ein bis dahin nicht gekanntes Maß von Einheit. Erstmals wurde eine Einheit der Menschheit sichtbar.

Di: - Sollten wir hier nicht innehalten und die Eingangsfrage wiederholen? -

Eo: Stellen wir sie leicht verändert: Was haben wir gewonnen, indem wir uns auf dem Weg zu einem Gegenwartsbild mit den ältesten und alten Kulturen beschäftigt haben?

Di: - Die Menschheitsgeschichte bekommt einen Sinn-Faden. Diese ungeheure Folge des Geschehens wirkt auf mich überwältigend. – Das Überraschendste für mich war: Geschichte ist nicht vergangen! Wir suchen einen Bezug zum Jenseits und bewundern die Inder für die Tiefe, die sie darin besitzen. – Wir sehnen uns nach einer Technologie, in der die Natur geachtet wird und die Erde nicht verschmutzt, sondern gereinigt wird. Wir bewundern den Kampf und die Disziplin der alten Iraner für eine reine Erde. – Wir wünschen uns eine weitherzige Religiosität und Ethik und eine Überwindung der materiellen Maßlosigkeit in unseren großen Staaten, und wir fühlen uns den Babyloniern, bei ihrer ersten Bildung großer Staatlichkeit, verbunden in ihren frühen Versuchen gegenüber diesen Problemen, die wir bis heute noch nicht losgeworden sind. Der Tod ist für uns wie für sie ein Rätsel, an dem wir rütteln wie sie. Gier, Haß, materielle und geistige Zerstörungswut und Diktatur sind, für uns wie für sie, Belastungen, die die Humanität zu erdrücken drohen, deren Überwindung wir ersehnen wie sie. – Wir bewundern die Ehrfurcht vor der Ewigkeit, die die Ägypter uns, über die Brücke ihrer Kunst und über die Entfernung von Jahrtausenden hin, immer noch vermitteln, aber wir teilen ihre Ratlosigkeit darüber, wie wir die Ewigkeit lebendig ins Leben einbeziehen können. – Wir teilen den Impuls und die Begeisterung der Griechen für das Selbst-Denken, das erörternde Gespräch und für die Demokratie, wir bewundern mit ihnen die Schönheit des Menschen, aber wir erlahmen vor den barbarischen Widerständen engstirniger Eliten, die sich in unserem Leben der Demokratie, dem Selbst-Denken und dem Bestreben entgegenstellen, dass die Schönheit ihre Wirkungen entfalten darf. – Es könnte mich melancholisch machen, wie aktuell die Problemstellungen geblieben sind und wie direkt wir an der Art ihrer Bearbeitungen und Nicht-Bearbeitungen für uns lernen können.

Eo: Kein Wunder, dass Geschichte und Melancholie manchmal nicht weit voneinander entfernt wohnen.

Di: Aber darf ich noch einmal zurückgreifen? – du hast von den Verheißungen der griechischen Kultur und Klassik gesprochen: der Glanz fast übermenschlicher Schönheit in der Kunst – diese Erhabenheit ist für Menschen erreichbar-; die Aussicht auf Demokratie - so können Menschen Herrschaft durch Teilhabe aller vermenschlichen -; die Philosophie und die große Aussicht auf Wissenschaft – so können Menschen den Logos von Kosmos und Natur in ihr Leben einbeziehen -; das sind die griechischen Verheißungen für eine große Zukunft des Humanismus – Was ist nun die Tragik der Klassik?

Eo: Athen und Sparta versinken in einem Bruderkrieg, den – unmittelbar vor Ende des 5. vorchristlichen Jahrhunderts – persisches Geld für Sparta entscheidet. Die politische und kulturelle Blüte schwindet jäh dahin in Athen, aber auch in ganz Griechenland. Alexanders Vater Philipp scheitert mit dem Versuch, die große griechische Kultur von Makedonien aus wiederzubeleben. Auch Alexanders Bestreben, das Hellenische über die alte Welt zu verbreiten, trägt tragische Züge in sich, wie wir sehen werden.

5 Israel, Hellenismus, Erwartung von Erlösung

Di: Wir müssen also das Gespräch wieder aufnehmen bei Alexander – ich empfinde ihn als eine Gelenkstelle im Umbruch der Kulturen – mir gehen die Tausenden von Menschenopfern in den eroberten Gebieten nicht aus dem Sinn und ebenso die Tausenden von Griechen, Makedonen und Sklaven aller Völker, die ihm haben dienen und für ihn haben sterben müssen. Er war kein Philosoph! Er war ein schlau kalkulierender Machtpolitiker, Heerführer und Eroberer!

Eo: Wir tun uns berechtigt schwer damit, bei großen Menschen die verschiedenen Seiten ihrer Persönlichkeit und auch die verschiedenen Seiten ihrer Taten separat zu beurteilen. Ohne das zu tun, werden wir aber dem Umfang ihrer Wirkung nicht gerecht.

Di: Die Griechen machten diesen großartigen Anfang des Selbst-Denkens. Alexander war über vier Jahre Schüler des Aristoteles, des großartigsten Vertreters dieser griechischen Neu-Entwicklung! In den älteren Kulturen hatte man den Autoritäten, den Priestern und den von ihnen begnadeten Gott-Königen, gehorchen müssen – jetzt haben Menschen begonnen, die Regeln, nach denen sie leben wollen, selbst untereinander zu vereinbaren! Aber statt dieser Neuerung exportiert Alexander – sozusagen im Namen des Griechentums - eine Militärdiktatur!

Eo: Wir müssen bedenken, dass die Perser – vermutlich durch ein andauerndes verräterisches Bündnis mit Sparta – bereits 386 Athen zerstört hatten und weiter planten, Griechenland in ihr asiatisches Großreich einzugliedern, das von einem einzigen König, der sich für Gott hielt, beherrscht wurde. Das hat Alexander verhindert.

Di: Aber gehen wir weiter! Alexander starb rätselhaft früh im Alter von nur 33 Jahren. Was blieb von seinem kulturellen Impuls übrig bei seinen Nachfolgern, den sogenannten Diadochen, nachdem sie 40 Jahre untereinander gekämpft hatten?

Eo: Du fragst so, weil du weißt, dass die Diadochen Militärdiktatoren waren?

Di: Ja, einzig die Ptolemäer, denen es gelang, in Ägypten weiter zu regieren, schienen kulturelle Ziele in der großen antiken Wissenschafts-Stadt Alexandria verwirklicht zu haben.

Eo: Das Großreich des persischen Gott-Königs Darius hatte Alexander zerstoßen. Seine Makedonen hatten dagegen revoltiert, als Alexander selbst ein eigenes Gott-Königtum im Gebiet dieses alten persischen Großreiches anzustreben schien, und doch verfielen seine Feldherren nach seinem Tod 323 v. Chr. in den Diadochenreichen - die Antigoniden, die Seleukiden und die Ptolemäer - zurück in dieses religiös überhöhte, militärische Herrschaftsmodell. Einer der dynastischen Nachfolger bei den Antigoniden nannte sich „Theos" – Gott - , ein anderer „Soter" – Erlöser -, ein Antiochus, der IV., gab sich gar den Beinamen „Epiphanes", „der vom Himmel her Erschienene"!

Di: Gab es keinen Sinn unter ihnen für Überholtes und Zukünftiges?

Eo: Vielleicht war dies, dass die Herrscher erzwangen, als Gott verehrt zu werden, gar nicht nur Verhaftung in der Vergangenheit – wir haben noch gar nicht über die Wirkung der jüdischen Kultur in Kleinasien gesprochen.

Di: War das Judentum eine Kultur der Zukunft?

Eo: Ja, denn es war eine Kultur des Monotheismus und der Messias-Erwartung!

Di: Also! – Erzähl!

Eo: Du weißt, dass in mythischer Zeit Abraham aus dem Gebiet Babyloniens auswanderte und in Israel die Religion des einen Gottes, Jahwe, begründete? -

Di: - ja, dass seine Nachkommen nach Ägypten zogen und dass nach Jahrhunderten, man nimmt an, gegen 1200 v. Chr., Moses die Juden zurück nach Israel führte und die Erweiterung der Jahwe-Religion durch die 10 Gebote vollzog -

Eo: - diese erhielt er auf dem Berg Sinai von Jahwe und musste sie zornerfüllt gegen Widerstände bei den Israeliten durchsetzen. Sehen wir uns diese zehn Gebote an: Den einen Gott verehren (1), ihn verehren ohne ein Bildnis (2), seine Bedeutung als Schöpfer heiligen und verehren durch die Heiligung des siebten Tages der Woche, des Sabbat, ohne Arbeit (3), Vater und Mutter ehren (4), nicht töten (5), nicht ehebrechen (6), nicht stehlen (7), nicht lügen (8), das Haus eines anderen nicht begehren (9), Weib, Güter und Besitztümer eines anderen nicht begehren (10). (2. Buch Mose, 20)

Di: Ja, das sind Anforderungen an eine verbindliche Moral und Haltung eines jeden. Wir haben gelernt, dass damit die Juden als das auserwählte Volk Gottes im neuen Bund, den Gott mit Abraham geschlossen hatte, bestätigt wurden und mit ihren zwölf Stämmen in Israel siedelten. Mir wird jetzt klar, wie sehr sich diese Charakteristik von den alten Kulturen abhebt.

Eo: Die Juden wurden in ihrer Besonderheit abgelehnt und von den umgebenden Staaten bedroht. Schließlich wurde Jerusalem von Babylon unter Nebukadnezar erobert. Israel wurde seiner regierenden Elite beraubt, die deportiert und 587 v. Chr. in die „Babylonische Gefangenschaft" geführt wurde. Die Propheten fühlen dies als eine Gottes-Strafe auf Israel lasten, die aus der Nicht-Einhaltung der Gebote herrührt. Zugleich wächst die Kraft der Vision. Bereits in den fünf Büchern Mose, die aber erst etwa im 6. Jh. v. Chr., nach langer mündlicher Überlieferung, niedergeschrie-ben wurden, war das Kommen des Messias verkündet worden. Die strenge Einhaltung der Gebote ist der Weg, mit Gott einig zu werden, sein Schöpfungswerk zu erhalten und sich auf die Erlösung vorzubereiten aus aller Absonderung („Sün-de" entsteht aus „Sonderung") und Unvollkommenheit. Unter der Not der eigenen Fehlerhaftigkeit, des Ungehorsams und der von außen und innen kommenden Strafen und all dem Erleiden der weiteren geschicht-lichen Entwicklungen, wie sie auch in der Bibel berichtet werden, wird die Botschaft vom kommenden Messias als immer bedeutender empfunden.

Di: Wirkt diese Botschaft anziehend?

Eo: Offenbar traf sie auf eine zentrale Sehnsucht der Menschen. Diese Messias-Hoffnung und Messias-Vision wurde zunächst als Geheim-Wissen der Bibel-Kenner weitergegeben, wurde dann aber immer offener in der antiken Welt bekannt. Viele Juden sind – über die bis dahin schon fast 1000 Jahre ihrer wachsenden kulturellen Entwicklung hin – aus Israel ausgewandert in alle Länder der alten Welt. Vielleicht haben viele der ausgewanderten Juden sogar mehr in der universell verbreiteten griechischen Sprache als in ihrer eigenen hebräischen Sprache gelebt, vielleicht gab es ausdrückliche Nachfragen – jedenfalls wurde etwa um 250 v. Chr. die Bibel, das vorher geheime Buch der Juden, das sicher aber auch als solches bereits große Verbreitung erfahren hatte, ins Griechische übersetzt. Die Legende sagt, dass in der Nähe von Alexandria 72 Übersetzer, örtlich getrennt, aber gleichzeitig, in 72 Tagen und – zu ihrem eigenen Erstaunen – in gleichem Wortlaut, die griechische Version verfasst haben. Sie wurde daraufhin „Septuaginta" – man könnte sagen „die Siebzigerin" – genannt.

Di: Jetzt hätten wir also die Fortschrittlichkeit des Jüdischen beisammen: Das Göttliche wird in EINER Verehrung gefasst, es gibt keine Vielfalt von Götter-Kulten mehr. Die religiösen Gesetze sind allgemeinverbindlich, nicht von Ort und Herrscher abhängig. Erstmals garantiert eine zentrale Schrift diese Einheit, die alle Priester bindet, wenn auch deren Auslegung nicht zentralisiert ist, aber sie wird an die individuelle Vernunft-Kultur in der Gelehrten-Gemeinschaft gebunden. Der Rabbiner ist kein Vertreter und Vermittler Gottes, sondern ein Berater bei der Auslegung der Schrift. Jeder Mensch steht direkt Gott gegenüber, einen Vermittler braucht er nicht. Und die Menschen eint eine gemeinsame, sichere Erwartung des kommenden Erlösers. Es eröffnet sich eine neue Humanitäts-Kultur, mitten in einer Welt von Militärstaaten, die nur von wildem, ungeregelten Herrschaftswillen ihrer Tyrannen dominiert wurden.

Eo: Kann man sich nicht vorstellen, dass es anziehend und verlockend wirkte auf Herrscher, die in einem bereits verblassten Griechentum keinen fügenden Halt und Weg mehr fanden, nun selbst als der gewünschte Erlöser zu erscheinen, der eine neue Zukunft bringt?

Di: Ja, das war sicher anziehend und herausfordernd zugleich!

Eo: So scheint es jener Seleukiden-Herrscher Antiochus IV. Epiphanes erlebt zu haben, der sich selbst „der vom Himmel Erschienene" nannte. Er erobert 168 v. Chr. Jerusalem, raubt den Tempel aus, er entfernt den Schaubrote-Tisch, den Räucheraltar und den siebenarmigen Leuchter, und er errichtet im jüdischen Tempel eine Zeus-Statue mit seinem Antlitz.

Di: Soll das bedeuten: Er will als Zeus und als Messias von den Juden verehrt werden?

Eo: Er scheint die Erwartung des Messias durch sich selbst erfüllen zu wollen.

Di: Wollte nicht auch schon Alexander der Gottessohn sein?

Eo: Es ist nicht auszuschließen, dass Alexander diese Botschaft aus dem Judentum aufgenommen hatte und dass die Messias-Erwartung bereits für ihn eine politische Versuchung darstellte.

Di: Wie erging es jenem Antiochus IV. Epiphanes damit?

Eo: Die Juden wehrten sich vehement. Er versuchte, die jüdische Religion zu brechen, ließ öffentliche Schweinefleisch-Mahlzeiten abhalten, er erzwang also öffentliche Gebots-Übertretungen. Wer nicht mitmachte, wurde erschlagen. Schließlich bildete sich eine Gruppe die einen bewaffneten Widerstand zu organisieren begann, die Makkabäer, die von Judas Makkabäus angeführt wurde.

Di: Stimmt, ihnen gelang das Unwahrscheinliche, sie siegten gegen eine ungeheure Übermacht und warfen Antiochus Epiphanes und seine Truppen aus dem Land -

Eo: - und sie konnten 165 v. Chr. den Tempel wieder weihen: das ist das Datum des Lichterfestes Chanukka, das bis heute als sehr bedeutendes jüdisches Fest gefeiert wird.

Di: Warum ist dieser Aufstand so wichtig, dass du ihn hier einfügst?

Eo: Weil durch ihn wieder einmal unter höchster Bedrohung, sozusagen um Haaresbreite, das Volk seine religiöse Identität rettet, das den Messias erwartet. Was hätte geschehen können, wenn fast zweihundert Jahre später keine Erwartung mehr bestanden hätte?

Di: Die Entstehung des Christentums wäre gefährdet gewesen. - Wie aber sichern die Juden sich jetzt gegen die übermächtigen Nachbarn?

Eo: Judas Makkabäus sucht sich die größten denkbaren Verbündeten: die Römer. Deren Regierungsform wurde damals gelobt, da sie keinen König über sich duldeten (1. Buch Makk. 8,14). Das schien eine Garantie zu sein für Judas gegen Machtmissbrauch.

Mir scheint, dies ist ein passender Moment, dass wir uns in unseren Betrachtungen den Römern zuwenden.

6 Rom - Fortschritt zur Republik, Rückschritt zum Kaisertum

Di: Bei "Rom" denke ich an das riesige Römische Reich, die Unzahl römischer Soldaten und Feldherren, an Cäsar und die römischen Kaiser – ein Reich, von dem ich froh bin, dass es untergegangen ist. Was scheint Dir wichtig an Rom?

Eo: Die Überwindung des Königtums durch die "res publica" – und die Ablösung des göttlichen Schicksalsrechts "fas" durch das von Menschen vereinbarte "ius". Auf der Republik beruht unser Staatsaufbau, auf dem Jus unsere Justiz und das gesamte Rechtssystem. Also, es lohnt, Rom zu betrachten.

Di: Das stimmt, das sind zweifellos welthistorische Leistungen. – Also: Wie kam es dazu?

Eo: Die Römer legten immer Wert darauf, in der griechischen Tradition und Kultur ihre Wurzeln zu haben. Die Gründer-Zwillinge Romulus und Remus sollen abstammen von dem Mann Aeneas, der dem Untergang von Troja entfloh. Nach dem Ende der

Königszeit, die von 753 v. Chr. bis 510 von sieben sagenhaften Königen ausgefüllt worden war, sandten sie zehn Männer, die "decemvirn", nach Griechenland. Diese sollten sich in der dortigen Gesetzgebung umsehen und Passendes nach Rom übertragen, was 450 mit den Gesetzen geschah, die auf zwölf Tafeln aufgeschrieben und öffentlich aufgestellt wurden. In Griechenland hatte man fast gleichzeitig, ab 507 in Athen, die demokratische Staatsform entwickelt.

Di: Was gab den Anstoß zur Überwindung des Königtums in Rom?

Eo: Der tyrannische Machtmißbrauch durch den letzten König Tarquinius Superbus. Es kam zu einer Revolte der adligen Familien, die in der "curia" beraten hatten. Nach und nach erkämpfte sich auch das nicht-adlige Volk Rechte, und es wurden die Machtteilungen einer "res publica" entwickelt. Dieses Wort heißt "öffentliche Sache", die Sache, die allen gemeinsam ist, das also ist der Staat, eine Sache, an der alle - gemeinsam und öffentlich - Anteil haben und die sie gemeinsam tragen müssen. Das ist ein Begriff für das Gemeinwesen, gegenüber dem unser Begriff „Staat" verarmt wirkt. „Staat" ist abgeleitet von „status", Zustand, er bedeutet, abgekürzt gesagt, „Zustand des Macht-Erhalts". Der ganze Gehalt der republikanischen Beteiligung an öffentlichem Bewusstsein fehlt heute.

Schauen wir uns das Gebilde in Rom an: In der "res publica" gab es vier Ratsversammlungen: die Adelsversammlung (Curia), die Ortsteil-Versammlung (Tribut-Komitien), die Heeres-Versammlung (Zenturiat-Komitien) und die Volksversammlung (concilium plebis). Diese hatten verschiedene Kompetenzen bei den Wahlen zu den republikanischen Verwaltungen, die im "Magistrat" zusammengefasst waren. Über diesen Magistrat regierten je ein Jahr die beiden Konsuln. Den Konsuln zugeordnet, mit beratender Funktion, war die Versammlung des Senats. Der Senat umfasste alle ehemaligen hohen Amtsträger, und aus dessen Kreis wurden auch wieder viele zukünftige Amtsträger ausgewählt.

Schon diese kurze Schilderung zeigt, dass die Republik monarchische, aristokratische und demokratische Elemente enthält und mit Recht als "Mischverfassung" bezeichnet wird.

Di: Welche Rolle spielte das Volk?

Eo: Zunächst, nach 510, nach dem Ende des Königtums, wurden alle Ämter von Adligen, den Patriziern, besetzt. Die Plebs, die Masse der römischen Bevölkerung, wurde also vom Adel regiert. Die Plebejer haben sich aber nach und nach Beteiligungen erkämpft, über einen langen Zeitraum hin. Sie setzten die Volksversammlung durch, dann mehr und mehr Ämter und Rechte, unter den zwei Konsuln musste ab 366 der eine von beiden ein Plebejer sein, aber erst um 287 v. Chr., nach 220 Jahren, waren alle höchsten Staatsämter für die Plebejer offen, denn erst jetzt durfte ein Plebejer auch die Position des höchsten Priesters, des „pontifex maximus" einnehmen. Dieses Jahr 287 gilt als das der Vollendung der Republik.

Di: Und was bedeutet die Ablösung des "fas"?

Eo: Das Fas war das Recht des Schicksals, das ist: der Wille der Götter. Dieser Götterwille wurde von den Auguren aus Anzeichen gelesen, aus dem Vogelflug oder aus den Organen von Opfertieren. Man glaubte, vom Götterwillen geleitet zu sein, und man vertraute, dass dieser gut sein würde, wenn man den Göttern genügend Opfer darbringen würde, um sie milde zu stimmen.

Mehr und mehr bestimmend wurde aber der Wille der versammelten Männer, durch den Gesetze beraten und Entscheidungen gefällt wurden, die als Ius verbindlich wurden. Dieses Ius ließ die Befragung der Götter durch die Priester zurücktreten. Beratungen unter Menschen führten zu Entscheidungen und Beschlüssen, die man früher von den Göttern erfragt hatte. Die Gesetze, die so festgelegt wurden, wurden öffentlich ausgestellt, so dass jeder Bürger sein Rechts-Bewusstsein daran bilden konnte. Dies begann schon in der Kindheit, da beim Lesen-Lernen in den Schulen diese Gesetzes-Texte verwendet wurden.

Das menschliche Selbstbewusstsein, die Gewalt der Entscheidung aus Vernunft, aus individueller und gemeinsamer Rationalität, hat also in Rom einen Sprung gemacht, der jetzt in aller folgenden Geschichte zum Maßstab werden konnte. Das Ius wurde ausgestaltet zu dem öffentlich verbindlichen Rechts-Rahmen, der als „das Römische Recht" bis heute unsere Rechts-Bildung und „Justiz" mitbestimmt.

Di: Das wären also die größten Leistungen, die du nennen würdest, die Republik, der neue, allgemeine öffentliche Staat, und das Ius, das verbindliche, öffentliche, allgemeine Recht. Wie kam es aber zu dem schrecklichen Verfall und der Dekadenz in Rom, zu dem Missbrauch von Gewalt und Macht?

Eo: Die Wurzel für den Verfall liegt in der Ausdehnung Roms, erst über Italien, dann über Europa und die ganze antike Welt. Die eroberten Staaten wurden mehr und mehr zur Beute des Militärs und reicher Römer, die dort Amtsträger und Steuerpächter wurden. Die Feldzüge gingen auf Kosten der Bauern, die die Hauptmasse der Armeen bildeten. Ihre Felder verfielen in der Zeit der Feldzüge, viele verschuldeten sich, mussten ihr Land später an reiche Gutsbesitzer abgeben und zogen schließlich besitzlos in die Straßen der Hauptstadt, wo sie sich als kaufbares Wahlvolk unterhalten lassen mussten.

Di: Wann geschah das?

Eo: Diese Entwicklung erfuhr zwischen 200 v. Chr. und 100 v. Chr. eine zerstörerische Beschleunigung. Der Geldadel, die sogenannte Nobilität, missbrauchte die Staatsämter für eine immer gierigere private Interessen-Politik; Vettern-Wirtschaft und Korruption griffen um sich. Die eigentliche Politik und gesetzmäßige Verwaltung wurden vernachlässigt.

Di: Aber die größte Ausdehnung des Reiches kam doch erst noch. Da war Rom noch nicht Herr über das gesamte Mittelmeer. Wie konnte trotz dieses Verfalls die weitere Ausdehnung gelingen?

Eo: Es traten Heerführer hervor, die ihren Truppen große Versprechen machten für Belohnung mit erobertem Land, das sie nach den Feldzügen erhalten sollten, und die ihre Soldaten so über viele Jahre an sich banden. Der erste von diesen war Marius (156 - 86 v. Chr.). Er gehörte zu den Popularen, die sich als Vertreter des einfachen Volkes gaben und dessen Unterstützung gewannen. Sie richteten sich gegen die Optimaten, die die Interessen der Reichen, des Adels und des Senats vertraten. Marius' militärische Erfolge, so bei der Zurückdrängung der germanischen Kimbern und Teutonen im Norden Italiens (102 und 101 v. Chr.), wurden legendär, und er wurde gegen geltendes Recht sieben Mal zum Konsul gewählt.

Di: Die Gesetze, auf denen die Republik aufgebaut war, wurden also missachtet – das klingt nach Militär-Diktatur.

Eo: Und das wurde Rom auch. Von Marius lernte Sulla (138 – 78 v. Chr.), der schließlich mit einem eigenen Heer Marius bekämpfte. Er ließ, nachdem er gegen Marius die Oberhand im Staat gewonnen hatte, nach offenen Listen – und gegen Belohnungen – straflos Gegner ermorden. Er war der erste, der ohne Wahl drei Jahre lang als Militär-Diktator herrschte in den Jahren 82 bis 79 v. Chr.. Pompejus, Crassus, Caesar, Markus Antonius und schließlich Octavianus folgten. Sie zerstörten die „res publica" mit blutigen Macht-Gebäuden aus Reichtum, Kriegen, militärischer Unterdrückung und Terror gegen politische Gegner. Die Klaviatur dieser Mittel beherrschte Octavian am geschicktesten und erfolgreichsten. Nach Caesars Ermordung 44 v. Chr. besiegte er die Tyrannen-Mörder Cassius und Brutus und ihre Anhänger in offener Heeres-Schlacht bei Philippi in Griechenland um 42 v. Chr.. Anschließend räumte er durch Morde auch in Rom die letzten Republikaner aus dem Weg und bewirkte Schritt um Schritt die Umgestaltung Roms zum Caesaren-Imperium.

Di: Du zeichnest also das neue Kaiserreich Rom als kaschierte Militär-Diktatur?

Eo: Oh, ja! Oktavian verwendete viel Mühe darauf, seine Macht zu kaschieren. Er ließ sich im Jahr 27 v. Chr. zum „Konsul auf Lebenszeit" küren. Er ließ das Pantheon errichten für alle Religionen des Reiches und machte sich im Jahr 12 v. Chr. zum obersten Priester dieses Tempels, zum Herrn aller Religionen. Und er ließ sich den Namen „Augustus" geben, was nichts weniger heißt, als „Der Erhabene".

Di: Hatte er nicht tatsächlich zur Befriedung Roms beigetragen, nachdem er Ägypten erobert, seinen letzten Rivalen Markus Antonius ausgeschaltet und jetzt das ganze Mittelmeer für Rom gesichert hatte?

Eo: Ja, das war der Krieg gegen Kleopatra (69 - 30 v. Chr.), die ehemalige Geliebte Caesars und Mutter des gemeinsamen Sohnes, die zu dieser Zeit, um 31 v. Chr., bereits die Partnerin des Markus Antonius war. Nachdem die Seeschlacht bei Actium verloren war, hatte Kleopatra offenbar Antonius in den Selbstmord getrieben und sich Oktavian zur Gemahlin angeboten. Da aber Oktavian auf Kleopatras Avancen nicht einging, ließ sie sich von Schlangen töten. So fiel Octavian Ägypten fast kampflos zu. Octavian hat sich in Ägypten wohl wie Caesar am alten Pharaonentum begeistert. Die Idee, dem größten Weltreich auch als Priester vorzustehen, der von den Göttern begnadet war, muss ihn fasziniert haben. Daher machte er sich zum Kaiser und höchsten Priester zugleich. Es folgte tatsächlich eine Friedenszeit. Diesen Frieden ließ er als sein Werk religiös feiern. Er baute einen „ARA PACIS AUGUSTAE", einen Altar des Augustäischen Friedens, im Jahr 9 v. Chr.. Die Statuen dieser Zeit feiern ihn als jugendlichen Friedensherrscher, zu dessen Füßen ein Glücks-Göttlein spielt. Nicht erst nach seinem Tod, sondern schon zu Lebzeiten wurde er als Gott verehrt. Im Osten des Reiches wurden ihm Tempel gebaut. In Halikarnassos und Priene fand man in diesen Tempeln die Inschrift: "Dem göttlichen Augustus. Gott hat Euch den Erlöser gesandt. Meer und Land erfreuen sich des Friedens. Es wird keinen geben, der größer ist als er. Das Evangelium von der Geburt des Gottes hat sich erfüllt."

Di: Aber bitte! - Das klingt wie eine Christus-Ehrung, die auf Augustus umgeschrieben worden ist.

Eo: Ja, in den größeren Zusammenhängen würde ich das auch so deuten.

Di: Kann es sein, dass er von der Messias-Verkündigung wusste und – wie wir es schon von früheren Herrschern gehört haben – auch selbst diese Rolle spielen wollte?

Eo: Oktavian war wissenschaftlich gebildet. Er hat vor dem Tod seines Adoptiv-Vaters Caesar Redekunst in Griechenland studiert: Da war er sicher von wissenden Köpfen umgeben. Das Alte Testament lag als Septuaginta in griechischer Sprache vor. Er war in Alexandria und am Nil. In Ägypten gab es viele jüdische Gemeinden. Er wurde Priester aller Religionen des Reiches und wusste sicher auch viel über das Judentum. Er muss von der Messias-Erwartung gewusst haben.

Di: Und wann starb Augustus?

Eo: Um 14 nach Christus.

Di: Was für ein gigantischer Betrugsversuch!

Eo: Als er im Alter von 76 Jahren fühlte, dass sein Ende nahte, ließ er sich einen Spiegel bringen, die Haare ordnen, die gerunzelten Wangen glattstreichen und fragte dann seine Freunde: „Was glaubt ihr, habe ich die Rolle meines Lebens gut gespielt?" Sie bejahten und spendeten ihm Beifall. Er wurde nach dem Tod zum „DIVUS AUGUSTUS", zum Gott Augustus, erhoben. Fortan werden alle seine Nachfolger bereits zu Lebzeiten als Statuen dargestellt und zu Göttern erklärt, an deren Standbildern das Kaiser-Opfer darzubringen war. Wer die Huldigung an den Kaiser-Gott nicht vollbrachte, war des Todes. Das Weltreich hatte immer seinen zur Erde gekommenen Gott.

Di: Und in den Jahren, in denen der Kaisergott in Rom installiert wurde, wurde Jesus geboren!

Eo: Ja, die Gleichzeitigkeit ist bedenkenswert. Wenn Augustus tatsächlich die Rolle des Messias spielen wollte, dann hat er den Messias-Erwartungen entsprechen wollen, indem er gleichzeitig den Weltherrscher, Welt-Priester und Friedensbringer dargestellt hat. Sicher sollte dabei vergessen werden, welch ein massives Aufgebot von Gewalt er hatte einsetzen müssen, um Weltherrscher zu werden.

Di: Wie anders gestaltete sich der Versuch, Frieden zu bringen, bei dem, der rund um die Erde jetzt alljährlich zu Weihnachten als der geborene „Friedefürst" gefeiert wird.

7 Christus und Christen – Form und Sinn des Lebens werden verwandelt

Di: Stellen wir an dieser Stelle Fragen an das Christentum?

Eo: Es bietet sich an, das Christentum im Anschluss an Augustus zu behandeln, da es zugleich mit dem römischen Gott-Kaisertum entsteht, in dem ein Mensch zum Gott erklärt wird.

Di: Wie hat also der Friedens-Versuch des Jesus ausgesehen?

Eo: Diese unscheinbare Geburt, die von so vielen Weihnachtsbildern her tief in uns verankert ist: Armut in Bethlehem, die Krippe im Stall der Tiere, einerseits die Hirten- und die Königs-Anbetungen, andererseits höchste Gefährdung durch Verfolgung und Mordabsichten, Flucht der Eltern mit dem Säugling nach Ägypten.

Di: Warum wird ein Säugling mit Mord bedroht?

Eo: Die Weisen bezeichneten diesen Säugling vor Israels König Herodes als den neuen, kommenden König Israels. Dem Tyrann, Herodes, ständig seiner Herrschaft unsicher, reichte die Prophezeiung als Anlass, Mordgesellen auszusenden nach dem Kind in Bethlehem. Mit einer Unmenge von Säuglingsleichen, die wie Puppen umhergeschleudert und zerstochen worden waren, soll Bethlehem von den Soldaten zurückgelassen worden sein. Der Kindermord in Bethlehem zeigt das Bild, dass das Anfängliche, Neue, Verändernde, schon deshalb von Vernichtung bedroht ist, weil es Verwandlung bedeutet.

Di: Was wissen wir über die Zeit nach der Rückkehr aus dem sicheren Ägypten?

Eo: Der Ausbildungsweg des Jesus ist unbekannt. Überliefert ist das Erstaunen der Priester im Tempel über seine Kenntnisse und Weisheit, als seine Eltern den zwölfjährigen Jungen mit nach Jerusalem genommen hatten. Erst eine tiefe Veränderung im Leben des Jesus, die eintrat, als er etwa 30 Jahre alt war, ist wieder genauer beschrieben. Er ließ sich von dem Prediger Johannes im Jordan taufen.

Di: Warum ist das eine so wesentliche Veränderung?

Eo: Mehrfach wird in den Evangelien berichtet, der Heilige Geist sei wie eine Taube zu ihm herabgefahren und sei über ihm geblieben.

Di: Was bedeutet dieses Bild?

Eo: Man findet Religionen, in denen der Gläubige aufgefordert wird, sich aus sich hinaus zu begeben und sich in die Gottheit hineinzufügen, man könnte sagen, es wurde, besonders in alten Tempel-Religionen, eine Entrückung, eine Ekstase in Gott, gelehrt und geübt. Jesus erfährt, statt einer Entrückung zum Gott, die Einwohnung des Gottes im Menschen. Man könnte sagen, die Religiosität erfährt eine Umkehrung, Gott wird in den Menschen hineingebeten, der Mensch übernimmt in sich selbst Verantwortung für den Gott. Johannes sagt von Christus, dieses sei derjenige, der nicht mit Wasser, sondern mit dem Heiligen Geist taufe. Die Evangelien sagen, erst von diesem Moment an, da er den Heiligen

Geist aufgenommen habe, erst von jetzt an, habe er die Vollmacht gezeigt, als Gesalbter Gottes, als Christus, aufzutreten.

Di: Wie hat sich das gezeigt?

Eo: Er zog sich zurück in die Wüste, für 40 Tage, um die Versuchungen seiner Vollmacht zu bestehen.

Di: Worin lagen diese?

Eo: Zum Beispiel darin, dass er seine neuen Fähigkeiten benutzen könnte, um die Regierung eines Weltreiches zu erstreben. Er sagt aber, dass er nicht die Macht anbeten wolle, sondern Gott.

Di: Was tut er nach der Prüfung in der Wüste?

Eo: Er beginnt zu lehren und findet Menschen, die ihn anerkennen und ihm folgen.

Di: Welches sind die Kern-Elemente seiner Lehre?

Eo: Du findest Bibliotheken voll darüber. Ich möchte nur Weniges herausgreifen, Andere würden Anderes nennen, und das mit vollem Recht. Nimm also zunächst allein das Wort: „Bittet, so wird euch gegeben, suchet, so werdet ihr finden, klopfet an, so wird euch aufgetan." (Matth. 7,7)

Di: Warum dies?

Eo: Hier zeigt sich, dass es um eine Religion der eigenen Aktivität geht. Es passiert nichts, wenn nicht von dem Menschen ein Willen, ein Bitten, eine Suche, eine Offenheit, ausgeht. Eine Beziehung zu Gott gibt es nicht, wenn der Mensch es nicht will, dass es sie gibt. Zugleich erhält der Mensch die Versicherung, dass er da, wo er strebt, auch findet.

Di: Das kann ich nicht glauben! Es geschieht zu vielen Leuten bitteres Unrecht, das zu ihren eigenen Bestrebungen nicht passt, und das sie nicht verdienen!

Eo: Dieses Problem ist an dieser Stelle, wo es um das geht, was dem gerechten Menschen zukommt, immer aufgeworfen worden.

Vielleicht können wir uns zunächst der Interpretation anschließen, dass hier eine Richtung für das Denken und die Urteilsbildung angegeben wird: der Mensch möge die Gewissheit in sein Urteilen einbeziehen, dass es gegenüber seinem Bestreben Entgegenkommen und Antwort geben wird.

Di: Also erst einmal weitere Haupt-Inhalte! Was würdest du als die wichtigsten Lebens-Regeln ansehen?

Eo: Das eine Gebot und das eine Gebet.

Di: Gelten ihm die zehn Gebote des Judentums nicht mehr?

Eo: Doch, das, was in der jüdischen Religion gilt, die Gebote und Regeln, die Moses gegeben hat, darunter die zehn Gebote, hält auch Christus für gültig. Aber er spricht davon, dass sie in dem einen Liebes-Gebot zusammengefasst seien: „Du sollst Gott, deinen Herrn, lieben von ganzem Herzen, von ganzer Seele, von allen Kräften und von ganzem Gemüte und deinen Nächsten wie dich selbst." (Luk. 9, 27) Wir kennen oft die kürzere, gebräuchlichere Form des einen Gebotes: „Liebe deinen Nächsten wie dich selbst und Gott über alles".

Di: Also EIN Gebot!

Eo: Das wird oft als wichtiges Merkmal der Lehre Christi hervorgehoben, dass es nur ein Gebot gibt. Damit besteht auch keine vielfältige Gehorsamspflicht gegenüber festen Regeln. Im Christentum gibt es einen fortwährenden Erkenntnis-Anspruch. Der Mensch ist immer selbst herausgefordert, eine eigenständige, mündige, konkrete Anwendung des Liebesgebots für jede neue Situation zu erkennen und zu bilden. Immer neu muss er finden, erkennen, was jetzt, in diesem Moment, Liebe bedeutet. Keine feste Regel lenkt ihn, er hat die Aufgabe, für sich selbst immer neu das Ziel und die Art seiner Liebe zu finden.

Di: Warum ist Liebe so wichtig, wie würdest du das erklären?

Eo: Die Menschen erfahren die Zuwendung und Liebe Gottes im Geschenk des Lebens, des Daseins, der Erde und des täglich neuen Anfangs.

Di: Die Wiederholung jedes neuen Tages soll Liebe zeigen?

Eo: Empfindest du nicht den Morgen nach dem Schlaf, die Erfrischung der Kräfte, die Gesundheit und die Gesundung, als Geschenk?

Di: Doch, derartige Gefühle kenne ich schon.

Eo: Kannst du Gesundung und Erfrischung der Kräfte nach einem Unglück oder einem schuldhaften Missgeschick auch so empfinden, dass sie etwas Vergebendes enthalten?

Di: Das müsste ich mir näher überlegen.

Eo: Die Erfahrung der Vergebung, die aus der Natur des eigenen Lebens dem Menschen entgegenkommt, kann religiös stimmen oder gottesdankbar. Wenn ich Ruhe und neue Kraft finde, empfinde ich das nicht als mein Werk, sie sind mir geschenkt, ich bin dankbar, ich fühle mich geliebt und habe neues Vertrauen in den Tag und die Zukunft meines Lebens.

Di: Warum muss ich lieben?

Eo: Du musst überhaupt nichts. Aber Liebe ist Antwort und Einstimmen in das, was den Menschen trägt. Ich liebe, da ich mich geliebt fühle, ich vergebe, da mir vergeben wird. Das eine Gebet, das Christus gelehrt hat, das Vaterunser (Matth. 6, 19) hat diesen Inhalt. Der Mensch wendet sich bittend, anerkennend und dankend an das Göttliche, das den Menschen umgibt. Das Liebende, das der Mensch in der Welt spürt, kann er als 'Vater' ansprechen. Dessen vergebende Gegenwart nimmt er als Vorbild für sich selbst, um selbst vergebend zu sein. Der Mensch, als geliebtes Ebenbild des liebenden Gottes, strebt zu lieben und vergeben zu wollen, das ist das Gebet. Und das Gebet enthält: der Vergebung für sich selbst darf der Mensch gewiss sein, er erfährt sie ständig. Diese Lehre von der Vergebung ist ein fundamentaler Inhalt.

Di: Warum?

Eo: Der Mensch darf seine Fehler machen. Er erfährt eine Erneuerung seiner Kraft, umso deutlicher, je mehr er seine Fehler erkennt und bereut. Er bessert sich an seinen Fehlern. Die Tatsache der Vergebung ist die Ursache für die ungeheure Dynamik menschlicher Entwicklung und Bildung. Später wird dieser humane Entwicklungsweg in Begriffe gefasst, die bei uns jetzt fast außer Gebrauch gekommen sind, die aber einer näheren Betrachtung wert sind: Sünde – Schuld – Reue – Buße – Vergebung – Erlösung.

Di: Ja, diese Begriffe sind Instrumente finsterer kirchlicher Unterdrückung gewesen, was willst du daran betrachten?

Eo: Die Wort-Herkunft scheint mir zum Teil sehr klärend zu sein:

SÜNDE kommt von Sonderung, Absonderung: Wenn der Mensch einen Fehler macht, ist er sich in seiner Handlung nicht genau genug bewusst gewesen von ihren Ursachen und Folgen, er hat sich gesondert, war vielleicht in sich gefangen, er hat nicht genug einbezogen, hat vielleicht ausgeblendet, vergessen, nicht bemerkt – dieses ganz normale menschliche Versagen, das zunächst einmal völlig selbstverständlich geschieht, steckt grundsätzlich hinter dem Begriff Sünde.

Ebenso natürlich ist der Begriff SCHULD. Er kommt von „skal", das im englischen „shall" noch mitklingt. Es bedeutet ein Sollen, eine Verpflichtung. Schuld ist auch zu einem materiellen Begriff geworden für eine Abgabe, einen Dienst, eine Strafe. Im ursprünglichen Sinn könnte man von einem Sollen im Sinne einer Verpflichtung zur Aus-Besserung sprechen.

REUE kommt von „ruiwen", das im deutschen „rufen" noch mitklingt: im Schmerz und im Bedauern über einen Fehler möchte man herausrufen, was man falsch gemacht hat. Die Erkenntnis, die den eigenen Fehler ergreift, bringt das spontane Bedürfnis nach entschiedener Mitteilung, nach Darstellen, Bekennen und Distanzieren hervor. So ist das Rufen als Ursprung des Reuens verständlich.

BUSSE kommt von „b-u-e-ssern", es umschreibt den Besserungswillen, das kirchliche „Büßen" oder „Buße-Tun" meint ein Besserungshandeln nach einem Reuen und Bedauern.

VERGEBUNG bezeichnet die gebende Liebe, die den Fehler löscht, ihn überwinden hilft und vergehen lässt, die Liebe, mit der man dem Täter, der Reue bekundet hat, wieder entgegenkommt.

ERLÖSUNG ist der Zustand, in dem man ist, wenn man aus einem Sollen, aus einer Schuld herausgelöst ist, wenn das Bessern sich erfüllt hat und die Vergebung eingetreten ist.

Di: Was siehst du hier für eine Dynamik begründet?

Eo: Die Ab-Sonderung von einem umfassenden Tat-Bewusstsein zeigt einen Erkenntnis-Rückstand, aus dem eine Verpflichtung zum Einholen und Ausbessern hervorgeht. Im Aussprechen der Reue ist als Konsequenz angelegt, dass ein Wille zum Bessern entsteht. Dem ausbessernden Handeln kommt helfend die Vergebung entgegen, so kann schließlich Erlösung eintreten. Die Gewissheit dieses Geschehens, dass eigene Fehl-Handlungen bearbeitet, behoben, wieder erlöst werden können, bewirkt Dynamik im Zutrauen zu dem eigenen Handeln. Das zum Guten strebende Handeln erhält Vertrauen, Sinn, Halt und Beschleunigung.

Di: Aber Erlösung ist doch auch ein viel größerer Begriff. Er wird doch mit dem gesamten Wirken von Christus verbunden.

Eo: Wir haben jetzt Kerninhalte seiner Lehre betrachtet, mit denen Jesus nach der Jordantaufe hervortrat. Um seine Erlösungstat zu verstehen, müssen wir die Stationen im Leben des Jesus weiter verfolgen. Es folgen die drei Jahre eines Lehrens und eines Handelns, das in Israel Aufsehen erregt, das wir aber jetzt nicht im Einzelnen ansehen können. Schauen wir auf Christus in Jerusalem zum Pessah-Fest. Beim Abendmahl kündigt er Leiden und Tod an. Beim nächtlichen Gebet in Gethsemane wird er gefangen genommen und vor den Hohepriester geführt. Auf die Frage des Hohepriesters Kaiphas bekennt er sich dazu, Christus, der Sohn Gottes, zu sein. Damit erklären die Priester ihn zu einem Gotteslästerer, der des Todes schuldig ist, sie bringen ihn zu dem römischen Statthalter, Pilatus, und wollen von diesem die Verurteilung und Tötung des Christus. Auf des Pilatus Frage, ob er der König der Juden sei, antwortet Christus „Mein Reich ist nicht von dieser Welt." (Joh. 18, 36). Ein König aber sei er, da er für die Wahrheit zeuge (Joh. 18, 37). Pilatus wendet sich an die Hohepriester, da er an Christus keine Schuld finde, die aber sagen, er habe sich selbst zu Gottes Sohn gemacht, darauf stehe nach jüdischem Gesetz die Todesstrafe. Darauf fragt Pilatus, ob er ihren König kreuzigen solle. Die Hohepriester antworten, sie hätten keinen König denn den Kaiser in Rom. Mit diesem Hinweis scheint Pilatus zu der Ansicht gezwungen zu sein, dass Christus, wenn er sich König nennt, gegen den Kaiser in Rom stehe und übergibt ihn der Kreuzigung. - Auch über alles dieses und den folgenden Weg bis zum Tod kann man viel mehr sagen und schreiben und lesen.

Di: Was sagst du über die Auferstehung nach drei Tagen?

Eo: Jeder muss sich dazu selbst eine Beziehung bilden, die zu Bejahung oder Ablehnung führt. Das Christentum sieht hier die große Erlösungstat, in der Überwindung des Todes, im Beweis eines Daseins nach dem Tod, das sogar sichtbar war. Jetzt, nach der Auferstehung, sagt Christus „Ich bin bei euch alle Tage bis an der Welt Ende." (Matth. 28, 20) Die Auferstehung, zusammen mit diesen Worten, gibt die Gewissheit von der Gegenwart Christi.

Di: Warum ist er also Menschheits-Erlöser?

Eo: Er ist von vielen im Volk und von den Hohepriestern und von Pilatus nicht anerkannt worden als der gesuchte Messias. Dieser Schuld hat Christus nichts entgegnet, er hat sie angenommen bis hinein in die Konsequenz seiner eigenen Kreuzigung und Tötung. Als Messias, der von Gott den Menschen zur Hilfe gesandt ist und von den Menschen gekreuzigt wird, hat er die größte Schuld, die Kreuzigung des Messias, erduldet, er hat sie auf sich genommen und ertragen. Durch die Auferstehung hat er die Tat der Kreuzigung in ihrer Wirkung aufgelöst und sozusagen erlöst, wieder gut gemacht. Dies ist die Vollmacht, die gezeigt hat, dass er jede Schuld auflösen kann. Sein Leben und Auferstehen ist das umfassendste Versprechen der Schuld-Auflösung und der Vergebung. Und sein Versprechen, gegenwärtig zu sein bis an das Ende aller Tage, gibt die Gewissheit, dass sein Vergeben fortdauern wird. So können fortan alle Menschen größtes Leid ertragen. Bis hin zur Auferstehung hat Christus Leid und Tod besiegt und erlöst. Wer ihm folgt, weiß, dass er an Auferstehung und Erlösung teilhaben wird.

Di: Die Erlösungstat, Christus als universeller Erlöser – so, wie du das jetzt dargestellt hast, erscheint es mir als ein gewagtes Gedanken-Gebilde! Darauf soll ein Ungläubiger vertrauen?

Eo: Darauf kann kein Ungläubiger vertrauen. Aber wer sucht und klopft und einen Zugang zu diesen Inhalten sich erarbeiten will, dem kann sich auch dies als Wahrheit erschließen. Vielleicht nicht ohne viel Lektüre und nicht ohne Zeit der Besinnung, gewiss nicht ohne.

Di: Und Himmelfahrt? Und Pfingsten? Die Zumutungen an die Ungläubigen gehen ja weiter!

Eo: Pfingsten ist noch einmal von fundamentaler Bedeutung. 50 Tage nach Ostern sehen die Jünger bei ihrer Versammlung etwas wie Flammen über ihren Häuptern. Es sind Menschen verschiedener nationaler und sprachlicher Herkunft anwesend. Sie sprechen jeweils ihre eigene Sprache, und sie verstehen einander trotzdem.

Di: Soll durch die Sprachen hindurch eine Übersprache wirken?

Eo: Später heißt dies Pfingsten das Fest der Ausgießung des Heiligen Geistes. Der Heilige Geist tritt als Drittes in die Einheit von Gott und Sohn: Vater, Sohn und Heiliger Geist bilden die Dreieinigkeit des Göttlichen. Christus erscheint als der Vermittler und Überbringer des Heiligen Geistes. Der Heilige Geist ist nun unter den Menschen erreichbar. Er ist auch ein Vermittler zu

Christus. Über den Sprachen können sich Menschen im Geist verstehen. So wird Pfingsten später gedeutet: Die Teilung in verschiedene Sprachen, wie sie in Babylon mit der Sprachverwirrung eingesetzt haben soll, wird durch das Pfingst-Ereignis, zumindest der Möglichkeit nach, überwunden.

Di: Eine Erörterung der Dreieinigkeit, dieses wohl schwierigsten Gebiets der christlichen Theologie, sollten wir anderen Orten überlassen. Ebenso die Möglichkeit der Einheit aller Sprachen –

Eo: Ja, ich merke deine Ungeduld, aber dies ging nicht kürzer. Das Christentum ist umwälzend und bestimmend für die nächsten 2000 Jahre der Europäischen Geschichte. Wir können seine schnelle Ausbreitung, seine große Anziehungskraft und Macht nicht verstehen, ohne uns nur wenigstens ansatzweise mit dem großen inneren Umfang seines Anfanges zu beschäftigen.

Di: Wie geht es geschichtlich weiter?

Eo: Wir müssen uns mit Paulus beschäftigen.

8 Paulus – prominenter Christ mit antiker Herkunft

Di: Warum ist Paulus so wichtig, wenn wir doch schon Christus ausführlich behandelt haben?

Eo: Weil ohne ihn das Christentum nicht eine Weltreligion geworden wäre–

Di: Doch nicht durch ihn allein?

Eo: Er hat es in die nicht-jüdische Welt übertragen.

Di: War er denn kein Jude?

Eo: Doch, er war als junger Mann ein streng gläubiger Jude. In Jerusalem, bei dem berühmten Lehrer Gamaliel wurde er Rabbiner, aber er war in Tarsus geboren.

Di: Tarsus?

Eo: Das war eine bedeutende Hafenstadt am Mittelmeer im Südosten der heutigen Türkei, Tarsus gehörte zum Römischen Reich. Dort hatte er den Beruf des Zeltmachers erlernt. Paulus kannte aus seiner Heimatstadt Recht, Sprache und Verwaltung des Römischen Reiches, er sprach ein philosophisch geprägtes Griechisch, die damalige Weltsprache, von seinen jüdischen Eltern her aber war er im Hebräischen aufgewachsen und wurde zur theologischen Ausbildung nach Jerusalem gesandt, wo er einer der begabtesten Schüler des Gamaliel war.

Di: Aber er war doch dann Christ?

Eo: Er wurde es, als er von der jüdischen Priesterschaft zur Verfolgung der Christen nach Damaskus gesandt wurde. Er hat berichtet, dass er vor Damaskus eine Licht-Erscheinung gehabt und Worte von Christus gehört habe, die seine Haltung völlig veränderten. Er trat in Damaskus der christlichen Gemeinde bei, floh aber, zu seinem eigenen Schutz, aus der Stadt und begann erst, nachdem einige Jahre vergangen waren, zu wirken, dann wurde er zu dem ersten großen christlichen Theologen.

Di: Was machte ihn so herausragend?

Eo: Unter anderem seine Weltgewandtheit; er war durch Herkunft und Ausbildung gleichermaßen mit der jüdischen, griechischen und römischen Kultur vertraut und konnte aus diesen dominanten Kulturen der Antike heraus seine eigene Verwandlung zum Christentum repräsentieren. Es würde ihm gerecht, wenn man sagen würde: Dieser Mann - Jude, Grieche und Römer zugleich - wurde Christ. Er nimmt in seiner Person die Zukunft voraus: die gesamte antike Welt wird christlich werden. Er selbst reiste in den kleinasiatischen Ländern des Römischen Reiches, sprach und predigte, gründete Gemeinden und verbreitete das Christentum in griechischer Sprache außerhalb Israels, am Ende seines Lebens auch in Rom selbst.

Seine vielleicht größte Tat war, dass er in einer fundamentalen Auseinandersetzung mit Petrus und Jakobus – auf dem sogenannten „Apostelkonzil" etwa um 50 n.Chr. - durchsetzte, dass nicht nur Juden, sondern auch die sogenannten „Heidenchristen", die von ihrer Herkunft her Nicht-Juden waren, als Christen anerkannt wurden. So ist ohne ihn die folgende, sehr rasche und weite Ausbreitung des Christentums nicht denkbar. Die griechischen Briefe an seine Gemeinden in Kleinasien und Rom wurden schließlich Teil des Neuen Testaments, also verbindliche Texte der christlichen Religion.

Di: Springen wir weiter? – Was müssen wir jetzt ansehen?

Eo: Ja, die weitere Entwicklung des Römischen Reiches – und wie es durch das Christentum verändert wird!

9 Vom Römischen Welt-Imperium zum Christlich-römischen Imperium

Di: Hat Augustus nicht versucht, eine Dynastie zu begründen?

Eo: Das versuchte er, war aber damit nicht erfolgreich. Er konnte keinen Sohn, nur Verwandte berufen. Es folgten ihm auf dem Kaiserthron als Götter – das wurden alle Kaiser seit Augustus' Tod - schließlich einige sehr lasterhafte Charaktere, davon ist Nero (37 - 68 n. Chr.) der bekannteste. Bald adoptierten die Kaiser geeignet erscheinende Männer als Söhne und als Nachfolger, aber schon im zweiten und dritten Jahrhundert versagte das dynastische Prinzip ganz, und die Soldaten begannen, ihre jeweiligen Heerführer zu Kaisern zu küren, wodurch diese dann sich erst gegen andere

Kaiser, die in jeweils anderen Truppenteilen erhoben worden waren, in Feldzügen und Schlachten durchsetzen mussten. Das führte zu einem ungeheuren Verbrauch von Menschen, Material und Ressourcen, und das Reich taumelte schon im zweiten Jahrhundert von Krise zu Krise.

Di: Und auch diese Soldaten-Kaiser wurden als Götter angesehen?

Eo: - die Verehrung sowohl der alten Gottheiten als auch die Verehrung von sich selbst als Göttern haben die Kaiser teils strikt verlangt, teils aber auch vernachlässigt. Einige verfolgten blutig die Christen, die die Kaiser-Anbetung verweigerten, andere Kaiser duldeten sie und ließen zu, dass auch kleinasiatische Kulte eingeführt wurden. So konnten Gäa, Isis, Mithras und der Sol invictus vom zweiten Jahrhundert an verehrt werden, und deren Kulte verbreiteten sich.

Di: Das ist aber doch noch nicht das Ende Roms?

Eo: Keineswegs. Aber traditionsbewusste Römer sahen mit den anderen Kulten das Ende des Reiches kommen. Jedoch allein schon die äußere Ausdehnung des Reiches in Osteuropa und in der heutigen Türkei bis nach Vorderasien brachte eine Überspannung der Kräfte, die immer weniger beherrschbar war. Man holte Völker aus dem Inneren Asiens, aber auch die Goten, und siedelte sie zur Bewachung der Grenzen auf dem Balkan an. Immer wieder wurden die Christen, die es inzwischen in allen Reichsteilen gab, verfolgt, weil man sie für schuldig ansah für die Probleme des Reiches – bis ein großer Umschwung einsetzte –

Di: Nämlich?

Eo: Die Verwandlung des Römischen Reiches in ein christliches Weltreich!

Di: Stimmt, das gab es! Ist das nicht Konstantin zu verdanken? „In hoc signe vince!", „In diesem Zeichen sollst du siegen", hatte er nicht in einer Schlacht das Pax-Friedenszeichen Christi auf die Schilde seiner Soldaten ritzen lassen?

Eo: So wird es berichtet, ja. Zunächst war Konstantin ein Soldatenkaiser, er musste sich am Anfang des vierten Jahrhunderts, um 312, gegen einen seiner Rivalen, Maxentius, in einer Schlacht durchsetzen, da hatte er in der vorangehenden Nacht von diesem Zeichen geträumt, unter dem er dann tatsächlich siegte. Er setzte durch, dass die Christen-Verfolgungen endgültig eingestellt wurden und das Christentum als Religion anerkannt wurde.

Di: War er Christ?

Eo: Nein, er ließ sich erst auf dem Sterbebett taufen. Die entscheidenden religiösen Eingriffe nahm er als Nicht-Getaufter vor und offenbar auch weniger aus inneren religiösen denn aus politischen Motiven.

Di: Wie meinst du das?

Eo: Das Römische Reich hatte keinen inneren Zusammenhalt mehr und drohte von innen und außen zu zerfallen. Die Christen hatten sich – trotz zeitweise heftiger Verfolgungen - als religiöse und soziale Bewegung bereits seit langem bewährt. Das Christentum war Schichten- und Regionen-übergreifend, und viele der besten Beamten der römischen Reichsverwaltung waren im Geheimen Christen.

Di: Du meinst, Konstantin griff nach dem Christentum als einem neuen einigenden Band für das zerrüttete Römische Reich?

Eo: Er war sich dessen offenbar sehr bewusst, dass er eine neue einigende Kraft brauchte. Deshalb reagierte er auch sehr schnell auf überraschende Nachrichten, die ihn nach der Legalisierung des Christentums aus dessen Bischofssitzen erreichten.

Di: Welche?

Eo: Die Christen zeigten sich am Anfang des vierten Jahrhunderts als untereinander keineswegs einig, sondern tief zerstritten. Bereits im zweiten Jahrhundert hatte es viele theologische Streitigkeiten gegeben. Sie entstanden durch christliche Sekten, durch Strömungen der Gnosis und durch Fragen, wie man sich gegenüber den anderen Religionen, die sich im Römischen Reich verbreiteten, abgrenzen sollte. Das hatte zu einer einschneidenden Veränderung in den Gemeinden geführt. Bisher hatte man in diesen freien Gemeinden des neuen Glaubens gelebt ohne eine formalisierte Rangordnung. Nun glaubte man, unter dem Druck der Glaubens-Streitigkeiten, das Bischofsamt einführen zu müssen, das mit bindender Autorität in Glaubensfragen ausgestattet wurde und Streitigkeiten entscheiden sollte. So sollte den Verwirrungen in den Gemeinden durch die Autorität der Bischöfe entgegengewirkt werden. Bald aber gab es jetzt Bischöfe, die wie die Könige alten Stils in ihren Gemeinden zu herrschen begannen.

Zu Konstantins Zeit hatten sich unter den Bischöfen Richtungen gebildet, die verschiedene, einander ausschließende Positionen vertraten in Hinsicht auf die schwierige Frage der Göttlichkeit Christi.

Die einen vertraten die Meinung, Jesus sei als Mensch geboren und habe sich in seinem Leben so weit gereinigt und verwandelt, dass er die Gottheit in sich aufgenommen habe und damit – durch die Jordan-Taufe – zum „Gesalbten Gottes", zu dem „Christos", geworden sei. Diese Richtung wurde von dem Bischof Arius angeführt. Die, die diese Gedanken vertraten, nannte man „Arianer".

Andere vertraten die Meinung, dass Christus immer eines Wesens mit Gott gewesen, sich zum Menschen gemacht und von Anfang an bereits als Gott auf Erden geboren worden sei. Damit war er aber auch seinem Wesen nach von allen Menschen von vornherein verschieden. Diese Richtung wurde von dem Bischof Athanasius angeführt, seine Anhänger nannte man „Athanasianer".

Di: Ist das denn ein so großer Unterschied, dass es einen riesigen Streit lohnt, wo doch gerade die Verfolgungen beendet und die Anerkennung durch den Kaiser erreicht waren?

Eo: Der Unterschied ist doch nicht unbeträchtlich: Ist dies ein Menschen-Sohn und Menschen-Bruder gewesen, der sich selbst – unter Beteiligung seines freien Willens - verwandelt hat zum Träger Gottes? Oder – kann ein Gott, nur aus dem Ratschlag des ewig Unendlichen, fest vorherbestimmt, auf Erden geboren werden?

Di: Also – wenn ich dich recht verstehe – es steckt in dem Streit die Frage, ob es Freiheit und tiefe Verwandlung zum Göttlichen hin unter Menschen geben kann oder nur ein vorherbestimmtes Schicksal?

Eo: - Und ob es das Göttliche in jeder Nähe geben kann? Oder ob es das nur das eine Mal in jener Ferne gegeben hat und ob es nur für den einen göttlichen Menschen geglaubt werden muss, von dem man doch auch schon damals durch Jahrhunderte entfernt war?

Di: Was hat Konstantin mit dem Streit gemacht?

Eo: Er hat ein Konzil einberufen nach Nicäa, südwestlich von der neuen Hauptstadt Konstantinopel, also in der heutigen Türkei, dort sollte der Streit im Jahr 325 entschieden werden, denn er wollte eine einige Kirche.

Di: Gelang es?

Eo: Aus allen Teilen des Reiches erreichten den Kaiser lange Streitbriefe der verschiedenen Bischöfe mit Bitten an ihn, auf eine Entscheidung in dem jeweils gewünschten Sinne hinzuwirken.

Di: Und Konstantin, der Nicht-Christ und Nicht-Theologe, traute sich, das zu entscheiden?

Eo: Tatsächlich hatte sich Konstantin während seines Kampfes um die Vorherrschaft im Reich nicht gescheut, sich die Hände blutig zu machen, er hatte sich als skrupelloser Macht-Mensch, kluger Taktiker und gerissener Heerführer erwiesen. Bevor wir hören, was er jetzt auf dem Konzil tat, können wir uns fragen: welche der beiden Positionen würde er sich wünschen für sein neu vereintes Reich, das er auch mit seiner neuen Hauptstadt unter seiner einzigen Führung christlich zu begründen suchte?

Di: Selbstverständlich wünschte der Kaiser sich freie, sich selbst bestimmende Menschen, die in starkem Bewusstsein ihres

Vermögens die Wandlung ihrer selbst suchen und die auf die Wandlung eines jeden vertrauen und die jeden anderen Menschen neben sich hochachten als einen, der sich zu einem möglichen Träger des Göttlichen verwandeln kann. So möge es allen Menschen gelehrt werden!

Eo: Du sprichst das aus, was die arianische Lehre für eine Verwandlung in den politischen Alltag des Reiches hätte bringen können. Deine Darstellung ist sarkastisch-ironisch, sie würde den Kaiser zum Liebhaber der Demokratie und das Römische Reich zu einem Hort des christlichen Humanismus gemacht haben! - Kannst du aber auch die andere Position aus der Sicht eines Kaisers interpretieren?

Di: Natürlich: Der Kaiser wünscht sich Menschen, die in allem für Gottes Wirken und für Gottes Entscheidungen dankbar sind, die an die einmalige, unveränderliche Geburt des unwandelbaren Gottes glauben, welche als Wunder vergleichbar ist mit der Einmaligkeit des ihnen vorgesetzten, göttlich begnadeten Kaisers, in dessen Dasein und fraglos gütigen Wirken sich ebenso die aus Ewigkeit entschiedene Gnade des einen Gottes zeigt.

Eo: So überschwänglich wird Konstantin wohl nicht gesprochen und gedacht haben, aber dass für ein autoritäres Regiment, an dem er nun wirklich interessiert war, die zweite Position stützend wirken und die erste gefährlich sein würde, das hat er garantiert gesehen. Tatsächlich hat er den nicht enden wollenden Streit unter den Theologen während des Konzils in der entscheidenden Sitzung, selbst in die Schluss-Formulierungen eingreifend, entschieden. Er setzte für die Lösung des Streits eine begriffliche Fassung durch, in der festgelegt wird, dass Christus und Gott von ewig an gleichen Wesens und eins gewesen seien. Er stellt sich auf die Seite der Athanasianer und gegen die Arianer. Dies wurde das erste Dogma der katholischen, das heißt, der „allgemein verbindlichen" Kirche. Von jetzt an wurde Religion mehr und mehr eine Sache von festgelegten Sätzen, die wie Regeln des römischen Rechts zu lernen und zu glauben waren.

Di: Also feste Glaubenssätze in einer Religion der Selbsterkenntnis mit nur einem Gebot – staatlich festgesetzte Sätze zur Festigung eines Staates in einer Religion, dessen Gründer gesagt hatte: Mein Reich ist nicht von dieser Welt!

Eo: Dein Sarkasmus, Di, ist berechtigt, die Kirche wird zu einem Instrument, um Menschen zu führen und zu beherrschen. Wo in den frühen Gemeinden denen, die am längsten Erfahrung im Glauben hatten, den Ältesten, ihrer natürlichen Autorität wegen, Ämter in den Gemeinden übertragen wurden, bildete sich vom zweiten Jahrhundert an eine feste „Hierarchie" - das heißt „heilige Ordnung" - der ernannten Amtsträger heraus, die in der Hierarchie ihrer Institutionen den Laien, dem Gemeindevolk, gegenüberstanden. Diese hierarchischen Bestrebungen festigten sich weiter in der Dogmenkirche, der jetzt Konstantin seine kaiserliche Unterstützung verlieh. Als Gegenleistung erhielt die kaiserliche Autorität kirchliche Unterstützung.

Ein weiterer Höhepunkt dieser Entwicklung ist die Erklärung des Christentums zur Staatsreligion 391, mit der zugleich alle anderen Kulte, die nun „heidnisch" genannt werden, verboten und verfolgt werden. Die alten Götterkulte, aber auch das Judentum, werden von da an, zum Teil gewalttätig, von den christlichen Autoritäten unterdrückt.

Di: Also, was haben wir von diesem Christentum noch zu erwarten? – Doch nur Herrschafts- und Macht-Intrigen, von damals an bis heute?

Eo: Das ist das gängige Urteil und Vorurteil über die katholische Kirche, das du jetzt auch noch pauschal auf das gesamte Christentum überträgst. Wir reden bei dieser Religion über das wertvollste Gut der menschlichen Existenz: der Mensch soll ermutigt werden und Zutrauen fassen dazu, seine individuelle Lebens-Substanz frei und eigenständig in tiefster Weise zu verwandeln, Schuld aufzulösen und dazu beizutragen, dass die Schöpfung der Welt über sich hinaus geführt und vollendet wird. Die Entwicklung dieses Impulses zu verfolgen erfordert und verdient größte Hochachtung, Schutz und sehr gewissenhafte Genauigkeit, keine pauschalen Urteile.

Di: Das sind sehr große Worte, die du wählst. Worauf willst du mich damit vorbereiten?

10 Völkerwanderung, Strömungen des Christentums, das Weltreich der katholischen Kirche siegt, Begründung des Mittelalters

Eo: Es gibt verschiedene Richtungen im Christentum des ersten Jahrtausends, wir können einen Versuch, sie zu würdigen, nicht unterlassen.

Di: Also, welche?

Eo: Der Arianismus, den wir oben betrachtet haben, wurde durch Konstantins Machtspruch von Nicäa 325 zunächst geschwächt, aber keineswegs ausgelöscht. Als aus Konstantinopel 341 ein christlicher Lehrer und Missionar zu den Goten gesandt werden sollte, fiel die Wahl auf Ulfilas, dessen Namen wir meistens als Wulfila kennen, der zum Gotenbischof geweiht wurde und zu den Westgoten zog. Er war Arianer. Er lehrte und schrieb Gotisch, übersetzte die Bibel fast vollständig ins Gotische, und ein Stamm der germanischen Völkerwanderung nach dem anderen übernahm das Christentum in der von Ulfilas geprägten arianischen Form: die West- und Ostgoten, die Vandalen, Gepiden, Rugier, Langobarden, Baiern, Burgunden, Heruler, Skiren, Sueben, Thüringer und Alamannen. Alle diese Stämme wurden in den folgenden Jahrhunderten, in Hinsicht auf ihr Christentum, „Arianer" genannt, im Unterschied zu den jetzt so genannten „römisch-katholischen" Christen.

Di: Was war nun der wesentliche Unterschied?

Eo: Die Quellen zu der inneren Verfassung der wandernden germanischen Völker sind nicht sehr reichhaltig. Aber wenn wir aus unseren Betrachtungen von vorhin folgern, so wurde durch die Völkerwanderung zwischen dem vierten und sechsten Jahrhundert in Mitteleuropa ein Christentum verbreitet, in dem verstärkt der Aspekt lebte des verwandten Menschenbruders in dem Sohn Gottes. Die helfende, brüderliche Nähe Christi wurde wahrscheinlich mehr betont als die höchste und ferne Autorität eines geborenen Gottes.

Di: Du sagst, diese Glaubensform wurde in Mitteleuropa verbreitet. Aber Mitteleuropa war doch im Mittelalter römisch-katholisch?

Eo: Diese Tatsache, dass Mitteleuropa katholisch wurde, ist Folge einer dramatischen Entwicklung: Das übergroße Römische Welt-Imperium war 395 geteilt worden: in das Weströmische Reich mit der Hauptstadt Ravenna und das Oströmische Reich mit der Hauptstadt Konstantinopel. Nur etwa 80 Jahre später, 476, schickte Odoakar, ein Germane aus dem Stamm der Skiren, der eigentlich den weströmischen Kaiser schützen sollte, diesen Romulus Augustulus aus dem Amt. Damit war das Ende des Weströmischen Reiches gekommen, und es zerfiel. So konnte ab 498 Chlodwig, der König der Franken, mit seinen Kämpfern von Osten her in die weströmische Provinz Gallien vordringen. Gallien war überwiegend römisch-katholisch missioniert worden, und Chlodwig übernahm die dort herrschende katholische Religion, um seine Vorherrschaft sofort zu festigen. Odoakar war bereits fünf Jahre vorher, 493, in Ravenna von dem Ostgoten Theoderich erschlagen worden, und die Ostgoten hatten Italien eingenommen. Theoderich war arianischer Christ und bemühte sich um ein weströmisches Bündnis der neuen arianischen Germanenreiche, die bis hin nach Spanien und Nordafrika entstanden waren, gegen Ostrom. Er musste aber hinnehmen, dass im Norden der Franke Chlodwig ausscherte. Chlodwig hatte sich in Hinsicht auf die kirchliche Verfassung und die diplomatische Bindung an die Seite Ostroms und damit gegen Theoderich gestellt.

Er besiegte im Süden die Burgunden und Ale-mannen, dehnte sein Reich immer weiter nach Westen und Süden aus, so dass das katholische Frankenreich in den weiteren Jahrhunderten das prägende Reich Mitteleuropas und des Mittelalters werden sollte.

Di: Was geschah mit dem Arianismus?

Eo: In Mitteleuropa wird er durch den Katholizismus der Franken aufgelöst. Das Gotenreich in Italien wird in einem längeren Krieg bis 553 von Ostrom zurückerobert, dadurch wird der Arianismus dort ausgelöscht. Auch die Langobarden, die ab 568 in Italien zu herrschen beginnen, übernehmen ab 600 den Katholizismus.

Di: So also hat die Römisch-katholische Kirche die Dominanz über die weiteren Jahrhunderte gewonnen. Mir war die starke Verbreitung des Arianismus nicht bekannt.

Eo: Ist dir aber bekannt, dass es noch eine weitere große Strömung des Christentums gab?

Di: Welche?

Eo: Das irische Christentum.

Di: Aber stark verbreitet war es doch nicht!

Eo: Immerhin hatte das irische Christentum vom sechsten bis zum 10. Jahrhundert von Irland und Schottland aus ins gesamte Frankenreich eingewirkt und hatte in ganz Mitteleuropa missioniert, es hatte bis nach Erfurt, an den Bodensee und in die Schweiz hinein Gemeinden und etwa 200 Klöster gegründet.

Di: Was war Besonderes an den Iren und Schotten?

Eo: Sie verbreiteten das Christentum nicht als politische Ordnungs- und Herrschaftsmacht, wie es seit Konstantin üblich geworden war, sondern durch wandernde Mönche in Lehre und Vorbild. Sie verehrten Christus auch in der Natur, sahen ihn auch als den Herrn der Elemente an, stellten Kreuze im Freien auf und waren offen für die Natur-Religionen der jeweiligen örtlichen Stämme. Das irische Kreuz ist von einem Kreis umgeben, Kenner des irischen

Christentums sehen diesen Kreis als Ausdruck dafür, dass über die Kreuzigung hinaus im Bild Christi die Auferstehung stark betont wurde. Irische Legenden besagen, dass in Irland ein eigener Zugang zum Christentum bestanden habe, der längst entwickelt war, bevor 432 der katholische Patricius (St. Patrick) in Irland missionieren wollte.

Di: Aber auch Irland wurde doch völlig katholisch!

Eo: Ja, den irischen Gründungen in Europa wurde von den katholischen Autoritäten vorgeworfen, Institutionen und formale Regeln zu vernachlässigen. Bis zum 10. Jahrhundert wurden alle irischen Gemeinden und Klöster – nicht ohne machtvolle Intrigen und Zwang - von Rom aus katholisiert.

Di: Ich kann es verstehen, möchte aber doch noch einmal von Dir hören, warum du den Sieg des Katholizismus in Europa als dramatisch und tragisch ansiehst.

Eo: Das ist nicht ganz kurz zu erklären. Kennst du die Lehre des Kirchenvaters Augustinus von den zwei Reichen, die er etwa um 415 entwickelt hat und die in der katholischen Kirche bald herrschend geworden war?

Di: Nein.

Eo: Augustinus glaubte an ein himmlisches, unsichtbares, göttliches Reich, das einst kommen werde, in dem Liebe und alle Tugenden regieren würden, und an das irdische, sichtbare, teuflische Reich, in dem die Herrschbegierde regiere. Im Menschen sieht er seit der Sünde Adams das Böse überwiegen, das vor allem durch die Sexualität fortgeerbt werde, da der Geschlechtstrieb durch den freien Willen nicht beherrschbar sei. So sei schon jedes neugeborene Kind mit der Erbsünde behaftet. Die Erlösung aus der unentrinnbaren Sünde sei allein durch die Gnade Gottes möglich, nicht aber durch den Menschen und seinen eigenen Verdienst ersehnbar oder erreichbar. Die Kirche sei eine Anstalt des Heils, mit einem unsichtbaren Anteil am himmlischen Reich Gottes. Die Vorsteher der Kirche auf Erden seien eingesetzt, das Richteramt wahrzunehmen, vorgreifend dem dereinstigen Gericht Gottes. Die Gnade Gottes sei niemandem sicher und unvorhersehbar, aber ohne dass ein Mensch Mitglied der kirchlichen Heils-Anstalt sei, sei sie ihm ganz verschlossen.

Di: Dass Augustinus das so gelehrt hat, habe ich nicht vor Augen gehabt. Massiver als dadurch, dass man die Sexualität geißelt und zum Kern des Bösen macht, kann man Menschen nicht in ein ständiges Schuldbewusstsein stoßen. Und stärker einschüchtern und der Kirche unterwerfen kann man die Menschen nicht, als dadurch, dass man erklärt, dass ohne die Kirche und ohne Gehorsam gegenüber ihren Vorstehern ein Zugang zu Gnade und Erlösung völlig ausgeschlossen sei.

Eo: Dass die Kirche das Reich Gottes auf Erden stellvertretend anfänglich repräsentiert, das konzentriert sich seit dem fünften Jahrhundert im Vorsteher der kirchlichen Vorsteher, im Inhaber des Stuhles Petri in Rom, im Papst, als dem Stellvertreter Gottes auf Erden.

Di: Damit aber werden doch Papst und Kirche zu dem stärksten Machtgebilde auf Erden. Das sind dann doch die Konsequenzen aus Augustinus' Lehre. Aber stärker kann man doch Christus nicht verhöhnen als mit diesem Bild der Kirche als einer weltlichen Macht-Konzentration.

Eo: Dieser Kirche haben viele Gläubige, in der unsicheren Hoffnung auf Fürsprache für Gnade in der Ewigkeit, ihren Besitz gespendet. Die Kirche wurde ein großer, reicher Eigentümer. Die Bischöfe verwalteten riesige Ländereien. In Gallien zum Beispiel, im fünften Jahrhundert, besaß die Kirche etwa ein Drittel des gesamten Landes. Es ist verständlich, dass Chlodwig, nach der Massen-Taufe, die an ihm und seinen Adligen und Kämpfern in Reims 498 vollzogen wurde, sofort die besten und treuesten seiner Kämpfer – ohne jede theologische Ausbildung - als Bischöfe einsetzte. Damit hatte er die Verwaltung der neu eroberten Gebiete Galliens in der Hand.

Di: Hier also gründet sich die weltliche Herrschaft der Kirchen-Herren.

Eo: Für einen König im Mittelalter hatte das bis ins 12. Jahrhundert hinein den Vorteil, dass er nach jedem Tod eines Bischofs dort wieder einen ihm gehorsamen, königstreuen Nachfolger einsetzen konnte, denn die Bischöfe durften den Kirchenbesitz nicht an ihre Söhne weitergeben, wie es die adeligen Lehensträger mit ihrem Land und ihren Burgen taten. So behielt der König ständigen Einfluss auf die Besetzung zentraler Stellen der Reichsverwaltung.

Di: Lässt sich dieses Machtgebilde noch steigern?

Eo: Hier im Frankenreich benutzt der König, um seine Herrschaft auszuüben, die wohlorganisierte, hierarchische Kirche. Müsste nicht die Kirche sich eigentlich umgekehrt doch auch des Herrschers noch bedienen? - Kennst Du die Konstantinische Schenkung?

Di: Nein.

Eo: Im Jahr 756, zur Zeit des Vaters von Karl dem Großen, Pippin, findet sich im Vatikan ein Dokument, das belegt, dass Konstantin, als er im Osten des Reiches Byzanthion zur neuen Hauptstadt Konstantinopel erhob, dem Bischof von Rom den Lateran-Palast, die Stadt Rom, Italien und alle Provinzen des Abendlandes geschenkt habe.

Di: So: Damit wurde der Papst also Lehnsherr des Weströmischen Reiches, also der eigentliche Oberherrscher aller Reiche, die daraus später in Europa hervorgegangen sind? Ein Anspruch auf Weltherrschaft?

Eo: So ist es, und so verstand, deutete und verbreiteten es der Papst und seine Kirchen-Vorsteher.

Di: Noch einmal: Dieses Macht-Konstrukt ist nicht mehr zu überbieten!

Eo: Besonders eigentümlich wird diese Zuweisung nur dadurch, dass dieses Dokument von 756 an über mehr als ein halbes Jahrtausend hin gelten konnte und erst im 15. Jahrhundert als Fälschung enttarnt wird.

Di: Ist das möglich! – Eine Lehre von einem Menschen, in dem von Geburt an das Böse überwiegt und der der Erbsünde ausgesetzt ist, eine Lehre vom Glauben in hersagbaren Dogmen-Sätzen, eine Lehre von der Kirche, die unsichtbar am Reich Gottes Anteil hat, die Autorität des Richteramtes hat, Gnade aber für höchst selten und unwahrscheinlich erklärt, die sich Macht über Kaiser und Könige und ganze Weltteile zuspricht und diese auch ausübt – gut, ich kann jetzt noch besser verstehen, dass du Sieg und Ausbreitung des Katholischen über das Christentum im frühen Mittelalter für einen dramatisch-tragischen Vorgang hältst. - Hat es denn keinen innerkirchlichen Widerspruch gegen dieses Missbrauchen der Kirche für intimste und umfassendste Ausübung von Herrschaft gegeben?

Eo: Für uns, von heute aus zurückblickend, ist ein benennbarer Widerstand gegen den Machtanspruch erst vom 10. Jahrhundert an und im Hochmittelalter mit den Reform- und Ketzerbewegungen erkennbar.

Allerdings müssen wir noch nachtragen, dass es gegen die rigide Gnaden-Lehre des Augustinus immerhin sofort Widerspruch gab. Bezeichnenderweise ist es ein Ire gewesen, Pelagius (vor 384-418), der, während Augustinus in Karthago lebte und schrieb, in Rom wirkte und Aufsehen erregte damit, dass er anders argumentierte als Augustinus: Gott habe, indem er den Menschen so geschaffen habe, dass er mit den Gnaden der Vernunft und der Willensfreiheit beschenkt sei, ihm Mittel übergeben, sich selbst zu verwandeln. Wenn der Mensch diese Mittel gebrauche, um sein eigenes Wesen zum Guten zu wenden und zu verändern, dann könne er sicher sein, dass Gott dem Gebrauch der von ihm gegebenen Gnaden helfend mit seiner Gnade entgegenkommen werde. Pelagius wurde vorgeworfen, das Bild Gottes und der göttlichen Gnade einzuschränken, wenn er dem Menschen vorhersehbar die Gnade als Hilfe so verspreche, dass man bei eigener Bemühung auf sie rechnen könne.

Augustinus strengte die Verfolgung, Verurteilung und Ausschließung des Pelagius aus der Kirche an. Dieser scheint, nach einer Begegnung mit Augustinus in Karthago, nach Jerusalem ausgewichen zu sein, wo sich seine Spuren später verlieren.

Di: Also doch, immerhin ist Pelagius mit Namen, Lebensdaten und schriftlichen Positionen bekannt geblieben.

Eo: Ja, die Linie seiner Theologie ist tatsächlich erhalten geblieben, bis dahin, dass Goethe bekannt hat, ein Pelagianer zu sein.

Dennoch, Augustinus hat gesiegt. Wir müssen sehen, dass Karl der Grosse (747-814), der Begründer des mittelalterlichen Europa, sich Ende des achten Jahrhunderts Augustinus vorlesen ließ und auf dessen Menschenbild und dessen Lehre von den zwei Reichen seine Herrschaft aufbaute.

Di: Hat er nicht Sachsen, die sich nicht taufen lassen wollten, töten lassen?

Eo: Ja, so legte er es 782 fest, und so weit kann jemand gehen, der sicher ist, dass der Mensch, bei dieser Verhaftung im Bösen, nur mit Gewalt auf den Weg des Heiles gezwungen werden kann.

Di: Hat er nicht damit, auf Jahrhunderte hin, ein furchterregendes Bild des Christentums erzeugt?

Eo: So hat seine Gewaltmission bei den Sachsen weitergewirkt. Aber wir müssen einbeziehen, dass Karl mit diesen Auffassungen bis zu einem gewissen Grad auch nur Kind seiner Zeit war. Kennst du das Menschenbild des Konzils von Konstantinopel von 869?

Di: Nein.

Eo: Besonders im östlichen Mittelmeer-Raum hatte es die Auffassung gegeben, dass der Mensch aus drei Kreisen bestehe: den Kreisen des Körpers, der Seele und des Geistes.

Di: Wie allgemein bekannt –

Eo: - durchaus nicht, denn auf dem Konzil von Konstantinopel wurde 869 beschlossen, dass diese Auffassung irrig sei: der zweite Kreis, die Seele, habe neben den Gefühlen auch einen Teil, der an der Vernunft beteiligt sei, aber einen dritten Kreis, den des unabhängigen Geistes, gebe es nicht. Der Mensch bestehe nur aus zwei Kreisen, aus Körper und Seele.

Di: Es ist wirklich bedrückend wahrzunehmen, wie die katholische Kirche den Menschen in seinem Selbstbild zusammengestaucht hat zu einem Trieb-geleiteten Wesen, in dem das Böse überwiegt und das nur durch Zwang und Angst in Schranken gehalten werden kann. Da ist es also, das „finstere Mittelalter"! – Seit dem siebten Jahrhundert gibt es doch aber den Islam – was hat denn der Islam beigetragen zum Umgang des Menschen mit sich selbst?

Eo: Bitte, eine Pause, Di, ich liebe die hohen Werke des Mittelalters, über die wir später noch sprechen müssen, die dem Vorurteil des finsteren Mittelalters entgegenstehen. Von dem, was wir eben betrachteten, muss ich Abstand finden und mich etwas erholen. Und – natürlich – nach der Pause müssen wir erst den Islam einbeziehen.

Di: Vielleicht können wir wieder ein Zwischen-Ergebnis ziehen?

Eo: Gerne.

Di: Als das Römische Reich im vierten Jahrhundert christlich wurde, durch aktive Mitwirkung der Kaiser Konstantin und Theodosius – da kam gleichzeitig die Völkerwanderung in Bewegung, mit den Hunnen, den Ost- und West-Goten und den anderen Germanen-Völkern?

Eo: Ja, man setzt ihren Beginn auf das Jahr 375, mit dem Einbruch der Hunnen in gotische Gebiete nördlich des Schwarzen Meeres, worauf die Goten flüchteten und ins Römische Reich einbrachen.

Di: Mit diesem Umbruch, der bald zum Untergang des Weströmischen Reiches führt, 476, weitet die christliche Kirche ihre Missionstätigkeit aus, und es verbreitet sich – beginnend mit

Ulfilas ab 341 - ein arianisches Christentum bei den Goten und den anderen germanischen Völkern. Gleichzeitig festigt die Kirche ihre innere Verfassung, indem sie von Augustinus ab 410 dessen Konzeptionen von Mensch und Kirche übernimmt.

Eo: Und als zwischen dem fünften und achten Jahrhundert der Arianismus ausgelöscht und das irische Christentum bereits fast gänzlich überwältigt worden war, gelang es Karl dem Großen, mit seinem Feldzug nach Italien und seiner Kaiserkrönung in Rom durch den Papst (800), ein neues europäisch-germanisch-romanisches Großreich zu begründen. Dabei stützte er mit seiner Gewalt eine machtvoll entwickelte Kirche, die ihrerseits ihn stützte und sich gleichzeitig seiner Macht bediente.

Di: Damit hat das Christentum nicht nur den Mittelmeer-Raum durchdrungen, sondern es hat auch die neuen Reiche in Mittel- und Nordeuropa erreicht, und die Menschen dort werden von einem Christentum geprägt, das institutionell aktiv machtvoll regiert.

Eo: Das Wort "geprägt" ist richtig, denn noch längst nicht sind Mittel- und Nordeuropa "christianisiert", das ist schließlich ein sehr komplizierter Prozess der weiteren Jahrhunderte. Selbst heute können wir kaum sagen, dass die Zeit unserer "heidnischen" Gesellschaften und Staaten vorüber sei.

Di: Die Betrachtung des Islam wird uns nicht gerade Gründe geben zu behaupten, dass die Frage nach der religiösen Form des menschlichen Lebens eine Frage der Vergangenheit sei.

11 Islam – neues Weltreich der muslimischen Umma

Eo: Hast du jemals irgendwo mehr demütige Freude und Ergebenheit in den Frieden der göttlichen Schöpfung erlebt als bei betenden Muslimen?

Di: Ich kann nur mit "nein" antworten, denn ich kenne keine Menschen, die stärker ihren Glauben im gemeinsamen Gebet nach außen tragen als Muslime. – Aber wie ist das zu verstehen?

Eo: Mohammed (569-632) hat als Jugendlicher an den Reisen seines Onkels Abu Talib durch die Staaten des Nahen Ostens teilgenommen. Er hat die katholischen Christen des Oströmischen Reiches kennengelernt wie auch die Juden in ihren Diaspora-Gemeinden. Es erscheint als sicher, dass die Religiosität, die er erlebte, ihm zu schwach erschien. Sein Empfinden, dass vor dem nahen Weltende und dem Jüngsten Gericht, das er ebenso als bald bevorstehend deutete wie die frühen Christen, dass angesichts dessen ein viel höheres Maß an Besinnung und Umkehr nötig sei, als er es bei seinen Zeitgenossen erlebte, dies Empfinden hat bestimmt bei seiner eigenen Religions- Gründung prägend gewirkt.

Di: Du meinst die fünf Säulen des Islam, besonders das fünfmal am Tag zu übende Gebet. Du meinst, er habe diese Pflichten festgelegt, damit die Religiosität tiefer in das alltägliche Leben eingreife als bei den bisherigen Religionen?

Eo: Ja, die eine Praxis ist das regelmäßige Gebet mit den Bekenntnissen und der Demutshaltung, der Stirn auf der Erde. Die anderen „Säulen des Islam" sind die Pflicht zum Almosengeben, zu Nächstenliebe und Solidarität, das stetige Glaubensbekenntnis an den einen Gott Allah und seinen Propheten, das Einhalten der Fastenzeit im Ramadan und die Reise nach Mekka. Es ist Mohammed gelungen, eine Begeisterung für diese Pflichten zu erzeugen, die seine Religion durchglüht.

Di: Kann man sagen „seine Religion", ist er nicht nur ein Beauftragter, der aus befehlenden Inspirationen gehandelt hat?

Eo: Tatsächlich steht der Befehl „Lies!" am Anfang der ersten Inspiration durch den Erzengel Gabriel, von der Mohammed berichtet. Die Suren des Koran sind das „Herabgekommene" des im Himmel geschriebenen Buches, des Koran. Zugleich hat Mohammed nie einen Zweifel daran gelassen, dass er persönlich als Prophet es ist, durch den alles dieses verkündet wird, durch ihn als dem letzten Propheten einer großen Gesamtreligion, die auch Christentum und Judentum mit umfasst. Er sieht sich als Vollender dieser Gesamt-Religion, der er dient, die aber doch auch in vieler Hinsicht sein Propheten-Werk ist und ohne ihn nicht wäre.

Di: Ist der Anspruch, im Islam alle anderen Religionen zu umfassen, nicht gefährlich?

Eo: So sehen es die Nicht-Islam-Gläubigen, dass der Islam sich, mit der Sicht auf sich selbst als der übergreifenden Religion, übernimmt: Jeder Mensch wird zuerst als Muslim geboren, Sonne und Mond sind „Muslime", erst alles danach Kommende meint sich als nicht-muslimisch verstehen zu können, erst Eltern machen ihr Kind zu einem Nicht-Muslim, wollen sich außerhalb sehen und irren sich darin.

Di: Aber das ist intolerant gegenüber den anderen Religionen, die sich selbst doch für eigenständig halten!

Eo: Wer will da Intoleranz sehen, wo er selbst nur die Wahrheit sieht!

Di: Können wir wie beim Christentum auch beim Islam Hauptinhalte betrachten?

Eo: Da sind zuerst die wichtigsten Themen des Koran: - Buße (Wendung und Besserung der Gesinnung); Nächstenliebe; - Nähe des Jüngsten Gerichts; - Sendungen der früheren Propheten, unter ihnen Abraham, Lot, Jona, Joseph, Moses, David, Salomo, Johannes der Täufer, Jesus; - Bestrafung der Ignoranten (der Nichtachtenden); - Monotheismus; - Pflichten der Gläubigen; - Streit mit den Gegnern; - Fehler der Gemeinde; - Organisationsfragen.

Di: Also im Zentrum stehen die Besinnung und die Umkehr zu einem Leben, das dem Frieden Gottes dient!

Eo: Das ist deutlich. Man kann das auch erkennen an der Verwandtschaft der zentralen Begriffe SALAAM – ISLAM – MUSLIM. Sie enthalten gemeinsam die Konsonanten-Gruppe S-L-M. Nur die Konsonanten werden im Arabischen geschrieben, die Vokale sind angedeutet und ergeben sich aus dem Sinn-Zusammenhang. Also der Begriff Frieden/Salaam, der mehr als unser Wort „Frieden" umfasst, nicht nur Abwesenheit von Gewalt, sondern alles, was dem Wesen Mensch wohl ist und gut tut, dieses Verständnis einer friedvollen Schöpfungs-Güte, klingt bei ISLAM, Hingabe und Ergebung in den Willen Allahs, und bei MUSLIM, Anhänger der Ergebungs-Religion, immer mit. So zeigt sich auch hier die Ergebung in den Schöpfungsfrieden und der Dienst an ihm als ein zentraler Inhalt des Islam.

Di: Und wie erklärt sich dann so viel Gewalt-Bereitschaft, wie wir sie bei islamischen Kämpfern erleben?

Eo: Da müssen wir sofort die millionenfache, grauenhafte Gewalt-Bereitschaft christlicher Kämpfer dazustellen. Das ist, ganz allgemein gesehen, nicht zuerst ein Problem des Islam, sondern in beiden Religionen ein Problem der Einzelnen und Gruppen, die, gegen die Intentionen ihrer Religion, Gewalt wählen und einsetzen. – Dennoch: im Leben der Gründer gibt es einen klaren Unterschied: Christus lehnt Gewalt und weltlich-politische Macht ab und geht den Weg zur Kreuzigung. Mohammed ist, von seiner Bedrohung in Mekka und seiner Flucht nach Medina 622 an, in Medina nicht mehr nur Religionsstifter, sondern er ist auch Staatsführer, Verfassungsgeber, Richter, Friedensstifter und Heerführer. Damit die neue Religion überleben kann, lässt er Karawanen des Mekka-Stammes der Kureisch berauben, er führt gegen die Kureisch Krieg, unterjocht Feinde und lässt Verräter auch einmal in Massen hinrichten.

Di: Wir wissen von der gewaltsamen Eroberung Arabiens zu Lebzeiten Mohammeds und für die Zeit nach seinem Tod von dem Vordringen der muslimischen Heere nach Israel, Mesopotamien und Persien und im Westen über ganz Nordafrika hin bis nach Spanien und Frankreich -

Eo: - wo Karl Martell, der Großvater Karls des Großen, ihnen bei Tours und Poitier 732 Einhalt gebietet, so dass zwar Spanien zunächst muslimisch wird, nicht aber Mitteleuropa. Das ist richtig, das sind gewalttätig-militärische Erfolge. Wir hören auch von furchtbaren Gewalttaten aus den Kämpfen innerhalb des Islam. Die "Chalifen", die Nachfolger, sind schließlich bestrebt, Mohammeds Schwiegersohn Ali und die weiteren leiblichen Nachkommen Mohammeds, die Söhne, die Ali von Mohammeds Tochter Fatima hatte, Hassan und Hosein, auszulöschen. Wir wissen, dass aus dieser körperlichen Abstammungslinie Mohammeds die "Schia", die "Partei", hervorgegangen ist. Die Schiiten befinden sich noch heute nach wie vor als Minderheit oft in gegenseitig gewalttätiger Spannung zu der Mehrheits-Strömung des Islam, zu den "Sunniten".

Di: Können wir noch einmal zurückgehen zum Bild des Menschen und des Gottes? Ist Allah nicht der barmherzige Gott, in dessen Schicksalsfügung sich der fehlende und unvollkommene Mensch begibt?

Eo: Es gibt keine Erbsünde wie bei Augustinus, aber Schuld und Fehler, die Gott in seiner Barmherzigkeit dem, der sie bereut, vergeben wird. Es gibt ein geschriebenes Schicksal für die Menschen, aber auch Zeichen Gottes, die dem Menschen die Freiheit geben, entweder ihnen zu folgen, oder auch, die Zeichen unbeachtet zu lassen. Es gibt Boten Gottes und Engel. Es gibt das Gericht, es gibt Hölle oder Paradies nach dem Tod und Auferstehung am Ende der Zeit.

Di: Das alles ist doch in vielem mit dem Christentum auch verwandt?

Eo: Die Ähnlichkeiten sind da. Aber es gibt keinen Sohn. Gott ist der Schöpfer und Leiter der Welt, er hat ordnende und mahnende Propheten, aber er hat nicht den Erlöser gesandt, der Qualität und Personalität Gottes auf die Erde gebracht und den Menschen greifbar gemacht hätte. Gott bleibt in der Ferne, eine himmlisch-einzige Autorität, die nur an ihren Werken und Namen studiert werden kann. – Daher sind auch Studieren und Wissenschaft von so zentraler Bedeutung, ein wichtiges Element, um sich mit dem doch so fern bleibenden Gott bekannt zu machen. Für Arabien ist diese Lehre von dem einen einzigen Gott die große Revolution Mohammeds, er hat in Mekka die Kaaba von der Vielgötterei gereinigt, und er wendet sich mit entschiedenem Unverständnis gegen die Trinität im Christentum. Viele Muslime halten die Trinität für eine rückschrittliche Dummheit und eine veraltete Vielgötterei bei den Christen.

Di: Wir haben hier nur an einzelne Diskussionsthemen mit dem Islam gerührt. Die Gewalt-Begründung, die Stellung der Frau, der Prophet als Person, der Koran als Quelle, die Praxis islamischer Wissenschaft damals und heute, das islamische Recht – alles das sind sehr komplizierte Inhalte, die einer differenzierten Ausbreitung bedürfen -

Eo: - und die hochaktuell diskutiert werden -

Di: Als Beitrag zur Menschheitsgeschichte zeigt der Islam doch ein sehr uneinheitliches Bild – oder?

Eo: Auch beim Christentum können wir nicht gerade von einem positiven und einheitlichen Bild sprechen. Wir haben in der Kirche nicht eine Aufrichtung, sondern eine massive Einschüchterung des Menschen gesehen, wir haben die Gewaltmission Karls des Großen erwähnt, noch gar nicht gesprochen haben wir über die Kreuzzüge und viele weitere Gewaltmissionen, die ihre Wurzeln in den christ-lichen Reichen und Staaten Europas hatten.

Di: Also sprich über die Kreuzzüge!

Eo: Gut, wir müssen jedoch danach auf die Auswirkungen der muslimischen Kultur noch einmal zurückkommen, aber gerade deshalb brauchen wir erst einen Begriff von den Kreuzzügen!

12 Hochmittelalter: Kreuzzüge; die neuen Maßstäbe und Ideen in Gesellschaft und Wissenschaft; Individualität: das bezweifelte Potenzial gedanklicher Selbstständigkeit; Demokratie

Eo: Mit der Ausdehnung des islamischen Reiches nach Mohammeds Tod, schon im siebten Jahrhundert, gelangten etwa 2/3 der damaligen Christenheit unter islamische Herrschaft. Besonders das Oströmische Reich hatte große Gebiete verloren: Israel und Syrien, Ägypten und Nordafrika.

Di: Der Islam wurde von den Christen direkt als Bedrohung empfunden?

Eo: Ausdrücklich! Und das ist bei derartigen Verlusten von Land und Menschen nicht verwunderlich. Auch Spanien war für die Christenheit fast ganz verloren. Das oströmisch-byzantinische Reich sah sich als Nachfolger des Römischen Reiches und als das christliche Reich überhaupt. Es war amputiert. Israel und Jerusalem, die Lebensstätten Christi, waren muslimisch regiert. Es gab schon damals beträchtliche Pilger-Wanderungen nach Israel. Diese endeten jetzt in muslimisch beherrschtem Gebiet. Zwar wurden die christlichen Pilger lange von den islamischen Machthabern geduldet. Das aber änderte sich, als die Seldschuken 1077 Israel eroberten. Die Seldschuken waren ein Turk-Volk, das im 10. Jahrhundert den Islam angenommen hatte und aus Kasachstan im 11. Jahrhundert in die spätere Türkei und weiter nach Süden vorgerückt war. In Jerusalem gab es jetzt Gewalt gegen christliche Pilger. Die muslimische Dominanz über Israel und die Gewalt gegen Christen lösten zusammen mit anderen Motiven die Kreuzzüge aus.

Di: Hatte nicht der Papst selbst ein starkes Interesse am Kreuzzug?

Eo: 1054 war die Kirche auseinandergebrochen in die oströmisch-orthodoxe Kirche mit dem Zentrum in Konstantinopel und die westlich-katholische mit ihrem Zentrum Rom. Als der oströmische Kaiser Alexios I. Komnenos von den Seldschuken so stark bedrängt war, dass er 1095 eine Bitte um Hilfe an Papst Urban II. sandte, da sah der Papst eine Chance, mit einer möglichen erfolgreichen Hilfe aus dem Westen auch die Kirche wieder unter westlicher Führung zu einen. Dennoch ist die zündende Wirkung, die Urban II. mit seiner Rede und dem Aufruf zum Kreuzzug im November 1095 auf der Synode von Clermont auslöste, nur zu erklären, indem man sich verdeutlicht, dass dieser Aufruf auf tiefere Ströme der Motivation traf:

Der Krieg und die Eroberungen, die die Muslime im Namen ihres Glaubens so erfolgreich geführt hatten, lösten bei den Christen gleichsam einen Reflex aus: Wenn wir gewaltsam zurückgedrängt werden, dann müssen auch wir für unseren Glauben einen Heiligen Krieg führen! Das Kämpfen war bei den Germanen-Völkern eine Lust gewesen. Man war sicher gewesen, beim Tod im Kampf von den Götter-Botinnen, den Walküren, aufgenommen und in die Halle des Gottes Odin getragen zu werden. Jetzt versprach die Kirche, bei der Teilnahme am Kreuzzug, Erlösung von allen Sünden und ewiges Leben und nährte so erneut eine traditionelle Todesbereitschaft der Kämpfer. Zudem wurde die Loyalität und Dienst-Treue, in die die Männer gegenüber den Guts-, Burg- und Landesherrn im Lehnssystem eingebunden waren, übertragen auf den Herrn Christus, der nicht mit dem Schwert, aber mit dem Schwert im Mund, mit dem Wort, als der Herr angesehen wurde, der vor den Rittern einherzog und sie anführte. Ihm, dem so tief Verehrten, musste man Gehorsam erweisen und ihm folgen, wenn sein Stellvertreter auf Erden, der Papst, dazu aufrief.

Aber auch ein innerkirchlicher Motivstrom muss einbezogen werden: Die Kirche machte sich durch ihre Verweltlichung selbst mehr und mehr unglaubwürdig. Politische Machtträger, die keinerlei theologische Ausbildung und keinerlei seelsorgerliches Ansinnen hatten, hatten bedeutende kirchliche Ämter inne. Die Kirche stieß durch Bestechlichkeit und Machtmissbrauch auf immer größeren Widerstand in der Bevölkerung, aber auch unter den Mönchen und Priestern in der Kirche gab es verbreiteten Unmut darüber. Es kann nicht erstaunen, dass schließlich eine Bewegung zur Reform der Kirche entstand, die vom Kloster Cluny, das 910 begründet worden war, und von anderen Orten ausging.

Gleichzeitig entstand in einigen Kreisen die Erwartung, dass man für eine Erneuerung der Kirche an den Ursprungsort, nach Jerusalem, zurückkehren sollte, um von dort aus ein neues Christentum aufzubauen.

So war eine vielfältige Bereitschaft zum Aufbruch, zum Kampf, zur Verteidigung des Glaubens und zur Zurückeroberung Israels im Geist der Christenheit, entstanden, auf die der Hilferuf aus Konstantinopel und der Aufruf des Papstes trafen.

Di: Der Ritterkreuzzug ab 1096 wurde dann doch schließlich auch ein großer Erfolg?

Eo: Das kann man kaum sagen. Das Blutbad in Jerusalem an etwa 80 Tausenden Muslimen und Juden, das die besten Ritter Europas und ihre Leute anrichteten, als sie die Stadt nach drei Jahren Kreuzzug und fünf Wochen Belagerung am 15. Juli 1099 eingenommen hatten, ist sicher Höhepunkt und zentrales Schreckensbild für den furchtbaren Fehlschlag der gesamten Kreuzzugszeit.

Di: Warum Fehlschlag? – Es entstanden doch Kreuzfahrer-Reiche?

Eo: Alle Annahmen, die in die Kreuzzüge geführt hatten, erwiesen sich als falsch: Es war nicht möglich, das Oströmische Reich von Europa aus gegen die Seldschuken dauerhaft zu stabilisieren. Es war nicht möglich, die Kirche wieder zu einigen, indem man

Ostrom Hilfe leistete in einem Krieg gegen die Seldschuken. Es war unmöglich, von Europa aus ein Königreich Jerusalem aufrecht zu erhalten. Und auch Kampf um der Kampfesfreude und der Abenteuerlust willen konnte nichts Gutes bewirken. Die Zusicherung, durch Kriegsteilnahme sich von eigenen Sünden erlösen zu können, war von Anfang an eine theologische Lüge und eine Ansage, die das Gewissen der Kämpfenden ablenken sollte, damit sie beim Begehen der kriegerischen Grausamkeiten nicht durch innere Skrupel gestört wurden. Und auch von einem fernen „Ort" aus, selbst wenn es Jerusalem ist, war eine Erneuerung der Kirche nicht zu erreichen. Gerade das Grab Christi ist, in der Religion seiner Auferstehung, ein Ort, der leer ist.

Di: Was sind also dann die Folgen der Kreuzzüge?

Eo: Jerusalem wird schon 1187, 88 Jahre nach der Eroberung, durch den berühmten Sultan Saladin zurückerobert. Von den über hundert Kreuzfahrer-Burgen, die es in den Kreuzfahrer-Reichen gegeben hatte, die nach vielen Niederlagen schließlich alle unter die Oberherrschaft der Muslime zurückfielen, war die letzte Bastion die Festung Akkon. Akkon musste 1291, nach sieben schreckensvollen Kreuzzügen und insgesamt 192 Jahren Präsenz, von den christlichen Rittern verlassen werden.

Die drastischste Folge der Kreuzzugszeit ist die Öffnung eines großen Tores zu religiöser Gewalt. Während des „Bauernkreuzzuges", der dem der Ritter vorherging, ereigneten sich erste Pogrome gegen Juden als denen, die Schuld seien am Kreuzestod Christi. Durch die Kreuzzüge entstand ein ungeheurer Gewalt-Austausch mit muslimischen Heeren, der im kollektiven Gedächtnis immer haften bleiben wird. Die Folge war eine extreme Vertiefung der kulturell-religiösen Spaltung zwischen Christentum und Islam.

Es wird unabhängig von diesem Ausgang berichtet, dass der Islam nie eine Infragestellung seiner Kultur erlebt, sondern sich immer überlegen gefühlt habe.

Und innerhalb des Christentums entstanden durch die aussichtslosen Gewalt-Unternehmungen bei den Kreuzzügen Distanz zur Kirche und tiefe Enttäuschung, anti-kirchliche Strömungen gewannen viele neue Anhänger.

Di: Aber es wird doch von der Entstehung gegenseitiger Achtung unter den christlichen und muslimischen Kämpfern gesprochen?

Eo: Ja, auch das wird berichtet. Aber es waren vor allem die Christen, die Lebensart und Zivilisation der Menschen in diesem uralten Kulturgebiet bewunderten. Und sie importierten nach Europa, was sie bewunderten. Ein Orient-Handel entstand, der sehr schnell anwuchs und eine internationale Kultur mit ähnlichen Standards in vielen Ländern zu schaffen begann. Der zivilisatorische Glanz an den Höfen des Hochmittelalters rührte zu einem großen Teil her aus der Begegnung mit dem Nahen Osten, das zeigt die bloße Liste dessen, was seit der Kreuzzugszeit nach Europa importiert wurde: Wappen, Damaszener-Klingen, Teppiche, Gobelins, Baumwolle, Seide, Taft, Mousseline, Damast, neue Mode-Schnitte für prunkvolle Seidenkleider, Damen-Hüte, Färbekunst, Indigo, Krapp, Safran, Ultramarin-Blau, Gewürze, Zucker, Ingwer, Reis, die Laute und der von ihr begleitete Gesang, das Wannenbaden, die Pferdezucht, das Anlegen von ummauerten Gärten. Schließlich muss die arabische Wissenschaft genannt werden, die bereits seit dem 8. Jahrhundert über Spanien in die europäischen Universitäten einwirkte: Philosophie, Astronomie, Mathematik und Medizin erlebten eine Bereicherung durch den Islam, die kaum zu überschätzen ist.

Di: Wie siehst du die Ritterorden? Nur eine romantische Episode?

Eo: Wir können nicht daran vorbeigehen, dass das Mittelalter als Ganzes uns einen Lebens-Maßstab übergeben hat, der in Vielem bereits unsere Fragen enthält und Ansätze bietet, die Antworten auf unsere Fragen schon mit vorbereiten. Wir sollten uns das für die folgenden Bereiche klarmachen:

- Die Ritterorden und das Streben nach einer neuen sozialen Struktur
- Macht, Minne, Erotik, Liebe und Erlösung: Die Dichtung und Lehre vom Gral
- Das Bild von Mensch, Natur und Geschichte
- Die Wirkung der Kathedrale
- Ein Christentum ohne Amtskirche
- Das Verständnis von Wissen und Wissenschaft

Di: Du teilst also die gegenwärtige Mode des Mittelalter-Interesses -?

Eo: Ich würde gerne dazu beitragen, eine diffuse Romantik in eine klare Kenntnis zu überführen.

Di: Also, fang mit der Ritter-Romantik an!

Eo: Am Anfang der Ritter-Welt steht der Schritt, dass das regelloswütende Gemetzel überwunden werden muss. Der Kampf sollte jetzt so diszipliniert geführt werden, dass der, der die Waffen beherrscht, die Beherrschung seines Inneren stetig üben muss. Das Denken, Folgern und Entscheiden in der Hitze des Kampfes musste auf kühle und genaue Beobachtung gegründet werden, die Gefühle durften den auch gedanklich erschlossenen Handlungs-Zusammenhang weder durch Sympathie noch durch Antipathie verdrängen, den Willen zu lenken musste so geübt sein, dass ein augenblicklicher Übergang von höchster kämpferischer Aktivität zu plötzlichem Stillhalten möglich war.

Di: Das setzt ein anhaltendes Training voraus.

Eo: Also konnten nicht nur Kriege zur Übung dienen, sondern es wurden Spiele eingeführt, in denen nach Regeln gekämpft wurde mit dem Ziel, Wettkämpfe ohne Verwundung zu führen und die Sicherheit dessen zu wahren, der zugeben würde, der Unterlegene zu sein.

Diese Zivilisierung des Kampfes soll im 10. Jahrhundert stattgefunden haben -

Di: - vor dem doch Karl der Große die Christianisierung seines Reichsgebietes erzwang -

Eo: - Die Christianisierung wird eine Rolle bei dieser Zivilisierung gespielt haben. Jedenfalls wuchs ein Anteil christlicher Motive im Kampf: Erbarmen mit dem Unterlegenen und das Schützen der Armen und Schwachen. So eigenartig es klingt und vom Inhalt her immer bleiben wird, es bildete sich der Typus des „Christlichen Ritters" heraus.

Di: Es hat mich immer gewundert, wie konnte Christ-Sein und Kämpfen und Töten verbunden werden?

Eo: Vielleicht kann man das mit den Gedanken des Augustinus, so, wie sie auch bei Karl dem Großen vertreten waren, erklären: Im diabolischen, irdischen Reich, in dem Habgier und Macht regieren, leben Menschen, die der Auffassung sind, dass unsichtbar das himmlische Reich Gottes an ihnen Anteil hat: Sie bedienen sich zwar auch der diabolischen Mittel, denken aber, dass sie sie für heilige Ziele benutzen. Karl fühlte sich in einer Person sowohl als kriegerischer König wie auch als priesterlicher Fürsorger.

Di: Für mich ist das absurd!

Eo: Das Rittertum ist überall von dieser Absurdität durchzogen. In den Ritterorden gab es aber offenbar eine stark ausgeprägte mönchische Seite. -

Di: Über das Mönchswesen hast du noch überhaupt nichts gesagt! Wie war das überhaupt entstanden?

Eo: Als die Kirche sich durch Institutionen, Ämter-Hierarchie und Dogmen zu verfestigen begann, vom dritten Jahrhundert an, hörte man von Eremiten, die sich in die Einsamkeit zurückzogen, um einen eigenen Weg in ihrem Glauben leben zu können. Bald mögen auch freie Gemeinschaften ähnlich gesinnter Menschen entstanden sein.

Di: Wann lebte Benedikt von Nursia?

Eo: Er hat 529, auf Wunsch einer Gemeinschaft, die ihn darum gebeten hatte, die Benediktiner-Regel entwickelt, die etwas Neues enthielt, weil sie nicht nur Rückzug und Gebet, „ora!" (bete!), sondern auch aktive Veränderung der Welt, „et labora!" (und arbeite!) enthielt. Von da an wurden die Mönche und ihre Klöster zu einer zivilisatorischen Größe, sie haben Unschätzbares für den Fortschritt des menschlichen Zusammenlebens geleistet. Die Mönchs-Gelübde der Keuschheit und Ehelosigkeit, des Gehorsams und der Armut, setzten große Kräfte frei für den Dienst an Mensch, Natur, Gesellschaft und Zivilisation. Das Krankenhaus- und Schulwesen, Bibliotheken und Geschichtsschreibung, Garten-, Acker-, Weinbau und Viehzucht sind in ihrer Entwicklung ohne Mönchs- und dann auch Nonnen-Orden und deren Hunderte von Klöstern nicht vorstellbar. Viele Adelige, die nicht zu den Erben der Familienbesitze gehörten, und unverheiratete adelige Töchter traten in geistliche Orden ein und übernahmen in ihnen führende Stellungen.

Di: Zurück zu den Ritterorden?

Eo: Die Johanniter werden zurückgeführt auf eine alte Hospital-Tradition, die in Jerusalem seit dem siebten Jahrhundert nahe der Grabeskirche bestanden hatte. Das Hospiz und Krankenhaus dort hatte lange unter der Leitung von Benediktinern gestanden. Mitte des elften Jahrhunderts, also etwa 40 Jahre vor den Kreuzzügen, bildete sich dort der „Orden des heiligen Johannes vom Spital zu Jerusalem", in dem der Kranke als „Herr und Meister" der Pflegenden angesehen und verehrt wurde, getreu dem Christus-Wort: „Was ihr für einen meiner geringsten Brüder getan habt, das habt ihr mir getan." (Matth., 5,3-10).

1113 wurde vom Papst die Ordens-Autonomie anerkannt, damit waren die Johanniter der erste unabhängige Ritterorden. Noch im 11. Jahrhundert war der Hospitaldienst die einzige Aufgabe der Ordens-Mitglieder gewesen. Erst im 12. Jahrhundert trat die militärische Pflicht hinzu: der Kampf gegen die Heiden und die Verteidigung des Glaubens.

Der zweite Orden, die Tempelritter, wurde 1118 begründet, wobei der Schutz der Pilger hier von vorneherein im Zentrum stand. Der Deutsche Orden wurde erst 1190 gegründet.

Di: Warum sind die Templer so Geheimnis-umwoben?

Eo: Sie waren in Jerusalem nahe den Ruinen des jüdischen Tempels angesiedelt, es wird ihnen nachgesagt, dass sie die Geheimnisse der Bundeslade und des Tempels Salomos aufgenommen und bewahrt hätten, darunter besondere Zahlen-Verhältnisse und Proportionen für Bauten. Allenthalben wird gesprochen von großem Einfluss der Templer auf die Entwicklung und Entfaltung der Gotik. Ihre eigenen Kirchen sollen in eigenwilligen Formen und Proportionen gebaut gewesen sein; die Lebens- und Kultformen innerhalb der Mauern ihrer Anlagen hielten sie geheim.

Di: Aber man hat doch inzwischen sicher etwas herausgefunden.

Eo: Ja, natürlich. Aber sieh dir allein die äußere, bekannte Seite ihres Wirkens an: Sie nahmen nur Adelige in ihre Reihen auf, die die Mönchsgelübde ablegten - Armut, Keuschheit, Gehorsam -, die den Kampf für den Herrn und das Heilige Land gelobten und den Dienst am Gemeinwesen und den Schutz der Armen, Witwen und Waisen. Wer den Templern Geld oder Besitz schenkte, konnte auf den Edelmut dieser Gelübde-Träger vertrauen. Sie waren völlig autonom von allen regionalen Kirchen-Vertretern, einzig dem Papst unterstellt. Bereits nach etwa fünfzig Jahren ihres Bestehens, in der Mitte des 12. Jahrhunderts, gehörten nach Schätzungen vier- bis fünftausend Ritter zu ihnen, allein dreihundert in Jerusalem. In beigeordneten Funktionen waren in den Häusern und Gütern weitere 15 000 Brüder und Bedienstete tätig, die von einem noch weiteren Kreis von „Affiliierten" umgeben waren, die aus allen Ständen in Lebenshaltung, Andacht und Abgaben den Besitzungen zugeordnet und verbunden waren. Die Gerechtigkeit und Verlässlichkeit im Wirken der Templer, die fachkundige Leitung ihrer Einrichtungen und deren wirtschaftlicher Erfolg wurden berühmt. Immer mehr Geld, Besitztümer, Anwesen, Ländereien und wirtschaftliche Unternehmungen wurden ihnen übertragen. Für die Blütezeit im 13. Jahrhundert werden etwa 9 000 Komtureien geschätzt, verteilt über Europa und Kleinasien. Das waren jeweils ein Haupthaus, eine Kapelle, Wohnstätten und Ländereien.

Die Templer verbesserten von ihren Besitzungen aus Straßen und bewachten deren Sicherheit. Reiche Familien, Städte und Herrscherhäuser deponierten ihr Geld bei den Templern, ihr Geldhaus in Paris wurde dort das größte Bankhaus. Sie bewahrten auf ihren Konten die fremden Reichtümer und konnten so aber auch beträchtliche Summen an Krediten ausgeben. Der Gebrauch von Schecks und Wechseln, also die Erfindung neuer Formen des bargeldlosen Geldverkehrs, werden den Templern zugeschrieben. Wer als Pilger nach Jerusalem ziehen wollte, konnte in einer ihrer europäischen Zweigstellen sein Geld bei den Templern einzahlen, erhielt einen Beleg dafür und konnte sich in Jerusalem das dort benötigte Geld auszahlen lassen.

Di: Diese äußeren Erfolge provozieren ja geradezu die Fragen nach inneren Geheimnissen!

Eo: Zunächst ist der Reform-Impuls selbst nicht zu unterschätzen: Endlich eine eigene, unabhängige Kirche, in die die verkrustete Amtskirche nicht hineinreden konnte, ein neues Christentum! Dazu ein Orden der Adels-Elite. Das barg allein schon ein hohes idealistisches Potential in sich. Über den Kult, den die Templer in ihren Kirchen feierten, wissen wir tatsächlich wenig. Aber es wurde eine französische Bibel-Übersetzung verwendet, was damals als verboten und ketzerisch angesehen war.

Di: Die Bibel-Übersetzung war doch in der späteren lutherischen Reformation ein entscheidender Schritt, um einen freien, individuell-persönlichen Zugang zu den Bibel-Inhalten zu finden.

Eo: Ebenso muss man hier die Französische Bibel deuten: eine erwünschte Stärkung der individuellen Vernunft im Glauben. Die innere Konvents-Verfassung der Templer enthielt republikanische Elemente der Macht-Kontrolle. Der Großmeister war auf den Konsens mit seinen zwölf Konvents-Mitgliedern angewiesen. Auch reiste er nicht alleine, sondern war ständig beraten – und kontrolliert – von zwei Rittern: Eine frühe Form der Rechtsgleichheit und Kollegialität, wenn auch zunächst nur innerhalb der Führungs-Elite. Aber darin lag eine Überwindung der absolutistischen Macht-Formen der Zeit. Es war bekannt, dass die Templer auch außerhalb ihres Ordens Rechtssicherheit und demokratische Tendenzen stärkten.

Di: Aber es muss doch auch Probleme gegeben haben mit dem Sendungsbewusstsein und mit den Geboten der Keuschheit und der Armut.

Eo: Davon müssen wir ausgehen. Abgeschlossene Gesellschaften, zumal reine Männer- oder Frauen-Gesellschaften, haben notwendigerweise viele innere Probleme zu bewältigen, und sie waren immer bestrebt, davon wenig nach außen dringen zu lassen. Dennoch scheint mir an dem Lebens-Modell auch heute noch zukunftsweisend, dass große Reichtümer einer Gesellschaft von Menschen verwaltet werden, die sich selbst verpflichtet haben, hohe ethische Maßstäbe und christliche Ideale zu stärken, die selbst frei von eigenem Besitz sein müssen und die einander gegenseitig kollegial kontrollieren.

Di: Tatsächlich könnten unsere Unternehmen und Banken an verbindlich verpflichtenden ethischen Normen manches zu lernen haben. - Können wir zu dem zweiten Bereich übergehen, den du genannt hast für einen Blick auf das Ganze des Mittelalters?

Eo: Ja, wir können bei den Templern abbrechen, wenn wir uns bewusst sind, dass wir die grausame Auslöschung der Templer 1307 hier nicht betrachten. –

Ein zweiter Bereich ist: Macht, Minne, Erotik, Liebe und Erlösung: Die Dichtung und Lehre vom Gral. - Wolfram von Eschenbach schrieb im zweiten Jahrhundert des Hochmittelalters, gegen 1215, den ersten Entwicklungsroman der Literaturgeschichte, die Parzival-Dichtung, ein Werk über die damalige Zivilisationskrise, über Liebes-Verführung, Glaubenszweifel und Selbstfindung –

Di: Das klingt nach großer Bedeutung und sehr modern!

Eo: Ich werde mich hindern, auch nur ein Stück der ergreifenden Handlung des Parzival-Romans zu erzählen. – Das äußere Geschehen spielt in der Welt der mittelalterlichen Ritter. Das Ritter-Sein erscheint aber sofort als Problem: Eine Verführung dazu, Ritter werden zu wollen, lag sicher in dem Genuss der Macht. Macht zuerst durch Waffen, dann durch Kampf, durch Sieg im Kampf. Als Konsequenz von Siegen entstand Macht, die sich darauf gründete, dass ein Sieger sehr angesehen war, dass er zugleich Reichtum und Ehre gewann. Dieser Macht-Gewinn bahnt auch erotische Wege, Wege in der Minne. Das Mittelalter war nicht prüde, und die Damen als Ziele männlichen Strebens waren sehr gegenwärtig, ihre Gunst war Anlass, höchste Leistungen zu erbringen, aber auch Anlass für eine Fülle von tiefen Verfehlungen. Die Grals-Dichtung entzaubert diese Verführungen und Verflechtungen und zeigt deren brutale Konsequenzen im individuellen Schicksal. Der Ritter im Glanz seiner Macht wird entmystifiziert. Es wird der schwere Weg gezeigt zu einem Leben, in dem eine Erkenntnis des eigenen Schicksals erworben wird.

Di: Aber das Gefäß Gral ist doch keine Schale der Schicksals-Erkenntnis!

Eo: Aber niemand lernt diese Schale schätzen, der nicht Demut und Erbarmen gelernt hat. Und Demut und Erbarmen werden selten erschlossen ohne Schicksals-Prüfungen. Schicksals-Prüfungen entstehen selten ohne Verfehlungen. Verfehlungen werden kaum je aufgelöst ohne Erkenntnis und das Hinzukommen von Liebe. Und wo Liebe wahrhaftig und groß wird, ist die Thematik des Gral nicht fern.

Di: Und der Gral ist ein christliches Symbol?

Eo: Mir erscheint es so, dass das Bild des Grales das Potenzial symbolisieren soll, das die österliche Auferstehung Christi für einen Menschen haben kann, der sich auf den langen Weg gemacht hat, dieses Potenzial zu suchen und zu finden. Dies in einem Werk des profanen Lebens, in einer Dichtung der Literatur zu vergegenwärtigen ist das epochale Wagnis und die überzeitliche Leistung der Parzival-Dichtung.

Di: Gut, es scheint, dass du mich das Buch von Wolfram von Eschenbach lesen lassen musst?!

Eo: Ich hoffe, dass du die Geduld dafür nicht bereuen wirst. Ich habe es hier erwähnt, weil es die Spannung der Ritterwelt zwischen Minne und Macht auf ihrem Höhepunkt durchbricht und verlässt. Da liegt meines Erachtens auch die Modernität dieses Werkes: Erotik und Macht gehören auch heute noch zu den größten Kräften und Gefährdungen in unserer Zivilisation.

Di: Also, der nächste Bereich des Mittelalter-Erbes: Das Bild von Mensch, Natur und Geschichte.

Eo: Hier möchte ich kurz eine Geschichte wiedererzählen. Der Ort Chartres nahe bei Paris ist uns bekannt durch seine beispielhafte gotische Kathedrale. Chartres hatte im Hochmittelalter großen Einfluss durch seine Kathedralschule, an der sehr prägende Lehrer wirkten. Einer von ihnen war Alanus ab Insulis (1128 – 1203). Er hat eine allegorische Erzählung, „Der Anticlaudian", verfasst, die ein wegweisendes mittelalterliches Bild von Mensch, Natur und Geschichte enthält. Alanus stellt die Natur als Person, als Göttin „Natura", vor und berichtet, was sie vom Menschen denkt.

Di: Die Natur, die wird über den Menschen nicht viel Gutes denken können.

Eo: So ist es: Natura klagt über den Menschen, seine Laster und Schwächen. Sie möchte einen neuen Menschen, weiß aber, dass die Form dafür verloren ist. Sie ruft die Tugenden zusammen und bittet sie um Rat und Hilfe - unter ihnen sind Klugheit, Tapferkeit, Mäßigkeit, Gerechtigkeit, aber auch Eintracht, Fülle, Gunst, Jugend und das Lachen - und die Natur berät sich mit ihnen, wie die Form des neuen Menschen zu gewinnen sei. Zusammen kommen sie überein, dass die „prudentia", die Klugheit, zu Gott gesandt werden soll, um ihn um Hilfe zu bitten. - Es muss ein Wagen gebaut werden, in dem sie zu Gott gefahren werden kann. Die Achsen sollen von der Logik/Dialektik gebildet werden, an denen sich die vier Räder der „ordo", der Ordnungs-Wissenschaften, drehen: Die Linienlehre Arithmetik, die Flächenlehre Geometrie, die Lehre der im Sichtbaren bewegten Raumkörper, die Astronomie, und die Lehre der Bewegungen im Unsichtbaren, die Musik. Auf den Rädern dieser vier Wissenschaften wird der Wagen zu Gott fahren. An den Achsen, die die Logik repräsentieren, wird die Deichsel der Grammatik befestigt, diese ist geschmückt mit den Ranken der Rhetorik. Achsen, Deichsel und Ranken werden also aus den Wissenschaften der „interpretatio" gebildet, mit denen die ordo/Ordnung der Welt gedeutet wird. Nun können von der Concordia, der Eintracht, die Pferde herbeigebracht und eingespannt werden, die an der Deichsel den Wagen ziehen: die Pferde sind die Sinne: das Hören, das Sehen, das Tasten, das Schmecken und das Riechen. Gelenkt werden sollen die Zugtiere der Sinne von der Vernunft, der Ratio, die den Kutschbock besteigt. So ist der Wagen fertig, die Klugheit kann Platz nehmen, und die Fahrt geht los.

Di: Halt, halt: also die Sinne ziehen die Sprache voran, die Sprache bewegt die Logik, an der sich die Wissenschaften drehen. Damit kommt die Klugheit voran, weil die Vernunft die Sinne antreibt und in ihrer Richtung lenkt. Das ist nicht ungenial!

Eo: Aber die Sinne ziehen den Wagen nur durch die Welt und den nahen Himmel, durch die Planetensphären hindurch und bis an den Tierkreis heran. Alles hat die Klugheit bis hierhin in ihren Ursachen betrachten können: Wolken, Schnee, Hagel, Blitze, die Lüfte selbst und alle zugehörigen Dämonen; schließlich die Eigenarten, Aufgaben und Schleifen der Planeten. Jetzt aber weiß die Vernunft nicht mehr weiter, und die Sinne können nicht weiter aufsteigen.

Di: Was mag Alanus denn jetzt einfallen?

Eo: Die Jungfrau Theologia winkt der Prudentia von einer Höhe, Prudentia darf das Pferd Gehör aus dem Zugbalken ausspannen und aufsitzen, das Hören wird sie weitertragen. Die übrigen Sinne, auch die Vernunft und der Wagen der Wissenschaften, müssen zurückbleiben. Über dem Firmament durchreitet sie den Kristallhimmel und erkennt im Empyreum die Ordnungen und Werke der Engel. Als sie den Glanz der Heiligen wahrnimmt und sieht, wie die heilige Jungfrau und die menschliche Natur Christi über alle Heiligen regieren, überfällt sie eine Ohnmacht. Die Schwester der Theologia, Fides, die Treue, holt aus einer überhimmlischen Region einen weckenden Trunk für die Leidende, und zusammen steigen die drei weiter, zum Himmel der Trinität, zur Drei-Einigkeit von Gott, Christus und Heiligem Geist.

Di: Ist dies, die da neben Theologia und Fides steigt, immer noch die Klugheit?

Eo: Sie hat sich schon während der Leitung durch Theologia zur Vernunft-Weisheit, zur „phronesis", gewandelt, nun, nach der Ohnmacht und dem belebenden Himmelstrunk, ist sie zur Sophia, zur schauenden, umfassenden Weisheit, geworden. So tritt sie vor Gott und trägt den Wunsch der Natura vor, nach einer neuen Seele für den Menschen. Gott stimmt in den Wunsch ein und schafft einen himmlischen Geist, den der Nous, das Denken Gottes, aus der Fülle der Urbilder auswählt. Nous bringt die vollkommene Idee des Menschen, und Gott bildet danach das Einzelwesen und übergibt es der Sophia. Sie birgt es sorgfältig, auf die Ermahnung Gottes hin, es vor rasenden Planeten zu schützen, steigt hinab und überbringt es der erwartenden Natura und den noch versammelten Tugenden. Natura fügt das Feinste aus den vier irdischen Elementen - Feuer, Luft, Wasser und Erde - zum Leib zusammen, die Eintracht Concordia eint mit diesem Körper den neuen Geist, und die Tugenden schmücken den neugeschaffenen Menschen.

Auch die Schicksalsgöttin Fortuna, das Glück, wird um ihre Gabe gebeten, eilt bereitwillig herbei und gibt, was sie kann.

Di: Ist das das Ende?

Eo: Nein, die böse Furie Alecto, die unversöhnlich-unaufhörliche Wut, hört im Tartaros der Unterwelt von dem feinen Gebilde, sammelt gegen den neuen Menschen ein Heer aus Übeln und Lastern, gegen das die Natura und der neue Mensch kämpfen müssen. Aber die Übel und Laster können jetzt unterworfen werden, und dem neu gebildeten Menschen wird der Sieg verliehen. Von da an herrscht die Liebe, die Tugenden regieren, und die ganze Erde erstrahlt in neuem Licht.

Di: Phantastisch-schön und großartig! Was sagt uns das?

Eo: Ausgehend vom Weg der Wissenschaften, er wird im Mittelalter mit dem Studium der „Sieben Freien Künste" begonnen, wird dem Menschen zugetraut, mit Hilfe von Glaube und Theologie eine Gottes-Erkenntnis und Gottes-Schau zu erreichen. So kann der Mensch die Fähigkeiten ausbilden, um Mensch und Welt zu erneuern, indem er ein hoch ausgebautes vertikales und breitgefächertes horizontales wissenschaftliches Bewusstsein entwickelt für die geistige und für die sinnliche Welt.

Mir scheint, dass unsere Zeit die Meinung der Natur über den Menschen teilt. Seine Rücksichtslosigkeit, seine Hab- und Verbrauchsgier haben dem Antlitz, der Kleidung und dem Wesen der Natur hässliche Verletzungen und Wunden zugefügt. Wir modernen Menschen teilen den verzweifelten Ruf der Natur nach einem neuen Menschen. Dass die Natur dessen Form nicht weiß und dass sie sich die neue Form nur von Gottes gnadenvollem Wohlwollen erhoffen kann, dieser Gedanke ist unserer Zeit fremd. Dass aber die empirischen und philosophischen Wissenschaften die Klugheit in Bewegung setzen können, um den neuen Menschen zu suchen, dieser Gedanke ist uns dagegen nicht unvertraut. Das Rat-Suchen bei den Wissenschaften geschieht eigentlich ständig bei uns, von den Techniken der mentalen Aufrichtung bis hinein in alle

Innovationen der Gesundheits-Technologie suchen wir wissenschaftlichen Rat für die Erneuerung unserer Kraft und Energie. Wie umfassend die Suche und die Qualität des wissenschaftlichen Strebens sein sollte, darüber lohnte sich nachzudenken. Das Vertrauen in die Wissenschaft der Psychologie hat mit der Einbeziehung von Yoga und Meditation längst die Grenzen zur Religion überschritten. - Die mittelalterliche Schilderung jedenfalls vom Aufbau des Himmels zeigt eine Zuversicht in die Reichweite von Wissenschaft und menschlichem Geist, über die nachzudenken nicht töricht sein muss.

Di: Gut, das alles sei, wie so manches in der Ungeduld unseres Gespräches, erst einmal dahingestellt. - Der nächste Bereich des Mittelalter-Nachlasses, bitte: Die Wirkung der Kathedrale!

Eo: In der Gotik werden die Kirchen nicht mehr für die Mönche, den Kultus der Priester und nur für eine kleine Gemeinde gebaut wie in der Romanik, sondern die Kathedralen und Dome werden von Tausenden besucht und von den Gilden und Zünften der Städte werden sie gespendet für Tausende, die dicht beieinander in der Kirche stehen und am Gottesdienst teilnehmen. Die Gewölbe und Fenster drücken und begrenzen nicht mehr, sondern ziehen Blick, Gestalt und Gemüt in eine überragende Höhe. Das auf den Boden gelegte Kreuz des Kathedralen-Grundrisses ist nicht einfach nur das begehbare Kreuz Christi, es enthält die alltäglich-erhabene, sichtbare Realität eines christlichen Lebens.

Di: Wie meinst du das, würdest du das bitte konkretisieren?

Eo: Es ist vielleicht am besten zu zeigen am Beispiel der Kathedrale von Chartres (11./12. Jh.):

Wir müssen mit der Betrachtung bei den Haupt-Portalen im Westen beginnen. Sie zeigen in den Skulpturen-Feldern über den Türen verschiedene Wege zu Christus.

Über der rechten Tür zeigt sich: Zur Geburt Christi führen die sieben Freien Künste, wir haben sie vorhin, in der Erzählung des Alanus in der Art, wie der Wagen der Klugheit beschaffen ist, bereits angetroffen: Arithmetik, Geometrie, Astronomie und Musik (Quadrivium/ordo – die Vierheit von Wissenschaften der Weltordnung) sowie Logik, Grammatik und Rhetorik (Trivium/interpretatio – die Dreiheit der Wissenschaften für die Interpretation und Deutung der Welt). Die Wissenschaften umgeben in allegorischen Darstellungen und mit ihren Hauptvertretern die sitzende Maria, die Christus auf dem Schoß trägt. Maria ist die, die als erster Mensch Christus in sich getragen und ihn geboren hat. In dieser symbolisch übertragbaren Bedeutung sind so viele Kirchen der Maria geweiht: Im Bild gesprochen findet der Mensch erst, indem er die aufnehmenden, tragenden und schützenden Qualitäten der Maria entwickelt, auch in sich den Weg, Christus im eigenen Innern aufzunehmen. Dass in dem Bogen um und über der Maria die Sieben Künste und ihr Studium dargestellt sind, zeigt: Das Ganze der Welt und das ganze Menschliche bereiten sich, Christus in sich aufzunehmen. Der, der die Welt und die Natur und ihre Wissenschaften studiert, studiert, wie Christus in allen diesen Bereichen aufgenommen werden kann, er vermittelt sich selbst die Qualitäten der Maria. Das Studium der Wissenschaften wird zu einem Maria-Studium. Dass hier der Intellekt zur Christus-Geburt beitragen soll, würde man vielleicht nicht erwarten.

Über der linken Tür wird ein weiterer Weg zu Christus gezeigt: die Monats-Arbeiten im Jahreslauf. Diese Arbeiten in den jeweiligen Monten an der Verwandlung der Erde umgeben das Bild der Himmelfahrt Christi: die menschliche Arbeit an der Erde kann eine Annäherung bewirken an die große Verwandlung Christi zu dem, der bis an das Ende der Welt die Erde begleiten wird.

Über der mittleren Tür sind es die singenden Könige und die Evangelisten-Tiere, die den Pantokrator, den Himmelsherrscher Christus in der Mandorla, der Mandel-förmigen-Schale, umgeben. Der Lobpreis des königlich-freien Menschen und die preisende Kunde der Evangelien des Neuen Testaments vermitteln den Weg zu Christus in seiner kosmischen Größe.

Durch diese Türen im Westen geht der Weg hinein in die Kirche, gerichtet auf den Altar im Osten. Hier öffnet sich der Gläubige zum Gottesdienst der Einwohnung Christi. Sein Weg führt über das Labyrinth, das hinter dem Westportal in den Boden eingelegt ist: Wer geduldig ist, kommt über lange und kurze Wege, mit einer Vielzahl von Wendungen, zum Ziel, zur Mitte. Der Gottesdienst, den der Einzelne zusammen mit den Vielen der Stadtgemeinde vollzieht, überträgt aus seinen Teilschritten immer wieder das Gemeinsam-Gleiche in das Innere des Menschen:

Bekenntnis — das persönliche Bekennen des Glaubens an Gott, Christus und den Heiligen Geist

Verkündigung des Evangeliums – sie kommt dem persönlichen Bekenntnis mit den Botschaften der Bibel entgegen

Anbetung / Hingabe / Opferung – in einer vertieften Weise werden die Pflichten eines Lebens im Glauben angenommen

Abendmahl / Wandlung / Aufnahme von Brot und Wein / Kommunion – die Seele, die sich so vorbereitet hat, hofft auf das Einziehen des Göttlichen in ihr Innerstes und die Vereinigung mit ihm

Friedensgebet – es ist verbunden mit dem Wunsch, dass das hier Durchlebte zum Frieden wirkt

Hinaustragen des erneuerten inneren Lebens in die Welt.

Der Gottesdienst enthält den Weg nach Osten zum Altar: der Altartisch ist das Symbol des leeren Grabes und der Auferstehung, er wird mit der Erddrehung fortwährend nach Osten getragen, der Zukunft entgegen. Dieser Weg des Gottesdienstes führt durch die Mitte des Kreuz-Grundrisses, er durchquert und durchkreuzt die Nord-Süd-Achse der Kathedrale.

Das Nord-Portal der Nord-Süd-Achse zeigt Bildnisse von Adam und Eva, Noah, von jüdischen Königen und Propheten und von Maria und Joseph und von der Geburt des Jesuskindes. Diese Bildnisse hier am Nordportal repräsentieren zusammen die Heilsgeschichte bis hin zu Christi Geburt.

Das Süd-Portal zeigt das Jüngste Gericht, Christus als Richter / Himmelsherrscher "Pantokrator". An den Säulen des Gerichts-

Portales sind allegorisch dargestellt einige der Tugenden und derjenigen Laster, die durch die jeweiligen Tugenden überwunden werden:

Glaube – Abgötterei
Hoffnung – Verzweiflung
Liebe – Habgier
Geduld – Zorn
Sanftmut – Herzenshärte
Stärke – Feigheit
Keuschheit – Unzucht
Klugheit – Torheit
Demut - Hoffart
Beharrlichkeit – Unbeständigkeit
Gehorsam – Unbotmäßigkeit
Eintracht – Zwietracht

So sieht man hier an der Darstellung des Gerichts auch die Maßstäbe für die eigene Lebensführung, die zugleich als die Kriterien anzusehen sind, an denen die Menschen individuell gemessen und nach denen sie beim Gericht beurteilt werden.

Di: Mit anderen Worten – die Querachse der Kathedrale ist – von Adam, vom Anfang, bis zum Jüngsten Gericht, bis zum Ende der Zeit - die Achse der Geschichte -

Eo: - in deren Mitte liegt der Weg des Gottesdienstes: in der Spannung zwischen Paradies, Christi Geburt (Nordportal) und dem Weltende (Südportal) bestärkt der Gottesdienst den Menschen in seiner Orientierung und Wandlung. Der individuelle, gegenwärtige Weg, der sich von West nach Ost, mit der Zeitbewegung der Erde, auf den Altar hin vollzieht, findet sich sichtbar eingebettet in die nord-südliche Achse, die die Frage enthält, wo der Mensch sich selbst seinen Ort bestimmt in der Geschichte des Heils.

Di: Was ist also die Wirkung der Kathedrale?

Eo: Wir haben ja nur Weniges angesehen und herausgegriffen, zum Beispiel haben wir die gesamte Bedeutung der Fenster ausgelassen

– hier warten Bücher voller Beschreibungen und Deutungen zu den einzelnen Kathedralen, dass Erklärung und Wissen dazu gesucht werden.

In und an der Kathedrale sollen Bilder und Wegleitungen, indem sie immer wieder gesehen und durchschritten werden, daran mitwirken, den Heiligen Geist im Menschen zu entzünden, oder: die Geburt Christi in der Individualität zu begleiten, oder: die Qualität der Auferstehung erlebbar werden und geschehen lassen. Der Gottesdienst in der lebendigen Gemeinde und die Wandlung des einzelnen Menschen sollen gestützt werden: Trotz der Wirrnisse und trotz des Absterbens in Phasen des Lebens soll der Mensch sich auf einem Weg des Erkennens doch zu einem Werdenden verwandeln, im Stehen, im Hochachten vor dem eigenen, gottähnlichen Wesen.

Di: Die Frage war ja, was an der mittelalterlichen Kathedrale den modernen Menschen interessiert?

Eo: Der millionenfache Besuch, den nicht die Gottesdienste, aber die gotischen Kathedralen als Gebäude, erfahren, könnte dafür sprechen, dass die alten Kirchen als Inkubationsorte der Aufrichtung und Verwandlung des Menschen weiterhin eine Wirkung haben und als solche – wie tief oder oberflächlich, wie bewusst oder unbewusst auch immer – gesucht werden.

Di: Und der Gottesdienst selbst?

Eo: Sich selbst auf den Weg machen, der Kreis des Abendmahls? – Den Glanz des göttlichen Friedens in seiner erlösenden Wärme mit den Anderen zu erspüren ist ein unauslöschliches Erlebnis. -

Di: - Das mit den Tugenden und Lastern fand ich interessant. Das sind doch Schautafeln für Ethik und für Verbrechen, wie sie uns als Bilder verloren gegangen zu sein scheinen. Gibt es nicht mehr als die jeweils zwölf, die du oben nanntest?

Eo: Sicher, wenn du sie hören willst, hier hast du eine weiter angereicherte Übersicht, zuerst über die Tugenden:

Weisheit, Tapferkeit, Mäßigkeit, Gerechtigkeit (Kardinaltugenden),
Glaube, Hoffnung, Liebe (theologische Tugenden),
Geduld, Sanftmut, Stärke, Beharrlichkeit, Gehorsam, Eintracht, Keuschheit, Klugheit und Demut.
Zu den Tugenden gehören weiterhin:
Fülle, Gunst, Jugend, Lachen, Scham, Bescheidenheit, Anstand, Würde, Frömmigkeit, Freigebigkeit und Edelmut.

Di: Mit dem Lachen, das war doch so ein Geheimnis eines Kino-Films, dass das zu den Tugenden gehört, hatte man das im Mittelalter nicht verbergen wollen, dass Lebensfreude tugendhaft sein könne?

Eo: Schon möglich, aber es ist wichtig, dass sie dazu gehört. Hier aber noch die Übersicht über die Sünden – wir wissen, es sind die Kräfte, die den Menschen ab-"sondern" von einer guten Entwicklung seines Wesens, sie werden zunächst die Laster genannt, zu Sünden werden sie zum Teil erst durch aktive Beteiligung des handelnden Menschen:

Hochmut (Eitelkeit, Stolz, Übermut, Ruhmsucht, Verachtung,
  Schmähung, lügendes Spotten),
Zorn (Rachsucht, Vergeltung, Wut, Exzess, Raserei),
Neid (Eifersucht, Missgunst),
Geiz (Habgier, Räuberei, gefräßiger Wucher),
Trägheit (Faulheit, Feigheit, Ignoranz, Trägheit des Herzens,
  Überdruss, Lässigkeit, Nichtsnutzigkeit, Träumen),
Völlerei (Gefräßigkeit, Maßlosigkeit, Selbstsucht),
Wollust (Ausschweifung, Genusssucht, verderbliche Leidenschaft).

Dies sind die Hauptlaster (ergänzt durch zugehörige Schwächen). Weitere Sünden und Laster sind: Zwietracht, Streitsucht, Lust der Zerstörung, Dummheit, Betrug (Meineid, falsche Liebe, geschmacklose Süßigkeit, Tändelei, List, Verstellung, Verschlagenheit, täuschende Schlauheit), Gerücht, Schrecken, Mord, Ekel, Leichtfertigkeit, Übermut, Liederlichkeit, Rausch, Prahlsucht, böser Wille, Frevel.

Di: Diese alle, drastisch auf Tafeln gemalt, wollen wir doch ab jetzt wieder auf unseren Markt- und Handelsplätzen überall anschlagen!

Eo: Und wer wird die nächtlichen Kolonnen bezahlen, die das alles wieder übertünchen oder abreißen werden?

Di: Klar, das Verschwinden solcher Bilder wird unsere Medien-Industrie sehr schnell bereit sein zu finanzieren. – Zurück zu den Maßstäben des Mittelalters! Zwei sind noch übrig. Zunächst: Ein Christentum ohne Amtskirche – Was verbirgt sich hinter dieser Überschrift?

Eo: Zunächst einmal die gesamte Ketzer-Bewegung. In manchen Kirchen wurden Priester, die moralisch fragwürdig waren, abgelehnt, von ihnen ließ man sich keinen Gottesdienst mehr halten und kein Abendmahl mehr austeilen. Laien traten an ihre Stellen, Laien nahmen die Aufgaben der Priester wahr in Gemeinschaften, die sich außerhalb der Amtskirche zu treffen begannen. Es wurde aus eigenen Bibel-Übersetzungen ins Französische gelesen. Und man führte Spiele auf, Oster- und Weihnachtsspiele, in denen die Menschen aus den biblischen Texten durch Laien dargestellt wurden, um sie besser zu verstehen und ihrem Wesen individuell näher zu kommen. Die Ketzer-Gemeinschaften breiteten sich so weit aus, dass ganze Städte und Regionen, besonders stark in Frankreich, nicht mehr der katholischen Kirche unterstanden.

Di: Wie hat die Amtskirche reagiert?

Eo: Mit Krieg, Mord und Vernichtung wurden Ketzer, ihre Gemeinden und ihre Städte, bis zur Ausrottung hin, bekämpft, über Jahrzehnte.

Di: Aber die Möglichkeit eines freiheitlicheren Christentums außerhalb der Amtskirche war trotzdem neu entstanden.

Eo: Und das ist ein Vermächtnis des Hochmittelalters geblieben: Das Christentum darf ein Recht haben, auch außerhalb der fest institutionalisierten Kirche zu bestehen.

Di: Also – nun noch zum letzten deiner Maßstäbe: Das Verständnis von Wissen und Wissenschaft.

Eo: An den mittelalterlichen Universitäten gab es grundlegende Diskussionen, aus denen ich zwei Streitfälle herausgreifen will, die mir wegweisend interessant zu sein scheinen. Der Streit über die Unsterblichkeit der Seele und der Streit über die Herkunft und Reichweite der Gedanken und Ideen.

Di: Aber wer interessiert sich heute für die Unsterblichkeit der Seele?

Eo: Mir scheint, das klingt nur vordergründig überholt – Jedem, dem ein befreundeter oder angehöriger Mensch stirbt, stellt sich die Frage nach dessen Verbleib, auch, wenn vor diesem Todesfall ein Gespräch darüber abschätzig behandelt und zurückgewiesen worden war.

Di: Wie stellte sich diese Frage im Mittelalter?

Eo: Im Christentum war die Unsterblichkeit der Seele zunächst unbefragter Lehrbestand. Seit aber Averroes (1126-1198), ein muslimischer Gelehrter und Aristoteles-Kenner aus Spanien, sehr beredt eine Gegenthese vertrat, fand er auch in Mitteleuropa Anhänger, und die Diskussion wuchs.

Di: Du wirst These und Gegenthese darstellen wollen?

Eo: Averroes verstand die Vernunft der menschlichen Seele so, dass sie die Ideen einer objektiven Vernunftwelt in sich spiegelt, sie ist ein Spiegel, solange sie lebt. Nach dem Tod zerfällt dieser Spiegel, ein persönliches Weiterleben der Seele gibt es nicht.

Di: Ja, und?

Eo: Sein wichtigster Gegner in der Diskussion, die weit über den Tod des Averroes hinaus andauerte, wurde der große Thomas von Aquin (1224-1272), der wohl bedeutendste Philosoph des Mittelalters. Er bestand darauf, dass der Mensch mit seiner Vernunft sich ewige Ideen erschließt und dadurch einen eigenen, individuellen

Anteil an der Ewigkeit erlangt. Die Qualität dieser Erschließung und Anteilhabe ist von so hoher individueller geistiger Intensität, dass sie auch nach dem Tod nicht vergehen wird: die Seele bewahrt ihren Anteil am Ewigen und besteht persönlich unsterblich.

Di: Ob ich auf diese Weise an meinen Anteil an der Ewigkeit glauben kann, weiß ich nicht. - Hat der Streit über die Herkunft und Reichweite der Gedanken und Ideen etwas mit dieser Argumentation zu tun?

Eo: Indirekt schon, aber er ist doch etwas anders gelagert: Er betrifft die Frage, was Universalien seien. Universalien sind die Allgemeinbegriffe. Aus dem spanisch-muslimischen Wissenschaftsraum war die These aufgetreten, dass die Begriffe, nach Beobachtung und Untersuchung der Dinge, vom Menschen in seinem Denken hergestellt und gemacht würden. Die Begriffe seien Namen, die der Mensch nach den Dingen bilde.

Di: So denken doch auch wir heute?

Eo: Sicher, dieses ist die herrschende Position geworden.

Di: Welche andere Position gab es denn damals?

Eo: Es gab zwei weitere Positionen. Aus der Traditionslinie der platonischen Philosophie wurde die Auffassung vertreten, dass es eine Ideenwelt vor und über der geschaffenen Welt gäbe und der Mensch mit seinem Geist diese Ideen als die geistigen Realitäten und Formen erschließe, nach denen die Welt geschaffen worden sei. Der Mensch hätte also in seinem Denken Anteil an der göttlichen Welt der reinen Ideen.

Di: Und die zweite Position?

Eo: Die andere Position wurde aus der Traditionslinie der aristotelischen Philosophie vertreten: die Ideen seien nicht unabhängig von den Dingen, und sie bestünden nicht in einer Ideenwelt vor oder über den Dingen, sondern die Ideen seien Realitäten, nicht nur gemachte Namen, aber sie seien nur mit den Dingen erschließbar und nur in ihnen erkennbar.

Di: Wie kam es zum Sieg der Auffassung, dass Ideen Namen seien, die die Menschen den Dingen gegeben hätten?

Eo: Das ist vielleicht später zu beantworten. Zunächst ist auch hier Thomas von Aquin zu hören. Sehen wir uns noch einmal die Positionen in ihrer lateinischen Form und in deutscher Übersetzung im Überblick an:

(1) universalia sunt realia, sunt ante res (platonisch)
    Ideen sind real, sind vor den Dingen
(2) universalia sunt realia, sunt in rebus (aristotelisch)
    Ideen sind real, sind in den Dingen
(3) universalia sunt nomina, sunt post res (u.a. arabisch u. modern)
    Ideen sind (nur) Namen, sind nach den
    Dingen (vom Menschen) gemacht.

Thomas widerspricht insofern, dass er argumentiert, hier handele es sich nicht um einander ausschließende Positionen, sondern die drei Auffassungen beträfen die drei Formen eines gemeinsamen Inhaltes:

(1) „... sunt ante res": - Hier seien die Ideen gemeint, wenn sie als Schöpfungsprinzipien angesehen werden in den Gedanken der Engel vor der Erschaffung der Dinge;
(2) „... sunt in rebus" - dies seien die Ideen / Prinzipien in dem Erschaffenen, inkorporiert im Dasein und im Leben der Dinge;
(3) "… sunt post res" - hier seien die Ideen / Prinzipien nach ihrer Erkenntnis durch die Gedanken und in den Gedanken der Menschen gemeint.

Di: Das ist eine gewagte Synthese!

Eo: Warum gewagt?

Di: Wer wird heute dem Menschen zutrauen, dass er das Wesen der Dinge erkennt? Seit Kant haben wir uns doch damit abgefunden, dass für die menschliche Erkenntnis das Wesen der Dinge unerkennbar bleibe, da die menschliche Erkenntnis die Welt nur nach den Kategorien ihrer eigenen menschlichen Vernunft, das heißt, immer nur begrenzt, befrage und erkenne.

Eo: Dagegen haben unter anderen Goethe und Hegel rebelliert, und jeder der beiden hat auf seine eigene Weise begründet, dass die menschliche Erkenntnisfähigkeit und Vernunft so tief im Wesen der Welt verwurzelt sei, dass ihr von ihrer eigenen Herkunft her keine absoluten, nur zeitliche Grenzen der Erkenntnis gesetzt seien: Das Wesen der Dinge sei menschlicher Erkenntnis zugänglich. Der Umfang der Erkenntnis ist eine Frage der Bemühung, Intensität und Zeit.

Di: Das war mir in dieser Form bisher nicht bekannt. Es gibt also vor und nach Kant Positionen, die über seine Grenz-Setzungen hinausreichen. - Das zweite Wagnis bei der Synthese-Position des Thomas scheint mir zu liegen in der Nennung der Engel. Wer mag heute überhaupt den Begriff „die Gedanken der Engel" denken und dann noch erwägen, dass sie vor der Erschaffung der Welt die Grundformen und Ideen der Welt gedacht hätten.

Eo: Das ist die Form der Welt- und Ideen-Auffassung bei Platon, dass es die Ideen vor und über den Dingen gibt, verblüffend ist für uns, dass die Ideen dann in den Gedanken der Engel sind, da ist Platon mittelalterlich-christlich weitergedacht worden. Platons Ideen-Auffassung ist zwar seit Aristoteles als fast exotisch fern und vorzeitig angesehen worden, aber doch auch nicht als ganz undenkbar verworfen worden. Man hat die Position, dass es eine Ideenwelt vor oder über der Welt gäbe, ernstgenommen, auch ausgeschlossen, aber doch diskutiert.

Di: Aber Thomas von Aquin hat man verworfen!

Eo: Du wirst auch heute an Universitäten moderne „Thomisten" finden, deren philosophische Gewandtheit man „unbesiegt" nennen könnte.

Di: Um christliche Philosophen als unbesiegt anerkennen zu können, dazu müsste man aber Christ sein.

Eo: Durchaus nicht! Man braucht nur versuchen, ihre Begriffe in ihrer gesamten Logik infrage zu stellen, und wenn man dabei scheitert, müsste man diese Philosophen als unbesiegt anerkennen.

Di: Aber diese Erkundungen würden uns jetzt ablenken. - Wir haben uns ja hier schließlich nicht zu religiösen Grundsatzdiskussionen verabredet, sondern zu einem „ungeduldigen" Überblick über die Geschichte. - Was hat also der Universalienstreit mit unserem Rückblick auf das Mittelalter zu tun?

Eo: Wir sehen, dass dem Menschen in seiner Erkenntnisfähigkeit hier – und ebenso bei Alanus ab Insulis – zugetraut wird, von der geschaffenen Welt der Erde aus zur Erkenntnis der Inhalte vorzudringen, die das Wesen der Schöpfung ausmachen.

Di: Und welcher Sinn soll darin liegen?

Eo: Der Mensch könnte Partner der Schöpfung sein, wenn er es wirklich wollte.

Di: Ein großes Wort sprichst du gelassen aus. –

Eo: Ja, es zeigt sich, dass im Mittelalter ein Zutrauen zu den Möglichkeiten und Potenzialen des Menschen gibt, das uns verlorengegangen ist.

Di: Ja, die Zeiten haben sich eben verwandelt, wir haben dieses Zutrauen nicht mehr. Das ist vergangen, das steht uns nicht mehr zur Verfügung!

Eo: Könnte es nicht auch anders sein? – Dass wir das Wissen von unseren Möglichkeiten verloren haben und dass wir sie deshalb auch gar nicht mehr erstreben? – Dass wir aber, wenn wir von unseren Erkenntnis-Potenzialen wieder mehr wüssten, wir sie auch zu erfüllen streben könnten?

Di: Du meinst also, das geschichtliche Wissen, wie die menschlichen Potenziale im Mittelalter gesehen wurden, das könnte unseren Sinn öffnen, dass wir wieder streben, sie zu realisieren –

Eo: So ungefähr, ja, das würde ich später gerne noch mehr begründen.

Di: Also gut, lassen wir das stehen. - - Können wir das Mittelalter jetzt verlassen? – Du hast jetzt auf langen, sozusagen innen liegenden Betrachtungen bestanden – die äußeren politischen Entwicklungen im Heiligen Römischen Reich Deutscher Nation - ?

Eo: Da haben wir nur die Grundfigur des mittelalterlichen Personen-Verbands-Staates gestreift, der aus einem vielschichtigen Geflecht von Loyalitäten, Beratungs-Versammlungen und Autoritäts-gebundener Führung besteht. Diese Reichsform wandelt sich über viele Veränderungen und Modernisierungen hin. Die größte Veränderung aber liegt darin, dass in der Mitte der mittelalterlichen Reiche eine neue politische Form aufbricht -

Di: - und die wäre? -

Eo: - die demokratisch regierte Stadt, die vom Rathaus am Marktplatz aus durch Beratungen des Stadtrates, der Zünfte und Gilden geleitet wird.

Di: Demokratie in den Städten – woher kommt diese zweite Demokratie-Welle nach der griechischen und römischen Antike?

Eo: Wenn die Menschen, wie wir gesehen haben, im Hochmittelalter so mündig sind, dass sie die religiösen Autoritäten der Kirche infrage stellen und ihr religiöses Leben selbst gestalten, dann sind sie auch so mündig, eigene Entscheidungen über ihr politisches Leben zu verlangen und durchzusetzen. So wurden demokratische Gremien gestaltet, und den Fürsten wurden die Entscheidungsgewalten abgetrotzt.

Die Städte machten sich frei, nicht zuletzt auch dadurch, dass ihre Bürger in Handel, Gewerbe und Handwerk finanziell stark und unabhängig geworden waren. Tatsächlich entstanden in den Städten eigene, neue Rechtsgebilde, in denen die Abhängigkeiten wie Lehnstreue, Leibeigenschaft und Frondienste, die auf dem Land und bei den Burgen und an den Höfen der herrschenden Adelsfamilien noch lange galten, nicht mehr bestanden. Der Satz „Stadtluft macht frei" signalisierte einen großen Neuanfang und machte die Städte anziehend für alle, die die alten, einengenden Zwänge nicht mehr aushalten wollten.

Di: Spielen denn nicht die oberitalienischen Städte bei der Entwicklung der neuen städtischen Demokratie eine besondere Rolle?

Eo: Das ist richtig! Die Händler aus Venedig, Genua, Pisa und anderen Städten transportierten mit ihren Schiffen die Orientwaren nach Europa, wurden dadurch sehr reich, und ihre Städte waren freie politische Einheiten geworden. Aber auch in Mailand, Pavia, Bologna, Florenz und Siena sammelten sich durch Gewerbe, Handel und Banken große Reichtümer an, die das unabhängige Selbstbewusstsein der Bürger und ihre Selbstregierung erst ermöglichten und auch absicherten. Interessant für uns heute ist es, den Kern der Motivation für die Selbstregierung anzusehen: Im Rathaus von Siena sind die Säle, in denen die demokratischen Gremien von Siena tagen, im 14. Jahrhundert ausgemalt worden mit den Tugenden des christlichen Weltbildes, die eine gute Regierung gewährleisten. Und der Rat der Stadt Siena tagte vor einem großen Mariengemälde.

Di: Die Demokratie in diesen Städten wäre also eine Sache christlicher Tugenden gewesen?

Eo: Ja, man war sich sicher: Erst wenn Besonnenheit im Willen, Tapferkeit und Mut in der Seele und Weisheit im Denken zusammenwirken, kann Gerechtigkeit als Haupttugend des Zusammenlebens entstehen, diese erst bietet die Basis guter Regierung. Und wer bestrebt ist, Maria als Vorbild anzusehen für die Hingabe, wie Christus aufzunehmen und zu tragen ist, der wird Demut, Wohlwollen und Güte zu Leitmotiven machen, wenn er darüber berät, was für die Stadt entschieden werden soll. – So zeigt besonders das Rathaus in Siena Musterbilder einer von Tugenden erfüllten christlichen Demokratie.

Di: Aber verwickelten sich nicht gerade die oberitalienischen Städte gegenseitig in furchtbare Kriege und Machtkämpfe?

Eo: Das ist die Kehrseite ihrer Freiheit und ihres Reichtums geworden, dass, besonders krass in Italien, die Städte und ihre Regierungen, im Fortschritt vom 13. bis zum 16. Jahrhundert, vielfach den Verführungen der Macht verfallen sind. Diktatoren und Tyrannen haben in ihnen im Lauf dieser Jahrhunderte immer häufiger die Macht an sich gerissen.

Di: Werden nicht sogar stehende Heere aufgebaut?

Eo: Tatsächlich wird, bei der wachsenden Rivalität, der Bedarf an militärischer Schlagkraft so groß, dass die italienischen Städte sich in ihren Kriegen von militärischen Großunternehmern, den Condottieri, die nötigen Truppen gegen hohe Geldsummen leihen. Die Condottieri bauen sozusagen stehende Heere auf, binden diese an ihre Person und lassen sich mit ihnen für bestimmte Kämpfe und Kriegszüge ausleihen und bezahlen. Es kam vor, dass solche gekauften Truppen mit ihren Kommandanten eine Gegend zurückerobern, die sie vorher gerade erst, im Dienst für die Zahlungen aus einer anderen Stadt, besetzt hatten.

Di: Hier aber gilt doch dann die christliche Ethik überhaupt nichts mehr!

Eo: Richtig! Die Anfänge der neuen Zeit liegen im christlichen Mittelalter, die erste große Blüte der neuen Zeit zeigt sich in der Zeit der Renaissance. Warum zerbricht hier der Rahmen der christlichen Ethik? Unter den eben geschilderten Zuständen der Machtkämpfe im 16. Jahrhundert entsteht 1532 tatsächlich auch „Il principe", „Der Fürst" von Machiavelli, das erste Lehrbuch für eine neue tugendlose, skrupellose Machtpolitik. Dieses Buch zeigt den nackten Machtwillen als die Kehrseite der neuen Kraft, über die wir jetzt sprechen müssen: die Kraft der Freiheit.

Di: Ist denn die Freiheit nicht ein abgegriffenes Thema?

Eo: Sie sollte das niemals sein! Sie ist kein so einfacher Begriff, wie es scheinen mag, wir brauchen ein Wissen von der Freiheit, das viel differenzierter ist, als es im normalen politischen Sprachgebrauch verbreitet ist. Auch die Geschichte der Freiheit ist viel zu wenig bekannt!

13 Neuzeit, Durchbruch der geistigen Freiheit, Reformation, Renaissance, freier Geist und Willkür in einer neuen Epoche

Di: Also gut: Geschichte der Freiheit! Wie kam es zu diesem ungeheuren Aufbrechen einer neuen Zeit der Freiheit?

Eo: Es wird uns kaum gelingen, die Vielfalt und Tiefe dieser Veränderung in einer kurzen Form zu umreißen.

Di: Also – bitte! So unübersichtlich ist doch das wieder nicht. Ich würde von der Gegenwart aus rückwärts gehen. Was könnte ich zur Geschichte der Freiheit nennen? Die friedliche Revolution in Deutschland, 1989, zweihundert Jahre nach der Französischen Revolution. - Vierzig Jahre vor 1989 gab es das Grundgesetz in Deutschland mit den Grund- und Menschenrechten: 1949. - Dreißig Jahre davor wurde das Allgemeine Wahlrecht Gesetz, das endlich auch für Frauen galt: 1919. - Die Französische Revolution, die erste Allgemeine Erklärung der Menschenrechte, 130 Jahre vorher, 1789. - Die erste Erklärung von Menschenrechten überhaupt entstand für die Verfassung der Vereinigten Staaten von Amerika, 13 Jahre vor der Französischen Revolution, 1776. - Die Englische Revolution, hundert Jahre vor der französischen, sicherte Freiheiten und Rechte der Engländer gegen Staat und Krone: 1689.

Eo: Du hast damit schon große Stationen der Freiheit in Europa genannt. Ich würde gerne die schwierige Vorgeschichte einbeziehen. Für die Geschichte der Freiheit in Mitteleuropa möchte ich mit Jan Hus in Prag (1371-1415) beginnen. Er war ein freier Mann, und für seine Freiheit wurde er 1415 in Konstanz verbrannt.

Di: Aber 1415 – das ist doch spätes Mittelalter - war Hus nicht nur ein Kirchenreformer?

Eo: Ja, als ein solcher ist er vielleicht am ehesten bekannt, aber, genau genommen, konnte er das schon nicht mehr werden. Er war ein früher Vertreter einer neuen Zeit. Schauen wir uns zuerst die verbotenen Freiheiten an, die er vertrat und die er sich nahm:

Di: War Hus ein widerständiger Mönch?

Eo: Keineswegs! Er war eine prominente Gelehrten-Persönlichkeit in der damaligen Reichs-Metropole Prag. In Prag war 1348 die erste Universität des Deutschen Reiches gegründet worden. Hier erhielt der hochbegabte junge Hus seine akademische Ausbildung und wurde 1401, kurz nach seiner Priesterweihe, im Alter von 30 Jahren bereits zum Dekan der Artistenfakultät berufen.

Di: Artisten?

Eo: Ja, die „Artisten" waren die Vertreter der sieben Freien Künste, die wir vorhin bei Alanus und in Chartres angetroffen hatten.

Di: Dann war er als Dekan für die Lehre aller sieben Freien Künste doch ein bedeutender Professor der Universität.

Eo: Und dazu noch wurde er in der Stadt populär und beliebt: Seine Predigten kursierten in Abschriften in der Stadt.

Di: Worin bestanden seine neuen Freiheiten?

Eo: Hus war kurz nach dem Dekanat 1402 als Rektor und Prediger an die Bethlehems-Kapelle berufen worden. Das war ein Kirchenraum für mehr als tausend Menschen, den ein Kaufmann gestiftet hatte mit der Auflage, dass hier auf Tschechisch gepredigt würde. Also konnte Hus in den nächsten Jahren ganz aktuell direkt zum Stadtvolk sprechen über das, was alle bewegte. König Wenzel und der Erzbischof von Prag unterstützten ihn. Aber nach und nach kritisierte er immer deutlicher die Amtskirche, die mit weltlicher Macht sehr diesseitig regierte. Er verlangte als Maß der Kirche die Armut der Apostel. 1410 hatte der Papst in Rom einen Krieg gegen Neapel als Kreuzzug deklariert und denjenigen Sünden-Erlass versprochen, die an diesem Krieg teilnahmen oder ihn durch Geldspenden unterstützten. Diesen Dekreten des Papstes widerspricht Hus. Er wirft den Päpsten vor, dass sie, statt das Böse schlicht zu meiden, wie es Christus geraten habe, „sich zu Henkern und Scharfrichtern ausgebildet und aufgeschwungen" hätten.

Di: Damit stellt er als Einzelner sich dem Herrscher des Kirchen-Imperiums entgegen, dem stärksten Machtgefüge der damaligen Welt! Woher nimmt er sich diese Freiheit?

Eo: Erkenntnis-Suche und Wahrheitsfindung sind für Hus die Quellen der Freiheit. Wenn die Suche nach Erkenntnis Wahrheit findet, entsteht die Basis der Freiheit: „es ziemt einem jeden Menschen, sich an keinen Satz unüberlegt festzuhalten, sondern nach der Erkenntnis der Wahrheit Gottes sich bis in den Tod an sie zu klammern. Die Wahrheit nämlich gibt am Ende die Freiheit."

Di: Die Wahrheit ist für ihn eine Wahrheit Gottes, also eine Wahrheit des Glaubens -

Eo: - die nur dann entsteht, wenn die individuelle Seele nach Erkenntnis sucht. Auch die Wahrheit des Glaubens ist für Hus ein Werk prüfender individueller Erkenntnis. Hus regt an, die Erklärungen und Handlungen der Kirche an der Wahrheit Christi im Evangelium zu prüfen.

Di: Er stellt nicht nur den Papst, sondern die Autorität der gesamten Kirche infrage?

Eo: Für Hus ist die Kirche nicht eine Einrichtung des bestehenden, hierarchischen Klerus, sondern eine unhierarchische Versammlung - zu der also auch die gläubigen Laien gehören - die allein Christus zu ihrem Haupt hat. So dürfen und müssen auch der Lebenswandel und die Verkündigungen der Amtsträger aus der Wahrheit Christi kritisiert werden. Es entsteht eine Verpflichtung, wenn der Papst etwas erkennbar Falsches anordnet, dass man ihm Widerstand leistet: „Einem irrenden Papst Widerstand leisten ist soviel wie dem Herrn Christus gehorchen."

Di: Das ist doch für die damalige Kirche unerhört und ungeheuerlich – Wie reagieren die Geweihten, die Priester, Bischöfe und der Papst, auf eine solche Erhöhung der Ungeweihten? Die Laien dürfen mit ihrer Erkenntnis urteilen über die Sprüche und Handlungen der Geweihten?

Eo: Das ist der Freiheitskampf: Wenn die Wahrheit des Laien in der Wahrheit Christi steht, hat sie für Hus das Potenzial, Kraftquelle für den Widerstand zu sein. Aus der Beziehung zu Christus entsteht die Macht der Wahrheit.

Di: Also Freiheit aus der Wahrheit des Glaubens, Freiheit aus Christus – also Christus als Beispiel des freiesten Menschen? Diese Kirche, die ihre Macht stabilisiert, indem sie ihre Gläubigen in Angst und Schrecken hält, soll diesen Mut zur Freiheit als Reform-Impuls aufnehmen? – Wie also antwortet die Kirchenhierarchie?

Eo: Sie verbietet Hus das Predigen – er predigt weiter! Sie erklärt 1410 den Bann über Hus - er findet in Prag Unterstützung und predigt weiter – daraufhin verhängt der Papst 1412 das Interdikt über Prag, das heißt: die Kirche verbietet in ganz Prag alle kirchlichen Gottesdienste und Handlungen, vom Abendmahl bis hin zum Glockenläuten, so lange Jan Hus in Prag ist und wirkt – diese Belastung, dass seinen Mitbürgern das gewohnte geistige Leben genommen wird, meint Hus ihnen nicht mehr zumuten zu dürfen. Er verlässt Prag und lebt auf dem Land, verborgen bei Freunden, und schreibt. – Schließlich wird er durch Kaiser Sigismund, der ihm freies Geleit verspricht, vor das Konzil nach Konstanz zitiert. Dort wird er entwürdigend behandelt, unter Bruch des Geleitsversprechens gefangengenommen, ihm wird ein Prozess gemacht und, als er seine Auffassungen nicht widerruft, wird er am 6. Juli 1415 zum Tod verurteilt und von den Schergen Sigismunds als Ketzer verbrannt.

Di: Diese Freiheit bis in den Tod wolltest du zeigen?

Eo: Ein großes Freiheitsfanal geht in Europa bei Hus aus der Überzeugung hervor, dass Wahrheit und Freiheit in Christus gründen.

Di: Und? Weiter?

Eo: Fast genau hundert Jahre später, ab 1517, hundertzwei Jahre nach Hus' Tod, gelingt Martin Luther (1483-1546) ein nächster großer Schritt in der Geschichte der Freiheit. Er schlägt 1517 seine Thesen gegen den Ablass-Handel an der Schlosskirche in Wittenberg an.

Di: Ist er ein Nachfolger von Hus? Geht er über Hus hinaus?

Eo: Er ist eigenständig. Aber gemeinsam ist ihnen beiden, dass sie das Evangelium als Quelle und Grund ihrer Wahrheit ansehen, dass sie beim Papst und bei den Konzilien Irrtümer sehen und es deshalb für erforderlich halten, dass der Einzelne mit seiner Erkenntnis auf das Evangelium zurückgreift. Luther erkennt: die Kirche lässt den Gläubigen zahlen dafür, dass ihm Sünden erlassen werden. Damit entwertet und verfälscht sie zutiefst das individuelle Bemühen, das ein Mensch aufbringt, um, nachdem er falsch gehandelt hat, eine Besserungzu erreichen. Luther erkennt, dass die Kirche durch die Ablass-Zahlungen das Leben in Besserung (Buße) und das Leben im existenziellen Ergreifen des Glaubens elementar schwächt und dass sie die Bedeutung der Gnade gleichgültig macht, weil sie Gnade und Erlösung für erkaufbar erklärt. Durch die Zahlungen wird das Streben und Leben im Glauben unnötig, weil man es durch Geld ersetzen kann. - Durch diese Zahlungen gegen Sünden-Erlass erhält die Kirche aber einen großen Teil ihrer Einkünfte. In Luthers Augen gibt die Kirche den Menschen, der im Glauben lebt und strebt, preis, um an sein Geld zu kommen. Luthers Missachtung für den Papst ist so tief, dass er ihn als „Gott der Welt" und als „Antichrist" bezeichnet.

Di: Das alles aber macht ihn doch zum Ketzer!

Eo: Ja, deshalb wird auch Luther gebannt. Ihm wird zunächst die Bann-Androhung des Papstes zugesandt, die er aber im Dezember 1520 verbrennt. Im Januar 1521 wird über ihn der Bann verhängt, und der Ausschluss aus der Kirche, die Exkommunikation, wird erklärt, die er ebenfalls nicht anerkennt. Er wird von dem neuen Kaiser, Karl V., zum April 1521 vor den Reichstag nach Worms geladen, wo er sich weigert, seine Thesen zu widerrufen, so dass der

Kaiser über ihn die Reichsacht erklärt: Er gilt ab Mai 1521 als vogelfrei, niemand darf ihn beherbergen, ihm beistehen oder helfen.

Di: Auch er widersteht der gesamten Macht der Kirche, des Reiches und des Kaisers. Woher nimmt er die Freiheit seines Widerstandes?

Eo: Aus dem eigenen Studium des Evangeliums und der theologischen Schriften und aus den eigenen Erkenntnissen, die er gegen religiöse Praktiken der Kirche, insbesondere gegen den Ablass-Handel, gewonnen hat. Er beruft sich vor dem Kaiser in Worms auf sein Gewissen, gegen das er nicht handeln will.

Di: Auch bei ihm also zeigt sich eine Begründung der Freiheit in der Erkenntnis religiöser Wahrheit. Von da rührt seine Freiheit zum Widerstand für ihn selbst – welche Freiheit schafft Luther für andere?

Eo: Da der Buchdruck durch Bleisatz 1450 von Gutenberg (1397-1468) erfunden worden war, können Luthers Reformations-Schriften jetzt bereits, 1517-21, kurzfristig in ganz Deutschland gedruckt verbreitet werden. Er findet Anhänger in allen Schichten, bis hinauf in den fürstlichen Adel. Diese Anhänger folgen seiner Erkenntnis-Freiheit! Sein Fürst, Kurfürst Friedrich der Weise von Sachsen, nimmt sich die Freiheit, gegen den Befehl des Kaisers Luther zu retten und ihn zu unterhalten, so dass der, verborgen auf der Wartburg, die Bibel übersetzen kann.

Di: Wird dann nicht auch Luthers Bibel in Deutsch als eine Quelle der Freiheit angesehen?

Eo: Wir erinnern uns, dass es bereits als ketzerisch angegriffen wurde, dass die Templer im 13. Jahrhundert eine französische Bibel-Übersetzung verwendeten. Es hatten, seit dem frühen Mittelalter, interessierte Kreise in Rom darauf gedrängt, dass es die Bibel, die Gottesdienste und die theologischen Schriften nur in den drei Sprachen Hebräisch, Griechisch und Latein geben dürfte. Schon die gotischen und slawischen Bibel-Übersetzungen wurden als heidnisch und ketzerisch angesehen. Dass Hus tschechisch predigen durfte, war im 15. Jahrhundert eine Neuerung. Luther befreit jetzt die Bibel selbst aus den Grenzen der lateinischen Gelehrsamkeit und macht die deutsche Bibel ab 1522 zu einer Voraussetzung des Glaubens. Die eigene, aus dem Evangelium gewonnene Erkenntnis soll für jedes Individuum die freie Grundlage evangelischer Lebensführung werden können. Dies ist vielleicht die größte Freiheitstat Luthers, die sich Tausende sofort zueigen machen. Seine Reformation ist 1529, zwölf Jahre nach dem Beginn, schon so weit, dass evangelische Stände, Fürsten und Städte gegen die Mehrheit des Reichstages in Speyer und gegen Kaiser Karl V. protestieren, als eine Rekatholisierung im Reich vorgenommen werden soll. Seitdem gibt es den Namen „Protestanten".

Di: Aber Luther blieb doch ein Geächteter, warum gab es keinen Zugriff auf ihn, und warum wurde er nicht verbrannt?

Eo: Seine Anhängerschaft, auch unter den Fürsten des Reiches, war zu groß geworden, seine Thesen und Gedanken hatten den Nerv der Zeit getroffen. Er wurde geschützt. Die neue Freiheit in der Religion wurde nach Luthers Tod zwar 1555 noch an die Landesherren gebunden, sie war aber unumstößlich zur Tatsache geworden. Für das einzelne Individuum frei wurde sie erst fast ein Jahrhundert später, nach dem Ende der entsetzlichen religiösen, politischen und militärischen Gewalt-Gräuel des Dreißigjährigen Krieges, mit dem Westfälischen Frieden 1648.

Di: Also Luther (1483-1546) blieb nicht einsam, sondern er machte sich zum Auslöser einer Massen-Bewegung.

Eo: Mag er sich selbst auch einsam gefühlt haben, rückblickend ist er nicht nur von vielen Freunden begleitet, auch in seiner Zeit und in seiner Generation ist er umgeben von einer großen Zahl von Neuerern und von bahnbrechenden Neuerungen.

Di: Du beziehst dich jetzt auf die Umbrüche, die Renaissance und Neuzeit mit sich brachten.

Eo: Wir sollten uns die Lebensdaten einiger prägender Personen und die Daten einiger Hauptereignisse dieser Zeit ansehen, um uns an den Umfang der Neuerungen zu erinnern, die, vom 14. bis zum 16. Jahrhundert, hervortraten. Die Personen will ich möglichst in der Reihenfolge ihrer Geburtsjahre nennen, um ihre Generationen-Verwandtschaft sichtbar zu machen. Die Handlungen und Ereignisse werden dadurch aber springen, da die Personen ihre Wirksamkeit in verschiedenen Lebensaltern entfaltet haben:

- Francesco Petrarca (1304-1374) – er entdeckt Ciceros Schriften neu, er gibt den Anstoß, nach vergessenen Werken der Antike zu suchen, mit ihm beginnt der Humanismus.
- Das Schwarzpulver, das in China lange bekannt, aber in Europa erst im 13. Jh. entdeckt worden war, wird im 14. und 15. Jahrhundert zunehmend eingesetzt, und es verändert die gesamte Militär- und Kriegstechnik grundlegend. Allmählich werden die Ritterheere von Söldner- und Landsknechtsheeren abgelöst.
- Johannes Gutenberg (1397-1468) – er erfindet 1450 den Buchdruck von Bleisatz-Lettern: Bücher werden aus der handschriftlichen Kopie der Kolsterbibliotheken in die Massenproduktion überführt.
- Lorenzo Valla (1406-1458) – er deckt gegen 1444 auf, dass die Konstantinische Schenkung eine Fälschung ist. Das zentrale Rechtfertigungs-Dokument päpstlicher Weltmacht ist damit entzaubert und nicht mehr existent.
- Ab 1453 fliehen Wissenschaftler des byzantinischen Reiches, das von den Türken erobert wurde, nach Westen, sie bringen Werke antiker Autoren mit sich, und die Renaissance der Antike in Wissenschaft und Kunst in Italien wird verstärkt. Da jetzt der Landweg nach Asien durch das Osmanische Reich besetzt ist und die Handelswege beeinträchtigt sind, die von den Städten im östlichen Mittelmeer nach Arabien und Indien führten, wird die Suche, Indien und Hinterindien auf dem Seeweg zu erreichen, von Italien, Spanien und Portugal aus intensiviert.

- Die Zentralperspektive, die schon bei Giotto (1266-1337) aufzutreten begann, wird im 15. Jahrhundert durch Brunelleschi (1377-1446) weiter erschlossen und durch Alberti (1404-1472) auch theoretisch dargestellt, so dass sie zu einem allgemein gebräuchlichen Darstellungsmittel des Raumes in der Malerei entwickelt werden kann. Die Malerei erobert sich den realistisch dargestellten Raum.
- Sandro Botticelli (1444-1510) - wird zum programmatischen Maler der Renaissance (Geburt der Venus, Der Frühling). Er wird zu einem der Meistermaler, die sich bemühen, biblische Personen in ihren Gemälden so darzustellen, als ob sie jetzt, aktuell, im Diesseits der gegenwärtigen Welt, präsent seien.
- Lorenzo di Medici (1449-1492) – er ist ein umfassend gebildeter Bankier, Politiker und Dichter, er macht Florenz durch Förderung der Wissenschaften und der Künste zur ersten Metropole der Renaissance. Er gründet die Biblioteca Laurenziana und eine Akademie für Platon-Studien. Er vergibt Aufträge an Botticelli, Michelangelo, Leonardo und andere.
- Der Kompass (seit 12. Jh. in Europa), das Astrolab (Bestimmung der Gestirns-Höhen) und andere Instrumente, die der Seefahrt dienen, werden im 15. Jahrhundert verbessert und machen die Navigation auf hoher See erheblich einfacher und genauer als in den vorangegangenen Jahrhunderten.
- Der erste Globus, der sogenannte „Erdapfel", wird 1492 von dem Nürnberger Martin Behaim (1459-1507) hergestellt. Erstmals werden die Kontinentalkarten auf eine Kugel aufgezeichnet. Behaim steht als Seefahrer und Kartograph in portugiesischen Diensten.
- Christoph Kolumbus (1451-1506) aus Genua entdeckt für die Spanier 1492 Amerika. Die Entdeckung und Erforschung der gesamten Erdkugel wird von da an beschleunigt.
- Leonardo da Vinci (1452-1519) – seziert, gegen das offizielle Verbot, Leichen, um die Anatomie unter der Haut besser verstehen und den menschlichen Körper exakter malen zu können. Er entwirft technische Geräte, darunter solche zum Fliegen. Seine Gemälde

enthalten eine Genauigkeit der Darstellung, der seelischen Gestik und der spirituellen Aussagekraft, die ihn unter den epochalen Malern seiner Zeit noch einmal hervorheben.
- Vasco da Gama (1469-1524) – er umsegelt 1497/98 das Kap der guten Hoffnung und findet den östlichen Seeweg nach Indien.
Niccolò Machiavelli (1469-1527) - prägt den Begriff "lo stato", der Staat: damit umschreibt er den Zustand (status) des Machterhalts, der das wichtigste Ziel im Machtkampf eines Regenten ist. Nicht mehr Gerechtigkeit, sondern Machterhalt wird zum zentralen Ziel der Politik. Erst nach seinem Tod aber erscheint 1532 „Il principe", „Der Fürst", sein Ratgeber für den Machtpolitiker.
- Albrecht Dürer (1471-1528) – er bildet sich an der italienischen Malerei aus und verbreitet mit seiner christlichen, naturalistischen Mal- und Holzschnitt-Kunst Haltungen der Renaissance in Mittel- und Nordeuropa.
- Lucas Cranach (1472-1553) – wird für Luther als Maler-Freund zu dessen künstlerischem Begleiter. Er malt unter anderen Gemälde, die von den Ideen der evangelischen Reformation programmatisch bestimmt sind.
- Nikolaus Kopernikus (1473-1543) – weist mit Beobachtungen und Berechnungen nach, dass nicht die Sonne sich um die Erde, sondern die Erde sich um die Sonne dreht. Er veröffentlicht sein Werk über die Umschwünge der Himmelskreise bewusst erst kurz vor seinem Tod, 1543. Er eröffnet damit eine neue Epoche des Weltbildes.
- Bartolomé de Las Casas (1474-1566) - bekämpft als Dominikaner-Mönch, Missionar und Bischof in Mexiko die Unterdrückung der Indianer und setzt 1542 – bereits 20 Jahre nach Cortez und 10 Jahre nach Pizarro - das Verbot der Indianersklaverei durch.
- Michelangelo (1475-1564) – Auch er malt die Gestalten der Glaubenswelt als Idealpersonen des 16. Jahrhunderts und gibt ihnen damit eine neue, bleibende Realität.
- Erasmus von Rotterdam (1476-1536) – will als klassisch gelehrter christlicher Humanist eine „philosophia christi" entwickeln und entwirft das Bild eines weltbürgerlichen Friedensreiches, das die

verschiedenen Nationen umgreift. Er gibt Werke antiker Schriftsteller (Aristoteles, Terenz) und ab 1516 eine erste Ausgabe der Bibel in Griechisch zum Buchdruck. Ein Exemplar dieser Ausgabe verwendet Luther bei seiner Bibel-Übersetzung.
- Thomas Morus (1478-1535) – beschreibt 1516 einen Idealstaat Utopia, in dem Toleranz, Gleichheit und Brüderlichkeit gelten.
Francisco Pizarro (1478-1541) - erobert und zerstört 1531-33 das Inkareich in Peru.
- Fernando Magellan (1480-1521) - findet 1519/20 den westlichen Seeweg um das Kap Hoorn zu den Philippinen. Nach seinem Tod während der Reise führt seine Mannschaft 1522 unter Juan Sebastián de Elcano die geplante Weltumsegelung zu Ende. Damit ist die Kugelgestalt der Erde erstmals in der Praxis der Seefahrt bewiesen.
- Johannes Faust (1480-1520) – er wird als Astrologe, Zauberer und Quacksalber bekannt, er wird verdächtigt, dass er, um der Erweiterung seines Wissens willen, Gott preisgibt und einen Bund mit dem Teufel eingeht.
- Raffael (1483-1520) – malt biblische Themen in idealer Realitätsnähe, so dass er zusammen mit den anderen Künstlern der Renaissance zeitgenössische Gemälde der biblischen Welt schafft, die zugleich ideelle und individuelle Authenzität aufweisen. Die Marien-Darstellungen, aber auch seine christlich-programmatischen Gemälde im Vatikan und seine individuellen Portraits, werden unübertroffene Dokumente christlich beseelter Weltsicht.
- Martin Luther (1483-1546), gleichaltrig mit Raffael, durchbricht die katholisch-kirchliche Glaubens- und Finanzierungs-Ordnungen und begründet ab 1522 die reformatorische Kirche der evangelischen Protestanten.
- Fernando Cortéz (1485-1547) erobert und zerstört ab 1521 in Mexiko das Atztekenreich.
- Ignatius von Loyola (1491-1556) gründet 1536 den kämpferischen Bund der Jesuiten, der gegen die evangelische Reformation eine innere Reform und Straffung der katholischen Kirche durchsetzen will.

- Paracelsus (1493-1541) – ruft zu einem neuen Lesen im Buch der Natur auf und entwickelt Naturheilkunde und Medizin.
- Philipp Melanchthon (1497-1560) ist ab 1518 Professor für Griechisch in Wittenberg und wird als Humanist zum bedeutendsten Mitarbeiter Luthers, er propagiert und vertritt die Ideen der Reformation und fasst sie argumentativ und programmatisch zusammen.
- Um 1510 erfindet der Nürnberger Peter Henlein (1480-1542) die Taschenuhr, für die er die Feder als Antrieb entwickelt hat. Leicht transportable Uhren ersetzen bald die komplizierten und sperrigen Uhren mit schweren Gewichten. Die Bedeutung der Zeitmessung wächst sprunghaft an.
- 1542 wird die katholische Inquisition einer Kardinalskommission des Papstes übertragen, die besonders das Eindringen des Protestantentums nach Italien verhindern soll. Die Inquisition besteht seit dem 13. Jahrhundert, und ihr ist seit Mitte des 13. Jhs. (Papst Innozenz IV.) auch die Folter erlaubt.
- Giordano Bruno (1548-1600) – vertritt als Theologie-Lehrer das heliozentrische Weltbild und wird als Ketzer durch ganz Europa verfolgt, er wird schließlich in Venedig 1592 von der Inquisition verhaftet, er wird verurteilt und 1600 in Rom verbrannt.
- Galileo Galilei (1564-1642) entdeckt mit Hilfe des Fernrohres die Jupitermonde und die Venus-Phasen, begründet die Experimental-Physik und bekennt sich zur Zentralstellung der Sonne, deren Begründung er weiter vertieft. Er wird zum Abschwören gezwungen und lebt ab 1633 unter Bewachung durch die Inquisition.
- Johannes Kepler (1571-1630) – berechnet die Planetenbahnen und trägt ebenfalls zu einer tieferen Begründung des heliozentrischen Weltbildes bei.

Di: Hier könnten wir unterbrechen –

Eo: Sicher, da ist genug des Neuen vergegenwärtigt –

Di: Was also finden wir in dieser Epoche der Erneuerung? – Zunächst den berühmten Durchbruch in den Raum!

Eo: Der ist bildhaft-symbolisch vollzogen worden durch Petrarcas Besteigung des Mont Ventoux 1336. Petrarca feiert jubelnd Bergerforschung und Erkundung der Landschafts-Weite, aber er hat im gleichen Moment als Aufgabe betont die Pflege des eigenen Inneren. - Den Durchbruch in den weiten Raum der Erdkugel bewirken die Entdecker Amerikas, Afrikas und Asiens. - Aber der Gewinn des Raumes erfüllt sich auch im Kleinen, im gemalten Blick in die Landschaft, der jetzt liebevoll in den Hintergrund der Portraits hineingelegt wird, wobei die Maler es offenbar genossen haben, dass sie die äußere Perspektive mit der Tiefe der Landschaft jetzt meisterhaft beherrschen. Der Mensch ergreift den Raum -

Di: - und es wäre wunderbar gewesen, wenn die Entdecker, als sie die neuen Kontinente betraten, staunend die Vielfalt irdischen Lebens erschlossen hätten und wenn Staunen und Achtung vor den fremden Menschen und Kulturen diesen Aufbruch bestimmt und durchzogen hätten - stattdessen waren Handelsgewinn und Goldrausch die treibenden Motive -

Eo: - bei denen hier und da der christliche Missionsgedanke mitwirken durfte. - Dass in den Gemälden der neuen Zeit der goldene Hintergrund von realen Landschaften abgelöst wurde, zeigt auch symbolisch die Wendung vom inneren zum äußeren Leben, man könnte das auch als ein Zeichen dafür ansehen, dass die religiös inspirierten inneren Tugenden abgelöst werden vom Erstreben realer äußerlicher Werte. Auch dass in Gemälden nicht mehr nur Grundtypen der biblischen Personen dargestellt werden, sondern von jetzt an Einzelpersonen mit Namen in Einzelportraits erscheinen, macht deutlich, dass das Interesse an der Raum-Erscheinung und Wirkung des Individuums stark zunimmt.

Di: Gleichzeitig entsteht also auch der Eroberungs- und Zerstörungswille, etwa von Cortéz (ab 1521) und Pisarro (ab 1531) gegenüber den Atzteken und Inkas, mit gewissenlosen Massen-Tötungen – sie zeigen eine Bereitschaft zum Vollziehen des Bösen, zur Skrupellosigkeit in der Ausübung des Bösen, man könnte auch sagen: zum Pakt mit dem Bösen.

Eo: Auch die Intrigen-Raffinessen im Machtkampf des machiavellistischen Fürsten könnte man dem berechnend-absichtlich Bösen zuordnen.

Di: - Steht da die Faust-Gestalt Pate?

Eo: - offenbar hat Johannes Faust so viel Aufsehen erregt und ist so schnell bekannt geworden, weil ihm nachgesagt worden ist, dass er dieser Gefährdung, einen Pakt mit dem Bösen einzugehen, nachgegeben habe – Faust ist aber gleichzeitig derjenige, der das Böse gebraucht und anwendet um Erkenntnisse zu gewinnen. Das könnte man den grausamen Eroberern nicht nachsagen. Nur den freien Zugang zum Bösen, die freie Benutzung böser Berechnung hätten sie gemeinsam.

Di: Auch wenn man die Bauern-, Reichs- und Türkenkriege ansieht, könnte man von einem Aufbranden des Bösen sprechen - und Tod und Totentanz werden verständlich als Motive der Kunst dieser Zeit.

Eo: Da ist die neue moralische Freiheit, aufzustehen gegen religiöse Verfälschungen und lügenhafte geistige Einengungen, aber auch gegen Verweigerung von Recht - und neben diesem Aufbrechen von moralischem Widerstand steht zeitgleich das Aufbrechen einer neuen willkürlichen Freiheit zur Eroberung der Welt, zu egoistischem materiellen Erwerb und zu narzisstischer Abgrenzung von brüderlicher Solidarität. Der grauenvolle Kolonialismus, der beispielhaft von Cortéz und Pisarro, aber nach ihnen von unzähligen anderen Kolonialisten und Imperialisten praktiziert worden ist, ist der vielleicht furchtbarste und folgenreichste Ausdruck des egoistischen Furors der Neuzeit.

Di: Mitten dazwischen vollzieht sich also im Humanismus die Erweiterung des biblischen Weltbildes durch die antike Logos-Philosophie, eine Befreiung und Erweiterung des Glaubens durch das logische Denken -

Eo: - und die neue experimentelle Naturwissenschaft des Wiegens, des Messens und des Rechnens erweitert die menschliche

Verfügungsmacht über die Natur in ungeahnte Dimensionen des Naturgebrauchs und der Natur-Ausbeutung.

Di: Kein Wunder, dass die Menschen sich die Angst eingestanden haben davor, wie diese Welt noch zusammengehalten werden kann und ob nicht das Ende der Zeiten angebrochen sei.

Eo: Das zeigen auch Dürers apokalyptische Reiter und seine Darstellungen des Todes als eines Gesellen, der den Menschen mitten im Leben begleitet.

Di: Wenn wir von heute zurücksehen, scheint es mir so, als ob alles das auch unsere Zeit immer noch kennzeichnet. Die Gier nach Macht und Reichtum und das Streben, die Verfügung über Materie auszudehnen, hat allerdings noch erheblich zugenommen. Die Willkür-Seite der Freiheit hat sich ständig weiter ausgedehnt. Und die Bejahung des Bösen hat immer neue Triumphe gefeiert, bis hin zu den Kataklysmen der Weltkriege, zu den Millionen-Morden Stalins, zum Holocaust der Nazis, zur systemischen Unterdrückung und Verelendung der südlichen Länder, zu den Hungerkatastrophen, die tätig erzeugt werden und die man geschehen lässt, zur weiter explodierenden Ausbeutung, Verschmutzung und Ausrottung in der Natur und zur unersättlichen Überwärmung des Klimas.

Eo: Das „Paktieren mit dem Bösen" drängt sich sofort auf. Deshalb ist es aber wichtig, auch die weitere Entwicklung der moralischen Seite der Freiheit ins Auge zu fassen. - Das Hervortreten und die Stärkung der Individualität an sich ist ein enormer Gewinn. Das Aufblühen der humanistischen Philosophie, der Wissenschaften, der Universitäten, des Denkens überhaupt, stärkt die Menschen in ihrem geistigen Kern, in der Möglichkeit, sich selbst zu orientieren und eigene Entscheidungen zu bilden. Damit sind die Grundvoraussetzungen für das Ergreifen einer moralischen Freiheit erheblich verstärkt worden. –

Die Renaissance-Kunst mit ihrer Kraft, Schönheit, Idealität und Anmut hat sich als eine dauernde Quelle der Erhabenheit und als bleibender Schatz für die Anschauung der Menschenwürde erwiesen.

Di: Aber wir werden erdrückt in unserem Leben von der gedankenlosen Willkür, mit der aufs Geratewohl gehandelt wird und durch die die Probleme sich geradezu exponentiell vertiefen und unbeherrschbar ausdehnen.

Eo: Wir sehen, dass Freiheiten in allen Richtungen ergriffen werden. Man verharrt zwar in den folgenden Jahrhunderten noch vielfach in den vorgegebenen Traditionen, die aber werden dürrer und schwächer. Die Verantwortung dafür, die gewünschte Form des eigenen Lebens und die gewünschte Form der Gesellschaft mit Mut selbstständig zu schaffen, wird immer größer und dringender. Es gab auch viele Menschen, die sich dieser Verantwortung gestellt haben, die das Treibenlassen in Beliebigkeit verlassen haben, die sehr wohl gedacht und nach ihren neuen, eigenen Gedanken auch gehandelt haben. Derer müssen wir uns erinnern, damit wir auch in unserer Zeit Mut finden, die Folgen der geistigen, sozialen und politischen Katastrophen, die vom Beginn der Neuzeit an bis zur Gegenwart geschehen sind und weiter geschehen, zu überwinden. Wir können aus dem Bewusstsein der Geschichte die Entschiedenheit finden zum Widerstand und zum verwandelnden Handeln.

Di: An wen würdest du erinnern?

Eo: Rückschauend noch einmal an Hus und Luther: Hus stand unter anderem dafür ein, dass die Laien die Würde haben, aus ihrer christlichen Erkenntnis heraus Irrtümern und Verfehlungen der Amtskirche zu widerstehen. 1415 wurde Hus noch als Ketzer verbrannt. - Luther konnte etwa hundert Jahre später, 1517, nach dem Thesen-Anschlag, wie wir gesehen haben, als Ketzer bereits der Verbrennung entgehen und Unendliches dafür leisten, dass die innere Freiheit erweitert wurde. Diese beiden tief gläubigen Christen haben die Räume geöffnet, in denen wir uns heute völlig selbstverständlich bewegen und in denen wir eine Freiheits-Toleranz genießen, die nicht bestünde, wenn nicht, oft blutige, sechshundertjährige Kämpfe vor unserer Zeit mutig bestanden worden wären. –

Wenn wir von Luther aus weitere hundert Jahre überspringen, können wir England aufsuchen im Jahr 1620, zur Zeit von König James I.(1603-1625).

14. Von der religiösen zur politischen Neugestaltung in England und Frankreich, die neuen Ideale, Aufklärung, Vertrauen in die Vernunft und Krieg

Di: Du willst also zeigen, wie hier, in England, in der Geschichte der Freiheit ein weiterer Schritt vollzogen worden ist?

Eo: Ja, die Reformation hat sich inzwischen in Westeuropa ausgebreitet, aber im Westen weniger in der Form, die Luther gewählt hat, sondern in der, die Calvin verbreitet hat und die von der Schweiz ausgegangen ist. Der Calvinismus kam über die Niederlande und Frankreich nach England. Im Unterschied zu der lutherischen Kirche, die in ihrer Leitung an Autorität und Weisung der Landesfürsten gebunden wurde, sind in den calvinistischen Kirchen demokratische Ordnungen eingeführt worden, die in England besonders folgenreich wurden. - England war 1534 unter Heinrich VIII. protestantisch geworden, die anglikanische Kirche hatte aber viele Elemente der katholischen Kirche beibehalten. Als Sohn der Maria Stuart war James I. ein katholischer König, obwohl er auch Oberhaupt der anglikanischen Staatskirche war. James I. vertrat außer den Überzeugungen der katholischen Kirche die absolutistische Rechtsauffassung, dass der König souverän und unabhängig allein aus Gottes Gnade regiere und alleinige Quelle des Rechts sei. Besonders strenge Gruppen von calvinistischen Puritanern, die glaubten, das reine, pure Christentum zu vertreten und die anglikanische Kirche kritisierten und sie reinigen wollten, wurden unter James I. als Ketzer verfolgt. Mehr als hundert von ihnen werden berühmt, weil sie nach Amerika auswanderten. - Die „Pilgrim-

Fathers" verlassen 1620 mit der „Mayflower" den Hafen von Plymouth, segeln über den Atlantik und landen nach zwei Monaten an der nordamerikanischen Küste, um dort uneingeschränkt ihren Glauben praktizieren und neue Formen gemeinschaftlichen Lebens begründen zu können.

Di: Also sind diejenigen, die nach neuen Formen des Christentums verlangten, ausgewandert, um eine neue Form der Gesellschaft zu entwickeln?

Eo: Die spätere Idee der Volkssouveränität, aus der im 18. Jahrhundert die Verfassung der Vereinigten Staaten von Amerika gebildet wird, wird zurückgeführt auf die Pilgrim-Fathers des 17. Jahrhunderts und ihre vielen puritanischen Nachfolger, darunter William Penn und die Quäker, die 65 Jahre später, 1685, Philadelphia und Pennsylvania gegründet haben.

Di: Die Idee der Gleichheit der Rechte aller Menschen ist also eine christliche Idee?

Eo: Zweifellos, sie wird aus der biblischen Idee, dass jeder Mensch als Ebenbild Gottes geschaffen ist, von den reformatorischen Kirchen in die Geschichte der Neuzeit eingebracht.

Di: Ist aber nicht dieses England, das die Auswanderer zurücklassen, von dem du eben gesagt hast, dass es am Beginn des 17. Jahrhunderts absolutistisch regiert wurde, ist England nicht das Land mit der ersten erfolgreichen und sogar unblutigen Revolution? – Wie ist das zu erklären?

Eo: In der englischen parlamentarische Tradition war über Jahrhunderte hinweg – beginnend mit der „magna charta" ab 1215 – durchgesetzt worden, dass ein beratendes Entscheidungsgremium vom König zunehmend geachtet und in Entscheidungen einbezogen wurde, und das Parlament hatte sich unter anderem das Recht erkämpft, die Steuern festzulegen. Die katholischen Könige James I. und sein Sohn und Nachfolger Charles I. (1625-1649) versuchten aber, losgelöst vom Parlament zu regieren. Schließlich musste Charles I. das Parlament aber einberufen, weil er ohne neue Steuern nicht mehr auskam. Im Parlament waren die Puritaner bestimmend, sie verlangten nach und nach, dass die Rechte für das Parlament umfassend garantiert würden, ehe sie bereit wären, neue Steuer-Beschlüsse zu fassen. Schließlich erschien der König mit Truppen im Parlament, um führende Parlamentarier als Hochverräter gefangen zu nehmen. Es kam zu einem sechsjährigen Bürgerkrieg (1642-1648), den das neu aufgestellte Parlamentsheer unter der Führung des Puritaners Oliver Cromwell (1599-1658) nach entsetzlich blutigen Schlachten gegen den König gewann. König Charles wurde anschließend angeklagt, er wurde als Tyrann, Verräter, Mörder und öffentlicher Feind des Volkes verurteilt und 1649 enthauptet. Das Königtum und das House of Lords werden jetzt abgeschafft, das Volk wird zum Souverän erklärt, vertreten durch das Parlament, das Unterhaus.

Di: Hier also tritt die Volkssouveränität, mehr als ein Jahrhundert vor der Gründung der USA, schon in England auf?

Eo: Das ist richtig, erstmals in Europa wird hier der Gedanke der Volkssouveränität wirksam. England wird 1649 der Form nach Republik, tatsächlich aber verwandelt es sich unter der Führung Cromwells mehr und mehr in eine radikale puritanische Militärdiktatur. Cromwell sieht sich als auserwählter christlicher Führer und Kriegsherr des Protestantismus gegen alle Katholiken, gegen die katholischen Staaten, besonders gegen Frankreich und Spanien, und gegen den Papst, den auch er als Antichrist bezeichnet und bekämpft.

Di: Das aber war doch noch nicht die Glorious Revolution?

Eo: Nein, nach Cromwells Tod beschließt 1660 ein neues Parlament, in dem die Royalisten die Mehrheit haben, König Charles II. aus dem Exil in Frankreich zurückzuholen: Die Monarchie wird wiederhergestellt! Als aber Charles II. (1660-1685) und sein Bruder, James II. (1685-1688), der ihm als König nachfolgt, immer offener Entscheidungen treffen, durch die England in den Katholizismus zurückgeführt werden soll, breitet sich eine Stimmung der Rebellion aus.

Di: Es sind also protestantische Christen, die die Revolution in England gegen einen katholischen König vorbereiten?

Eo: So ist es. Als das Königspaar 1688 einen Sohn bekommt und auch noch eine katholische Thronfolge droht, laden sieben leitende Mitglieder des Parlaments die beiden protestantischen Enkelkinder von Charles I., William von Oranien (1650-1702) und Mary (1662-1694), die als Cousins verheiratet in den Niederlanden leben und dort regieren, nach England ein, dort sofort militärisch zu intervenieren und zusammen die englische Krone zu übernehmen. Als William auf diese Einladung hin im November 1688 mit 14 000 protestantischen Soldaten, die vor allem aus Holland, Brandenburg und Schweden stammen, in Torbay landet, verliert James II. sehr schnell die Unterstützung vieler Städte, seiner Flotte und großer Teile seines Heeres. Schließlich entscheidet sich James im Dezember zur Flucht nach Frankreich an den Hof Ludwigs XIV.

Di: Ist das die Revolution?

Eo: Das ist ihr erster Teil. Der Hauptteil besteht darin, dass William III. und Mary II. vor ihrer gemeinsamen Krönung im April 1689 die Declaration of Rights unterschreiben und darin dem Parlament bleibend Rechte zusichern und ihre eigene Macht begrenzen: Das Parlament muss vom König regelmäßig einberufen werden, es bewilligt die Steuern, Abgeordnete haben Redefreiheit, Gesetze dürfen nicht außer Kraft gesetzt werden ohne Parlamentsbeschluss, ein stehendes Heer in Friedenszeiten muss vom Parlament erlaubt werden, Sondergerichte sind verboten. - Damit ist das Gesetz über den König gestellt, die erste Konstitutionelle Monarchie (von lat. constituere, feststellen) ist entstanden. Das Ende der Zeit des Absolutismus (von lat. absoluere, loslösen), der absoluten Monarchien, in denen die Macht des Königs losgelöst und unbegrenzt über dem Gesetz stand, ist angebrochen. Das ist die erste große Revolution in Europa! Und sie ist unblutig verlaufen, weil immer mehr Einzelpersonen, Gruppen und Einrichtungen aus dem Machtgefüge des englischen Staates, dem absolutistischen König die Loyalität entzogen haben, so dass er aussichtslos vereinsamte und ihm nur die Flucht blieb.

Di: Was also zeigt uns die Entwicklung zur Englischen Revolution?

Eo: Die neuen Freiheiten der Reformation, die die Menschen in ihren religiösen Gemeinden kennengelernt hatten, hatten auch zu neuen Ansprüchen an das politische Leben und an den Staat geführt. Es zeigt sich, dass das Selbstbewusstsein, sich im 17. Jahrhundert in England gegen den König zu stellen, nicht denkbar ist ohne die christliche Reformation, aus der im Puritanismus unmittelbar demokratische Strukturen und Ansprüche hervorgingen.

Di: Wir können also unsere weltliche Demokratie in ihrer Entstehung nicht ohne die Impulse entschiedener Christen vorstellen.

Eo: Ja, das darf so gesagt werden, wenn man über die Wurzeln der Demokratie in Mitteleuropa spricht. Die Geschichte der Freiheit in Europa ist eine Geschichte christlicher, dann aber auch philosophischer Impulse.

Di: Das war meine nächste Frage: Befinden wir uns nicht dort, im 17. Jahrhundert, auch bereits im Zeitalter der Aufklärung?

Eo: Klar, die Philosophen, die diese englische Verwandlung begleitet, bedacht und mit bewirkt haben, sind Vertreter der Vernunft, Rationalisten – so Thomas Hobbes (1588 – 1679) – und Aufklärer – so John Locke (1632 – 1704).

Di: Was haben sie beigetragen?

Eo: Hobbes hat die Erfahrung des bestialischen englischen Bürgerkrieges 1642 – 1648 und die Nachrichten über den verheerenden Dreißigjährigen Krieg auf dem Kontinent 1618 – 1648 in seinem Denken verarbeitet und den berühmten Satz geprägt: „Der Mensch ist dem Menschen ein Wolf.", auf Lateinisch: „homo homini lupus est." Hobbes sah die Menschen in einem gegenseitigen Kampf um Macht, Reichtum und Einfluss und diagnostizierte einen

„Kampf aller gegen alle", „bellum omnia contra omnes". Damit in diesem Krieg, der Normalsituation der Menschen in der Gesellschaft, Frieden hergestellt werden kann, hielt er eine absolute, uneingeschränkte Gewalt für unbedingt erforderlich, durch die allein es dem staatlichen Souverän möglich sein könnte, einen Frieden unter Menschen durchzusetzen. Er wurde einer der prominentesten Unterstützer der Alleinherrschaft Cromwells, aber auch der wieder eingeführten Monarchie der Stuarts unter Charles II. und James II.

Di: Aber du nanntest ihn nicht einen Machttheoretiker, sondern einen Vertreter des Rationalismus, mithin den Vertreter eines vernunftgeleiteten Handelns.

Eo: Er sah, dass die Vernunft sich im Menschen zum Diener seiner Machttriebe macht und dass es daher die Vernunft gebietet, die Übermacht eines Souveräns zu schaffen, die die persönlichen Machttriebe in Schranken hält. Hobbes hält seine Bejahung des Absolutismus für eine Friedens-Theorie.

Di: Das ist ein krasses Bild vom Menschen, dass der Mensch nur seinen Begierden und Leidenschaften lebt und selbst die Vernunft in deren Dienst stellt, um diese Schwächen besser zu bedienen – das ist doch sehr modern – ist nicht das Zwanzigste Jahrhundert stolz darauf, den Menschen entblättert und als ein reines Triebwesen entdeckt zu haben?

Eo: Darauf ist immer wieder hingewiesen worden, dass das Bild von Mensch und Gesellschaft, das Hobbes hatte, längst nicht vergangen, sondern weiter sehr verbreitet ist. Wir könnten den Nachweis versuchen, zu zeigen, dass da, wo undemokratisches Verhalten auftritt, im Hintergrund, meist unausgesprochen, das Bild vom Menschen als Wolf weiterlebt. – Hobbes hat mit diesen Auffassungen gewirkt. Er war Erzieher von Charles II. im Exil in Frankreich. Er hat mit seinem Buch „Leviathan" 1651 versucht, Cromwell eine Rechtfertigung für dessen Militärdiktatur zu liefern. Seine Stimme und seine Argumentationen wurden gehört und haben etwas gegolten im England des 17. Jahrhunderts. Gegner der

Demokratie haben ihn, der absolutistische Macht unterstützte und rechtfertigte, oft als Freund angesehen.

Di: Wie unterscheidet sich, eine Generation später, Locke (1632-1704) von ihm?

Eo: Locke sieht jeden Einzelnen, von Gott und Natur aus und von Geburt an, mit den Sinnen und mit der Vernunft ausgestattet und mit den Naturrechten auf Leben, Freiheit und Eigentum. Er sieht Grenzen von gegenseitiger menschlicher Macht-Ausübung, die auch von jeder staatlichen Macht geachtet werden müssen. Sie ergeben sich daraus, dass Menschen und Staaten diese Naturrechte des Menschen auf Leben, Freiheit und Eigentum nie beeinträchtigen und verletzen dürfen. Da es den Menschen in Gemeinschaften leichter fällt, ihre Naturrechte zu schützen, schließen sie sich in Verträgen zu Staaten zusammen. Der Staat hat also den Sinn, die natürlichen Rechte zu schützen. Wenn der Staat gegen seinen Sinn, diese Rechte zu schützen, verstößt, haben die Bürger ein Recht auf Widerstand.

Di: Locke ist also ein Vertreter des Rechtsstaates, in dem zum Schutz der Rechte, für die der Staat geschaffen ist, doch auch dessen Macht begrenzt wird?

Eo: Diese Argumentationen philosophisch begründet zu haben ist seine große Leistung. Während Hobbes unter den Königstreuen lebte und ihre Gedanken stärkte, lebte Locke in den Kreisen der führenden Demokraten des Parlaments und hat seine Gedanken über den Staat bereits etwa ein Jahrzehnt vor der Glorious Revolution niedergeschrieben und sicher auch bereits vorher in seinen Gesprächen mit demokratisch gesinnten Parlamentariern vertreten. Er gehört also unbedingt zu den Vätern der Englischen Revolution, auch, wenn er klug genug war, sein politisches Hauptwerk, die „Zwei Abhandlungen über Regierung", erst nach der Revolution in England (1689) zu veröffentlichen.

Di: Ist es richtig, dass jetzt, schon im Verlauf des 17. Jahrhunderts, die Religion als Antrieb des Handelns zurücktritt und die begründenden Impulse viel mehr aus der Philosophie hervorgehen?

Eo: Wenn ich jetzt JA sage, begebe ich mich auf ein sehr umstrittenes Feld: Sind es meine Gedanken, aus denen ich handele, oder ist es mein Bios, die Sammlung der Lebenskräfte, was in mir handelt, oder sind es die von uns geschaffenen Strukturen, die uns übermächtig in ihre Irrwege und Sackgassen zwingen, da die Strukturen sich unbeherrschbar verselbstständigt haben? – Ich sage JA, die Impulse der Religion haben eine hohe Zahl von Menschen in ihrem geschichtlichen Handeln geleitet. Von der Zeit des Rationalismus und der Aufklärung, vom 17. Und 18. Jahrhundert an, werden eine große Zahl von Menschen in ihrem geschichtlichen Handeln von den Gedanken der Philosophen, die in ihrer Zeit wirken, geleitet. Ich finde diese Auffassung berechtigt, weil jeder Mensch die Erfahrung in sich trägt, dass er schon einmal nach Gedanken gehandelt hat, die er sich selbst gebildet hat, auf dem Rücken seiner Lebenskräfte reitend, aber sie lenkend, und über die Strukturen hinaus denkend, in die er sich hineingezwungen fühlt. Bei den Philosophen Hobbes und Locke, diesen beiden polaren Persönlichkeiten, deren Gedanken die Entwicklung in England geprägt haben, könnten wir das Maß, in dem ihre Gedanken Einfluss auf die Geschichte genommen haben, nur nachweisen, wenn wir ihren Diskussionen mit den jeweils handelnden Persönlichkeiten beider Seiten hätten zuhören können. Anders ist es in Frankreich, wo die Wirkungen der Gedanken zweier denkender und schreibender Philosophen offen zutage liegen.

Di: Wen meinst du?

Eo: Montesquieu und Rousseau.

Di: Natürlich, ich kenne sie; was genau haben sie gedacht, und wie haben sie gewirkt?

Eo: Charles-Louis de Montesquieu (1689-1755) wurde im Jahr der englischen Revolution geboren. Seine Ausbildung, die er als Jurist auch für die politische Verwaltung erhalten hatte, und seine politische Neugier und Umtriebigkeit brachten ihn aus Bordeaux immer wieder in das Paris Ludwigs XV.. Den Französischen Königen war es in der Nachfolge von Ludwig XIV., des „Sonnenkönigs", gelungen, das gesamte politische Leben des Landes in der Hauptstadt zu konzentrieren. Sie kontrollierten in Paris einen versammelten Hofstaat von Adeligen und Bürgern, der durchsetzt war von Schmeichlern und Speichelleckern, und der von Spitzeln bis in die Salons hinein überwacht, kontrolliert und zum Gehorsam gezwungen wurde. Montesquieu war angewidert, bäumte sich auf und verließ Paris 1728 für eine Europa-Reise, die er unternahm, um nach Alternativen zu suchen, für die angemessene Gestaltung eines modernen Staates. Er bereiste Italien, die Schweiz, Österreich, Ungarn, Deutschland, die Niederlande und England. In England hielt er sich 1729-1731 zwei Jahre lang auf und war fasziniert von der Mäßigkeit und Ordnung der politischen Vorgänge.

Di: Welche Staatsform also befürwortet er nach seiner Reise?

Eo: Er schreibt lange an einem umfassenden Werk „Über den Geist der Gesetze", das er erst 1748 in Genf veröffentlicht. Der Mensch erscheint darin als ein Wesen, das trotz geltender Naturgesetze und selbst verordneter Gesetze zur Beute seiner Leidenschaften wird, zudem ein Wesen der Unwissenheit, des Irrtums und der Vergesslichkeit. Da er den Schöpfer vergisst, braucht er Religion, da er sich selbst vergisst, braucht er Moralgesetze, da er den anderen vergisst, braucht er Staats- und Zivilgesetze, damit er zu seinen Pflichten zurückgebracht wird. Für die Politik entdeckt Montesquieu die Tugend der Mäßigkeit, und entsprechend will er die Gefahren menschlichen Handelns in Maße und Grenzen setzen, indem er die Macht des Staates aufteilt in drei Gewalten: die exekutive (ausführende) Gewalt, die legislative (gesetzgebende) Gewalt und die judikative (rechtsprechende) Gewalt, die im Staat aufeinander einwirken und einander gegenseitig kontrollieren sollen.

Di: Die Gewaltenteilung haben wir doch als Prinzip aller demokratischen Verfassungen in der Schule kennengelernt.

Eo: Eben deshalb sollten wir auch wissen, dass Montesquieu es war, der sie an den politischen Prozessen in England abgelesen und im Anschluss an Gedanken von John Locke erstmals in reiner Form ideell entwickelt und dargestellt hat.

Di: Welche ist die erste Verfassung, die nach seinen Gedanken gebildet worden ist?

Eo: Die amerikanische, 39 Jahre nach Erscheinen seines Buches haben 1787 Benjamin Franklin und die Väter des amerikanischen Staates Montesquieus Gedanken in die neue Verfassung der USA eingearbeitet, nachdem die Vereinigten Staaten sich durch den Unabhängigkeitskrieg 1775-1783 und die Unabhängigkeitserklärung von 1776 von England gelöst hatten.

Di: Das hat aber doch Montesquieu nicht mehr erlebt, er starb ja bereits 1755, hat es Rousseau erlebt?

Eo: Nein, Rousseau starb 1778, während noch in Amerika der Unabhängigkeitskrieg ausgefochten wurde. Rousseau hat aber sicher Kenntnis gehabt von der amerikanischen Unabhängigkeitserklärung, der ersten schriftlichen Fassung der Menschenrechte 1776.

Di: Rousseau ist dann doch schon ein Kind der Aufklärung, wohingegen Montesquieu einer ihrer Väter war?

Eo: Das stimmt, Rousseau (1712-1778) wurde 23 Jahre nach Montesquieu geboren, das heißt aber nicht, dass er es als ein Vorkämpfer der Aufklärung, der er doch ebenfalls war, leichter gehabt hätte und weniger Anfeindungen ausgesetzt gewesen wäre als dieser.

Di: Was hat Rousseau zu einem Vorkämpfer gemacht?

Eo: Nach einer ruhelosen Suche in seiner Jugend, die ihn von Genf über Turin schließlich nach Paris in den Kreis der intellektuellen Vordenker der Aufklärung um Diderot, d'Alembert und Voltaire gebracht hatte, hat ihn ein brillanter Verriss und eine vorbehaltlose Kritik der französischen Gesellschaft 1750 im Alter von 38 Jahren berühmt gemacht.

Di: Was war an seiner Kritik so einschneidend aktuell?

Eo: Er sah den Menschen von seiner Natur her als gut an. Durch das Zusammenleben in der Gesellschaft entsteht aber in seinen Augen ein gegenseitiges Verbergen, maskenhaftes Falschreden und Betrügen. Der Ruf, der ihm zugeschrieben wird, und der aus seinem Werk rasch durch ganz Europa verbreitet wird, „Zurück zur Natur!", ist zu deuten als ein Aufruf, zur wahren, guten Natur des Menschen zurückzukehren, man könnte aber auch sagen, die wahre Natur voraus erst zu gewinnen. Dieses Streben wird von Rousseau zu verwirklichen gesucht zum einen durch ein offenes Wahrnehmen der wirklichen Natur in der Welt, aber auch durch ein offenes Hören auf die wahre und gute Natur des Menschen und des Kindes. Er sucht einen Weg, um die gute Natur im Menschen wiederzugewinnen. Auf eine kritische Phase folgt in seinem Werk eine Phase positiver Konstruktion. Die Situation des Menschen zeigt sich für ihn als absurd: der Mensch sei frei geboren, und überall liege er in Ketten. Die Auflösung dieser Absurdität findet Rousseau darin, dass sich die Menschen zusammenfinden zu dem Gesellschaftsvertrag, in dem sie beschließen, einen gemeinsam gebildeten vernünftigen Gesamtwillen (volonté générale) zu achten. Die Versammlung der Menschen bildet damit in seinen Augen eine seelische Gesamtkörperschaft, ein gemeinsames Ich, in dem sich ihr neuer frei gebildeter Wille und ihr neues Leben finden.

Di: Wie soll denn dieser vernünftige Gesamtwille entstehen?

Eo: Über diese Frage unterhalten sich die Rousseau-Forscher, seit Rousseau 1762 die Bildung des vernünftigen Allgemeinwillens vorgeschlagen hat. Man vermutet eine Gemeinschaft von nicht mehr als einigen Tausend Menschen, unter denen ein andauerndes Gesamt-Gespräch und eine Herausbildung gemeinsamer Vernünftigkeit denkbar erscheinen. Vielleicht habe Rousseau seine Heimat

Genf und die Schweiz unausgesprochen vor sich gesehen, wo es zu gelingen scheint, durch gründliche Diskussionen und anschließende Volksabstimmungen einen gültigen Allgemeinwillen herzustellen, dessen Vernunft sich dann alle, auch die, die das Vernunft-Ergebnis nicht bejahen konnten, schließlich unterwerfen müssen. Denn Rousseau hatte in seiner Schrift über den Gesellschaftsvertrag 1762 einen Satz geschrieben, der viel Widerspruch erregt hat: Er sagt, dass, „wer sich weigert, dem allgemeinen Willen zu gehorchen, durch die Gesamtheit dazu gezwungen werde; was nichts anderes bedeutet, als dass man ihn zwingen werde, frei zu sein."

Di: Wie kann das sein, dass Rousseau Zwang und Freiheit im Begriff des Vernunftwillens zusammen denkt?

Eo: Rousseau hatte vorher klargemacht, dass der Mensch durch den Schritt vom Naturzustand in die Gesellschaft sich selbst sozusagen zwingt, an die Stelle des Instinktes die Gerechtigkeit zu setzen, an die Stelle des physischen Antriebes die Pflicht und an die Stelle der Begierde das Recht, so dass er gezwungen ist, seine Vernunft um Rat zu fragen, statt bloß auf seine Neigungen zu hören. Er charakterisiert die Entwicklungsschritte zu dieser Vernunft als Entwicklungsschritte zur Freiheit.

Di: Also könnte man sagen, die Vernunft zwingt den Instinkt, den physischen Antrieb, die Begierde und die Neigungen in die Regeln der Pflicht, des Rechtes und der Gerechtigkeit?

Eo: Ja, Rousseau fasst diesen Vorgang zusammen, indem er sagt, die Gesellschaft mache „aus einem ungesitteten und beschränkten Tier ein einsichtsvolles Wesen, einen Menschen". Die Vernunft ist für ihn das Vermögen der Einsicht in die Erfordernisse des gesellschaftlichen Lebens. Indem der Mensch dieses Vermögen aus sich heraus entwickelt, zeigt er sich als sich selbst bestimmend, also als frei. Durch den Gebrauch der Vernunft betätigt der Mensch seine Freiheit. Also ist er da, wo er den Einsichten der Vernunft folgt, frei. In der Herausbildung des vernünftigen Allgemeinwillens erzeugt der Mensch in sich diese Freiheit. So ist der Allgemeinwille ein Ergebnis, ein Werk und zugleich ein Werkzeug der Freiheit.

Di: Und wer es nicht schafft, dieses Werkzeug in sich auszubilden, kann dazu gezwungen werden – das klingt nach Diktatur der Mehrheit, und das klingt nach Sozialismus -

Eo: Der Sozialismus setzt mit ähnlichen Gedanken etwa ein halbes Jahrhundert nach Rousseau ein, elf Jahre nach seinem Tod aber folgt zunächst einmal die Französische Revolution.

Di: Halt, ehe wir zur Revolution kommen, lass uns bitte bis hierhin wieder eine Summe ziehen. - Welche Entwicklung siehst du in diesen vier Philosophen?

Eo: Hobbes hält es für erforderlich, dass einer natürlichen Gesellschaft wölfischer Menschen, die weder ihres Machttriebes noch ihrer Vernunft Herr werden können, ein uneingeschränkt befehlender Souverän gegenübergestellt wird.

Locke sieht beide Kräfte, Sinne und Vernunft, im Menschen ausgeprägt und ist überzeugt, dass die Menschen von ihrer Natur aus Freiheit, Leben und Eigentum vernünftig schützen wollen und dass sie das auch zu tun vermögen, aber dass sie sich im Zusammenschluss zum Staat ein begrenztes Rechts-Instrument schaffen wollen, um gemeinsam ihre Rechte besser zu schützen. Locke traut also im Unterschied zu Hobbes den Menschen aus ihrer Natur heraus Freiheit und Rechtswahrung als Fähigkeiten zu.

Montesquieu hält die Menschen zwar nicht für böse von Natur aus, aber für nachlässig und vergesslich, und er verordnet daher Gesetzgebungen, durch die sie sich zu Sorgsamkeit und Wachsamkeit gegenseitig anhalten, durch die sie ihre Machtbefugnisse von vorneherein begrenzen und einander bei der Einhaltung ihrer Gesetze kontrollieren.

Rousseau schließlich vertraut deutlich stärker als die drei anderen auf die gestaltende und befreiende Kraft der Vernunft, auf den Durchbruch gesellschaftlicher Einsicht bei jedem Einzelnen.

Montesquieu hatte sich noch einen sehr gestuften Staat repräsentativer Vertretungen vorgestellt, in der gewählte Vertreter des Volkes weitere Vertreter wählen, ein Wahlverfahren, an dem teilzunehmen man bestimmten Steuerklassen angehören müsste. Erst Rousseau traut uneingeschränkt jedem einzelnen Menschen ein volles Mitwirkungs- und Abstimmungsrecht zu, so dass er als der theoretische Begründer der Direkten Demokratie gilt, in der Entscheidungen durch Volksabstimmungen getroffen werden können.

Di: Die Entwicklung vom Absolutismus zur Demokratie zeigt sich bei diesen vier Philosophen also darin, dass im 18. Jahrhundert, mit den Hoffnungen der Aufklärung, Enttäuschung und Misstrauen gegen den anderen Menschen zurückgelassen werden und ein Vertrauen in die vernünftig freie Gestaltungsfähigkeit des Menschen gewonnen wird. Wenn Philosophen Seismographen in der Entwicklung der Menschheit sind, dann zeigt sich hier an ihnen im Übergang zum 18. Jahrhundert und im 18. Jahrhundert, dass die Erfahrung und das Vertrauen wachsen, dass der Mensch in der Lage ist, wenn er das Zusammenleben in der Gemeinschaft als positive Entwicklungschance annimmt, zusammen mit anderen seine eigenen Gefährdungen zu überwinden und gegenüber den gesellschaftlichen Verführungen widerstandsfähig zu werden.

Eo: Von dieser gewachsenen Selbstsicherheit aus jedenfalls kann man verstehen, wie die Hoffnungen der Aufklärung immer ungeduldiger an den Fesseln rüttelten, die der verkrustete absolutistische Ein-Personen-Staat mit seinem System in Frankreich um die Freiheit der Menschen gelegt hatte.

Di: Wie kam es dort dann also zur Einbeziehung der Bevölkerung in den Staat? – Aber mir fällt noch etwas auf in Hinsicht auf die Geschichte der Freiheit. Der Begriff von Freiheit, den Rousseau verwendet, unterscheidet sich doch deutlich von dem, den wir bei Hus und Luther kennengelernt haben.

Eo: Das ist richtig. Für Hus und Luther baute ihre Freiheit auf Glaubenswahrheiten auf. Inzwischen sind die Wissenschaften fast

300 Jahre weiter. Die Wissenschaften hatten einen breiten Wahrheitsraum geschaffen, der durch die beobachtende Vernunft entstanden war, der auf Erfahrungswissenschaft, auf empirischen Beobachtungen, beruhte. Die Vernunft war zu einer umfassend bewährten, vertrauten Fähigkeit geworden, deren enge Verwandtschaft zur Freiheit in allen Wissenschaften gegenwärtig war. So hatten die Wissenschaften auch einen unleugbar verlässlichen Raum für Freiheit und ein Erlebnis von Freiheit geschaffen, die dem Zeitalter der Vernunft, der Aufklärung, im 18. Jahrhundert schon sehr spürbar Kraft zum Widerstand gegen unvernünftige Strukturen und zu neuer Gestaltung zur Verfügung stellten.

Di: Widerstand – mussten Montesquieu und Rousseau 200 Jahre nach Luther, im Jahrhundert der Aufklärung, noch Widerstandskraft aufbringen?

Eo: Ihre Bücher erschienen teils anonym oder unter anderen Namen, sie wurden auf den Index gesetzt und verboten, gegen Rousseau wurden Verhaftungsbefehle ausgestellt, er floh durch halb Europa bis nach Schottland, um der Gefangenschaft zu entgehen, über viele Jahre war er ein Verfolgter. Aber auch hier beruht Freiheit auf Wahrheit. Besonders für Hobbes, Locke und Montesquieu sind die Wahrheiten der neuen Erfahrungswissenschaften Grundlage für die Freiheit ihrer Aussagen. Hobbes und Locke waren frühe Vertreter des neuen Empirismus, Montesquieu wurde mit seinen Beobachtungen ein Vorbereiter der empirischen Soziologie. Bei Rousseau aber möchte man zusätzlich von einer umfassenden Vernunft-Erfahrung sprechen, die die Grundlage für sein Freiheits-Verständnis geworden ist.

Di: Vernunft–Erfahrung? Das sagst du so, als sei er der Vernunft selbst begegnet.

Eo: Tatsächlich hatte Rousseau ein Erlebnis, über das er mehrfach berichtet hat, auf das der Begriff Vernunft-Erleuchtung passen könnte. Er sagt, er habe vor seiner großen Kritik-Abhandlung 1749 an einem Nachmittag auf einem Wanderweg bei Paris Einsichten gehabt, die er in diesem Umfang nie würde niederschreiben können, und er habe ein Licht erfahren, das ihn unter Tränen des Glückes habe niedersinken lassen.

Di: So etwas hört man nicht alle Tage – wo kann ich das nachlesen?

Eo: In jeder guten Biographie über Rousseau wirst du die Schilderung und die Nachweise finden. – Also eine Freiheit, die auf Vernunfts-Einsichten gegründet ist, ist an die Stelle der Freiheit der Reformatoren getreten, die aus Glaubens-Einsichten ihre Kraft gewann. Danke, dass du vor der Betrachtung der Revolution noch diese Klarstellung herbeigeführt hast.

Di: Also kehren wir zu der Frage zurück: Wie kam es also in Frankreich zur Einbeziehung der Bevölkerung in den Staat?

Eo: Es gab eine maßlose, verhasste Arroganz all derer, die die Oberherrschaft über das Volk ausübten, dessen Unterdrückung und Auspressung vertraten und, letztlich auch daraus resultierend, gab es eine übermächtige Schuldenkrise dieses übeteuert lebenden Regimes. Dadurch sah sich Ludwig XVI. gezwungen, 1789 die Generalstände – erstmals wieder seit 1614 - auf den 5. Mai nach Paris einzuberufen. Offenbar ahnte er nicht, dass er damit dem angestauten Unmut im Land, der unter anderem in 40 000 Beschwerdebriefen zum Ausdruck gekommen war, die Tür zu einer immer weiter um sich greifenden Erneuerung, Umwälzung und Revolution öffnen würde. Die Aufteilung der Generalstände in drei Stände brach schon im Juni 1789 zusammen. Der König hatte 300 Abgeordnete der Geistlichkeit, 1. Stand, 300 Abgeordnete des Adels, 2. Stand, und 600 Abgeordnete der Bürger, 3. Stand, berufen. Der 3. Stand aber erklärte sich selbst, gegen den Willen des Königs, am 17. Juni 1789 zur Nationalversammlung. Die Nationalversammlung wurde von nun an zur bestimmenden Kraft und zur verfassungsgebenden Versammlung. Das könnte man als den ersten Einbruch der Vielen in die Regierung des Landes ansehen. Der zweite Einbruch erfolgte im Juli. Als der König zwar nicht gewaltsam gegen den Dritten Stand vorging, aber Gerüchte in Paris kursierten, dass er Truppen zusammenziehen ließe, wurden die Nervosität und die Unruhe so groß, dass Bürger ein Waffendepot plünderten und sich gegen die drohende Gefahr königlicher Waffen selbst bewaffneten. Innerhalb von zwei Tagen wurde die Bastille, das verhasste Gefängnis, das zugleich auch Waffen- und Munitionslager war, belagert und am 14. Juli 1789 erstürmt. Das war der Auslöser der Massen-Beteiligung im ganzen Land. Jetzt kommt es in allen Landesteilen zu Aufständen, Morden, Bränden und Plünderungen, die gegen die erdrückende Herrschaft von Adel und Geistlichkeit gerichtet sind. Ende Juli gibt der König insofern nach, dass er die beiden anderen Stände auffordert, sich der Nationalversammlung anzuschließen. In der Nationalversammlung, die zunächst noch in Versailles tagt, wird anschließend ein epochaler Schritt nach dem anderen vollzogen. Das Feudalsystem wird abgeschafft (4./5. August). Daraufhin hören die Aufstände und Unruhen im Land schlagartig auf, und es werden – im Anschluss an das Vorbild der USA - die Menschen- und Bürgerrechte verfasst und beschlossen (28. August). Am 5. Oktober erzwingen die Marktfrauen von Paris durch einen Zug nach Versailles, dass man sich des Hungers in Paris annimmt, der durch Mißernten und unvorstellbare Höchstpreise für Getreide entstanden war. König und Nationalversammlung ziehen mit den Frauen am nächsten Tag, mit Wägen voller Brot, zurück nach Paris, um fortan dort zu beraten. Hier beginnt die Beteiligung der Massen von Paris an der Revolution. Von da an wird die Ausarbeitung der neuen Verfassung für eine konstitutionelle Monarchie, nach englischem Vorbild, verstärkt begleitet davon, dass alle anstehenden Fragen in den politischen Clubs, die in Paris gegründet worden waren, diskutiert und vorberaten werden. Das Inkrafttreten der Verfassung, die dann über fast zwei Jahre hin ausgearbeitet wird, versucht der König durch seine Flucht (21. Juni 1791) zu verhindern. Er wird aber gefangen und zurückgeführt, muss nun zustimmen, er muss den Eid auf die Verfassung ablegen, und ab 3. September 1791 gilt die neue Verfassung. Darin wird die Gewaltenteilung eingeführt, wie sie Montesquieu vorgeschlagen hatte, und die Demokratie ist repräsentativ, an ihr nehmen durch Wahl und Gewählt-Werden nur

Bürger oberhalb einer bestimmten Steuerklasse teil (Zensus-Wahlrecht), man hatte sicherstellen wollen, dass Wähler und Gewählte unbestechlich seien.

Di: In dieser Verfassung also hätte Montesquieu sein Werk für sein Land vollendet gesehen. Du sprichst von einer Beibehaltung der Monarchie, wenn auch in einer Form, die von der Verfassung begrenzt war. Aber Ludwig XVI. ist doch hingerichtet worden, wie kam es schließlich dazu?

Eo: Viele Adlige haben die Zeichen einer neuen Zeit erkannt und großmütig an der Seite der Bürger die Beschlüsse zur Abschaffung des Adelssystems mit ausgearbeitet und dafür gestimmt, aber nicht alle. Viele gingen auch ins Exil und suchten Unterstützung gegen die Revolution in Österreich, Preußen, in den Österreichischen Niederlanden und in England. Erst zögernd, dann immer entschiedener führte Österreich schließlich eine Allianz der Exilstaaten an. Marie Antoinette, die Frau des französischen Königs, war die Schwester des österreichischen Kaisers Leopold II. Man drohte Frankreich wegen der faktischen Gefangensetzung des Königs mit Einmarsch und militärischer Befreiung des Königs. Daraufhin entschloss sich, nach langer Diskussion, die Nationalversammlung, im April 1792, den Krieg gegen Österreich zu erklären.

Di: Warum kam es aber jetzt zu Gewalt-Ausbrüchen im Innern von Frankreich, in Paris?

Eo: Der Krieg verlief ungünstig für Frankreich, das gegnerische Heer rückte gegen Paris vor. Vom Sommer bis zum Herbst 1792 musste man immer mehr Truppen ausheben. Ende Juli drohte der Heerführer der feindlichen Koalition, der Herzog von Braunschweig, mit der Zerstörung von Paris, falls der König schlechte Behandlung erfahren würde. Immer mehr schien es, dass der Französische König mit dem Ausland kooperierte, er war in den Augen der Bevölkerung zum Gegner der Revolution geworden. Schließlich wurde am 10. August 1792 sein Palast, die Tuilerien, unter Todesopfern, die auf beiden Seiten in die Hunderte gingen, gestürmt. Der König floh in die Nationalversammlung, wurde abgesetzt und verhaftet. Unterstützer des Königs wurden jetzt als Verräter bespitzelt und gefangengenommen, um während des sich zuspitzenden Krieges eine Sabotage von innen zu verhindern. Die Gefängnisse füllten sich. Als man, wegen des weiteren Vordringens der österreichisch-preußischen Truppen, nun auch die Wachtruppen aus Paris herausziehen und gegen den Feind schicken musste, kam es zu immer weiter greifenden Forderungen und Befehlen aus den Sektionskörperschaften von Paris, die Gegner in den Gefängnissen auszulöschen: mehrere Tausend Menschen wurden vom 2.-6. 9. 1792, in den Septembermassakern, brutal umgebracht.

Di: Aufstände und Gewalt-Exzesse, Morde und Brände, durchziehen dann doch die Revolution von Anfang an. Wo ist denn die Wirkung der Aufklärung, dieser Geistes-Bewegung, die begonnen hat, auf das Gute im Menschen zu vertrauen?

Eo: In der Nationalversammlung fallen sehr kraftvolle Beschlüsse der Veränderung, ein Vernunft-Akt nach dem anderen: Aufhebung des Feudalsystems, die Erklärung der Menschenrechte, die Ausarbeitung der Verfassung. Auf die Gefangensetzung des Königs im August 1792 folgt die Ausschreibung von Neuwahlen nach Allgemeinem Wahlrecht, ohne die Begrenzung nach Steuer-Leistung, aber doch nur für Männer. Der neugewählte Nationalkonvent beschließt im September 1792 die Abschaffung der Monarchie, proklamiert die Republik und veranlasst die Ausarbeitung einer neuen, republikanischen Verfassung.

Di: Ja, das sind zweifellos Schritte der politischen Aufklärung. – Hatte dann die neue Verfassung der Republik einen grundlegend anderen Charakter als die Verfassung der ersten Revolutionsphase? Denn diese Konstitutionelle Monarchie von 1791 enthielt ja nach Montesquieus Grundsätzen doch auch ein gehöriges Maß an Misstrauen in eine direkte Beteiligung der Bevölkerung?

Eo: Diese zweite Verfassung, die sogenannte „Konventsverfassung" wird, nach fast einem Jahr Beratung und Vorbereitung, am 24. Juni 1793 im Konvent verabschiedet. Sie enthält eine kollegiale Führung des Landes durch einen Vollzugsrat von 24 Männern und die jährliche Wahl des Parlaments. Das Parlament sollte Gesetze ausarbeiten und als Vorschläge beschließen, die aber erst dann gültig werden sollten, wenn nicht, innerhalb von 40 Tagen, in einem mehr als der Hälfte der Departements ein Zehntel der Ur-Versammlungen Widerspruch einlegte. Es waren Ur-Versammlungen vorgesehen von mindestens 200 und höchstens 600 der freien Bürger in jedem Wohnquartier, aus denen Wahlmänner für diejenigen Versammlungen gewählt würden, die dann 40 000 Bürger repräsentierten und je einen Abgeordneten an jedem 1. Mai für ein Jahr ins Parlament wählen sollten.

Di: Das klingt doch danach, als ob hier tatsächlich die stetige Bildung eines Vernunft-Willens nach Rousseaus Ideen realisiert werden sollte.

Eo: Es war eine Verfassung, in der eine möglichst direkte Beteiligung der Bevölkerung angestrebt wurde an den Entscheidungen für ein großes Land. Sie gilt allgemein als eine Verfassung nach den Idealen Rousseaus, die wohl vor allem von Condorcet eingebracht worden sind, der als Architekt dieser Verfassung angesehen wird: Die Allgemeinen Menschenrechte standen in ausführlicher Form am Anfang der Verfassung, darin enthalten die Grundrechte auf Freiheit, Gleichheit, Sicherheit und Eigentum und das Recht auf Arbeit. Es gab die Verpflichtung, den Allgemeinen Willen anzuerkennen. Zugleich waren das Recht und die Pflicht zum Widerstand eingeschrieben, sobald gegen die Allgemeinen Menschenrechte verstoßen würde.

Die Funktionsfähigkeit dieser Verfassung konnte aber wegen des Revolutionskrieges nie erprobt werden. Am 10. August 1793 wird sie zwar durch eine Volksabstimmung angenommen, aber wegen des Revolutionskrieges schon am 13. August vom Konvent wieder außer Kraft gesetzt.

Di: Da also sind die grundlegenden politischen Neuerungen, die die Aufklärung auch in der politischen Willensbildung und in der Staatsform hätte bringen sollen! Wie grausam und wie historisch tragisch, dass die Revolutionäre des Folgejahres 1793/94 den

Revolutionären der Vorjahre 1789/93 dieses Widerstandsrecht, das du eben genannt hast, nicht zugebilligt haben, sondern ihre eigenen Vorkämpfer in Massen hingerichtet haben, weil diese Enthusiasten und Revolutionäre der ersten Jahre den immer angstvolleren und engeren Kurs einer Diktatur von Terror und Schrecken nicht mitgehen wollten.

Eo: Das ist die große Tragik, dass Misstrauen, Unrecht, Gewalt, Willkür und Mord die Revolution diskreditiert haben. Du fragtest vorhin ja auch nach der Hinrichtung des Königs, die am 21. Januar 1793, also ein halbes Jahr nach dem Tuilerien-Sturm und den September-Massakern, aber ein halbes Jahr vor der Verabschiedung der Konvents-Verfassung, stattfand. Man hatte des Königs geheime Korrespondenz gefunden, die er mit den ausländischen Gegen-Mächten und deren Truppen unterhalten hatte. Durch seine Briefe war offenkundig geworden, dass er als Verräter und Gegner der Revolution angesehen werden musste. Trotzdem gab es nach dem großen Gerichtsverfahren im Konvent 360 Stimmen, die gegen seine Hinrichtung votierten - aber 361 waren dafür, so dass mit dieser Ein-Stimmen-Mehrheit die Hinrichtung des Königs beschlossen und durchgeführt worden ist.

Di: Diese Hinrichtung am 21. Januar 1793 wurde doch der schreckliche Auftakt für die systematischen Hinrichtungen bis Mitte 1794?

Eo: Rückblickend ist es so, aber zu diesem Zeitpunkt hatten die gemäßigten Revolutionäre noch großen Einfluss. Robespierre, der den Vernunftwillen Rousseaus oft für seine Entscheidungen beanspruchte und ihn später zum Mordinstrument verkehrte, hatte Anfang 1793 noch nicht die dominante Position erreicht, aus der heraus er später so verheerend wirken konnte.

Di: Waren es also die Automatismen und Zwänge des äußeren Krieges, die die Revolution gegen innere Gegner so gewalttätig, unmenschlich und terroristisch werden ließen?

Eo: Das ist oft so gesehen worden. Dennoch bleibt es immer wieder ein Rätsel, wie kluge und idealistische Persönlichkeiten sich einem kalten Automatismus der Gewalt öffnen und alle roten Linien, die die Humanität zieht, überschreiten und zu respektlosen, fühllosen Bestien werden.

Di: Worin würdest du die größte Leistung der Revolution sehen?

Eo: Die Revolution hat durch ihre Taten Freiheit, Gleichheit und Brüderlichkeit unauslöschlich auf das geschichtliche und politische Programm der folgenden Jahrhunderte gesetzt, ein Programm, das bis heute nicht ausgefüllt worden ist: Freiheit, das Recht, gemäß der selbst gefundenen Vernunft-Wahrheit denken, sprechen und handeln zu dürfen. Gleichheit, das Recht eines jeden, gleichermaßen als eine Persönlichkeit hoch geachtet zu werden, die sich entwickeln, wandeln und über sich selbst bestimmen kann. Brüderlichkeit, das Recht, vertrauen zu können auf das unausgesetzte Bemühen um Ausgleich und Vergebung, wenn Ungerechtigkeiten, Unglück und Ungeschick das Schicksal von Menschen verdunkelt haben.

Di: Tatsächlich, von der Wirklichkeit dieser Ideale sind wir auch heute noch weit entfernt. Bildung, Wissenschaft und Religion haben sicher mehr Freiheit gewonnen. Die Gleichachtung der Menschen hat in unserem Rechtssystem und in unseren Lebensformen sicher mehr Raum erhalten als sie es vor 200 Jahren hatte. Aber das geistige Leben der Gesellschaft ist weder frei von politischen noch von wirtschaftlichen Einflüssen und Zwängen und weit entfernt von Strukturen der Selbstbestimmung. Und die Gleichachtung? Immer noch brechen verschiedenste Diskriminierungen in das Recht ein: von Armut über die Zugehörigkeit zu Gruppen, Klassen, Nationen oder Religionen bis zur Frage, ob es sich um weibliche oder männliche Menschen handelt oder welcher sexuellen Orientierung eine Person angehört. Aber noch weiter entfernt scheinen wir zu sein von einem allgemeinen Bemühen um Brüderlichkeit: Wir dulden krass auseinanderfallende materielle und wirtschaftliche Verhältnisse, und wir finden Handlungsweisen akzeptabel, in denen Menschen sich ignorant halten gegenüber Ungerechtigkeiten und ohne Solidarität bleiben gegenüber der Tatsache, dass Menschen oft schuldhaft Verschattungen erzeugen über die Schicksalsperspektiven von anderen Menschen hin.

So sind doch Hunger und wirtschaftliche Verarmung rund um den Erdball überwiegend bewirkt durch gut untersuchte menschliche Handlungen, das heißt, sie werden bewusst hervorgebracht, mindestens aber bewusst in Kauf genommen. Sie werden aber behandelt und geduldet, als ob sie aus einem anonymen Schicksal hereinbrechen würden. Es gibt Solidarität, sicher auch Institutionen, die in manchen Katastrophen eine Basis-Solidarität absichern. Wenn man aber das Verhalten wirtschaftlicher und politischer Führungspersönlichkeiten ansieht, so sticht auch dort der Mangel an Solidarität sofort ins Auge. Solidarisches Verhalten wird vielmehr oft als Nachgiebigkeit und Schwäche angesehen. – Gut, das also ist eine Mahnung und Leistung der Französischen Revolution, für diese Grund-Bedingungen menschlichen Wohlergehens die Perspektiven und Maßstäbe für immer aufgerichtet zu haben.

Eo: Ja, ich denke, man kann sagen: hier ist Geschichte aktuell gegenwärtig: Mit diesen Idealen, die man aber auch elementare Rechte des Menschlichen nennen kann, ist die Perspektive verbunden, dass das bestimmende Herrschen eines überall zugreifenden Staates über Menschen, die unterworfen sind, abgelöst werden muss von selbst bestimmter Freiheit, selbst gewählter Gleichheit und selbst gewünschter Solidarität. Das zieht das Streben nach sich, dass die Leitung der Gesellschaft aus einer Außen-Steuerung in eine Innen-Leitung von jedem Einzelnen in sich und gegenüber dem Anderen übergeht. Im Bild könnte man sagen: das frühere Königtum, das von einer äußeren Person auf die Menschen einer Gesellschaft ausgeübt wurde, soll übergehen auf ein inneres Königtum in jedem Mitglied der Gesellschaft: Jeder Mensch soll die eigene Freiheit aus seiner Vernunft lenken und fügen. Er soll die Rechte der anderen sorgfältig mit den eigenen gleich achten. Und er soll die Eigen-Gier gestalten und mit der Sympathie für das Wohlergehen der Anderen paaren, indem ihm Abgeben und Teilen vertraut werden. Das heißt nichts weniger, als dass der Einzelne in der Gesellschaft sich selbst eine Erziehung sucht, durch die er in der Lage ist, die latenten menschlichen Schwächen zu überwinden und zu beherrschen. Denn es sind schließlich die persönlichen Schwächen, die immer wieder einen verbietenden Willen von außen herausfordern, sei es das regelnde Gesetz, die Polizei und den eingreifenden Staat: es sind die Schwächen eines Denkens, das bestimmend ausgreift, verurteilt und schädigt; im Gefühl ist es das Schießen-Lassen von Antipathien, Überheblichkeit und Streben nach Über-Macht; im Willen ist es das Bedienen von maßlosem Haben-Wollen, das die Lebensräume Anderer einschränkt und zerstört, und ein Genießen-Wollen, das die Sinne nicht nur erfüllt, sondern überfüllt und betäubt. Die Fähigkeit, das alles in sich selbst zu überwinden, wäre die Fähigkeit eines inneren goldenen Königs, aus dessen Handlungen ein Preislied der Gerechtigkeit nach außen dringt.

Di: Bitte, das ist zu viel Poesie! Woher hast du dieses Bild?

Eo: Sorry, es ist ein Versuch, das Bild, das wir in der Kathedrale von Chartres am Westportal betrachtet haben, hier einzubeziehen: die singenden Könige, die Christus umgeben.

Di: Gegenüber diesem religiösen Bezug bin ich empfindlich, erneut. Frankreich hat eine Revolution und es hat bleibende Ideale des Zusammenlebens erzeugt – lassen wir es doch dabei stehen. Diese Ideale aus Frankreich und aus der französischen und europäischen Aufklärung sind in unsere Geschichte und in die Geschichte der Zukunft unauslöschlich eingegangen. –

Aber können wir weitergehen? - Wir haben jetzt in England und Frankreich führende Gedankenträger des geistigen und politischen Fortschritts angesehen, die als einzelne denkende und schreibende Menschen offenbar Entwicklungen repräsentiert haben, die auch unter den Vielen stattfanden, und die als einzelne Menschen dann unmittelbaren, starken Einfluss auf die politische Entwicklung ausgeübt haben.

Eo: Tatsächlich scheint es mir, dass man die direkte Wirkung von Gedanken kaum je so deutlich beobachten kann wie bei Montesquieu und Rousseau und ihrem Einfluss auf die Revolution. Das sind Beispiele, die Mut machen: Wenn Gedanken und Ideen Zeitprobleme genau aufnehmen und lösen, wirken sie mit unaufhaltsamer Kraft.

Di: Wie steht es damit in Deutschland?

15 Deutsche Klassik, Vernunft und Bildung, Idealstaat und Kleinstaat, ein Versuch zum inneren König

Eo: Du legst den Finger in die Wunde des nationalen deutschen Bewusstseins. Nach England und Frankreich hat Deutschland im 19. Jahrhundert keine erfolgreiche Revolution vollzogen, sondern geduldet, dass in der Politik erdrückender Stillstand und Rückschritt eintraten.

Di: Wie verhielten sich denn die großen deutschen Köpfe in der Revolutionszeit, nennen wir Kant, Goethe, Schiller, Humboldt, Hegel?

Eo: Die großen geistesgeschichtlichen Leistungen, für die du stellvertretend diese Namen nennst, entstehen im 18. und 19. Jahrhundert in Deutschland vor dem Hintergrund einer Staatlichkeit, die in viele kleine und wenige große Fürstentümer aufgeteilt war, wie es im Friedensschluss nach dem Dreißigjährigen Krieg 1648 für Deutschland bestimmt worden war. Die großen europäischen Länder wollten damals in der Mitte Europas keinen

Machtblock haben, sondern ein außenpolitisch ohnmächtiges Gebilde, was erreicht wurde durch eine Aufteilung und Zersplitterung deutscher Länder ohne wirksame Zentralmacht.

Di: Aber diese Deutschen waren in ihren kleinen Staaten Zeitgenossen der Revolution. Auch sie müssen die Zeichen der Zeit doch verstanden haben, auch ihnen muss bewusst gewesen sein, dass die Alleinregierungen der Fürsten über Untertanen-Völker, auch wenn sie noch so klein waren, ein faules Überbleibsel einer schon lange vergangenen Zeit darstellten. Fragen wir doch einmal nach dem Alter dieser Zeitgenossen im Jahr der Revolution 1789?

Eo: Kant war 65, er starb erst 1804, 89-jährig. Kant hatte 1789 die beiden großen Kritiken, die der reinen Vernunft und die der praktischen Vernunft, hinter sich und arbeitete an der Kritik der Urteilskraft, befand sich also mitten in der Vollendung seines Systems. Er hatte in seinen Schriften für die Menschen geklärt, wie sie in sich eine neue Vernunftgrundlage ihres Daseins finden können. Er bejahte die Französische Revolution als ein Ereignis von Freiheitskampf und Aufklärung, das der Menschheit immer im Gedächtnis bleiben werde. Seine dezidert politische Stellungnahme schrieb er erst 1795, 71-jährig, in der Schrift „Zum ewigen Frieden". Darin konnte es nur um grundlegende Prinzipien eines aufgeklärten Rechtsstaates gehen, nicht um aktive Veränderungen etwa in Kants Umfeld in Preußen. –

Goethe war 1789 40 Jahre alt, seit gerade einem Jahr zurück aus Italien, noch frisch verbunden mit Christiane, seiner späteren Frau, ganz auf der Höhe seines dichterischen Schaffens, Iphigenie auf Tauris war gereimt, der Tasso war geschrieben. Goethe stand in einer, wenn auch bejahrten, engen persönlichen Freundschaft zu seinem Fürsten Karl August in Weimar, der ihm ein Staatsgehalt bezahlte: Keine Grundlage für revolutionäre Teilnahme an diesem Flammenzeichen der Geschichte. Ohnedies war ihm jede Art von gewalttätigem Umbruch zutiefst zuwider. Er begleitet 1792 die Weimarischen Truppen und seinen Fürsten in den Krieg gegen Frankreich und erlebt mit, wie die Revolutionstruppen durch die

Kanonade von Valmy den Koalitionstruppen eine erste große Niederlage zufügen. Goethe schrieb aber in den Neunziger Jahren die „Unterhaltungen deutscher Ausgewanderten" und machte sich darin Gedanken über den tiefgreifenden Umbruch der Zeiten und fügte lehrreiche Erzählungen ein. Auch sein „Märchen" und „Wilhelm Meisters Lehrjahre" sind bedeutende Reflexionen in Jahren des Umsturzes, die genauerer Betrachtung wert sind. –

Schiller wurde im Jahr 1789 30 Jahre alt, gerade war er, durch Goethes und Karl Augusts Wohlwollen, zum Professor für Geschichte in Jena berufen worden, schrieb an der „Geschichte des Abfalls der vereinigten Niederlande" und musste mit direkten politischen Äußerungen sehr vorsichtig sein. Sein freiheitsliebendes Gesamtwerk wurde im revolutionären Frankreich 1792 mit der Ehrenbürgerwürde der Republik geehrt. Aber seit 1791 war seine Lungenkrankheit immer tiefer in sein Schaffen eingebrochen. Schiller trug dennoch dazu bei, die große Neubegründung des Menschenbildes in diesen Jahren zu befördern, indem er 1794 die „Briefe zur Ästhetischen Erziehung der Menschheit" schrieb, die ebenfalls eine genauere Betrachtung finden sollten. –

Wilhelm von Humboldt war gerade 22 Jahre alt geworden, als die Revolution im Sommer 1789 ausbrach. Er studierte in Göttingen Rechtswissenschaft. Er gehörte zu denjenigen in Deutschland, die sofort, ausdrücklich und stark positiv reagierten. Er unterbrach sein Studium, reiste schon im Juli 1789 nach Frankreich, steckte sich an der französischen Grenze die blau-weiß-rote Kokarde der Revolution an den Rock und wandelte im August durch Paris. Seine Reaktion müssen wir gleich näher betrachten. - Vorher noch ein Wort zu Hegel, der 1789 gerade 19 Jahre alt war. Er diskutierte im Tübinger Stift mit Hölderlin und Schelling die Ereignisse. Ihm war klar, dass eine neue Epoche des Menschseins begonnen hatte. Er trug einen ersten Plan seines gewaltigen philosophischen Systems in sich, mit dem er – weit über Kant hinausgehend - den Platz der Vernunft in der Welt, in der Geschichte und in Innern des Menschen neu erwerben und verankern wollte.

Di: Deutlich ist also nach dem, was du sagst, dass in Deutschland ein großer innerer Umbruch empfunden und vollzogen wurde, ein deutlich bemerkbarer politischer Wandel aber ausblieb.

Eo: Offenbar waren auch in keinem der deutschen Fürstentümer die Spannungen in der Bevölkerung und die Vergehen von Geistlichkeit und Adel in eine solche Eskalation geraten, wie es im vor-revolutionären Frankreich geschehen war. –
Aber zurück zu Wilhelm von Humboldt.

Di: Dass er so spontan reagierte und sofort nach Paris reiste, um dabei zu sein und das Geschehen beurteilen zu können - das zeigt ein ausgeprägtes Gespür für die Bedeutung dessen, was in Paris passierte, und ein außergewöhnlich starkes Bedürfnis nach Teilnahme.

Eo: Ganz sicher. Dennoch hält er sich nur vom 4. bis zum 27. August 1789 in Paris auf. Er ist enttäuscht, dass er, der ohne nähere Bekanntschaften bleibt, nicht viel mehr als die allgemeine Erregung aufnehmen kann. Erst später, als er auf die Verfassung von 1791 mit einem Aufsatz und einer Schrift über den Staat reagiert, wird deutlich, was Humboldt in Paris vermisst hat.

Di: Was kritisiert er?

Eo: Man habe in dieser Revolution nur die Form des Staates verändert und die Art, wie die Menschen am Staat beteiligt werden, nicht aber den Sinn des Staates neu gefasst, der aus dem Sinn des menschlichen Lebens zu entwickeln sei.

Di: Und darüber hat Humboldt sich dann geäußert? Über den Sinn des Staates für den Sinn des Lebens?

Eo: Das war 1792 das wichtigste Anliegen des 24-Jährigen. Danach hatte er offenbar in Frankreich gesucht, dazu haben ihm Aussagen und Begriffe gefehlt, die er sich dann selbst gesucht und gebildet hat.

Di: Erzähl!

Eo: Humboldt hatte als Jugendlicher intensiv Goethes Schriften gelesen. Goethe hatte in seiner Darstellung zur Metamorphose der Pflanzen beschrieben, wie geistige Formprozesse die Materie des Pflanzlichen am Stengel herauf zu immer feineren Blättern formen und die profanen Blätter schließlich, wie durch ein Wunder, in Blütenblätter verwandelt werden. Humboldt bezieht sich auf diese Beobachtungen und sieht Parallelen, wie sich der reifende Mensch mittels viel differenzierterer, umfassender Form-Ideen selbst ergreift und in seiner eigenen Entwicklung immer vielfältiger und feiner ausbildet. Als die „Materie", die der Mensch verfeinernd formt, sieht er den Strom der lebendigen Gefühle an, als die formende Kraft sieht er die Ideen, mittels derer der Mensch die Gefühle denkend durchdringt. Es sieht zwei Naturen im Menschen wirken, die sinnliche Empfindung und die geistige, ideelle Natur. „Die Verschmelzung der beiden im Menschen vereinten Naturen" sieht er entfaltet in immer differenzierteren Formprozessen, die sich immer erneut auf ihre eigenen Ergebnisse anwenden und sich im „ewigen Begatten der Form und der Materie" über den Tod hinaus in die Unendlichkeit hinein erweitern: Während der Mensch in einer Blüte seiner Bildung eine vorangegangene Blüte seines Wesens neu durchformt, ahnt er: „den Zauber der schönsten birgt unsrem Auge erst die ewig unerforschbare Unendlichkeit." Der junge Humboldt fasst sein Ideal der Bildung zusammen: „je ideenreicher die Gefühle des Menschen, und je gefühlvoller seine Ideen, desto unerreichbarer seine Erhabenheit."

Di: Der Sinn des Lebens wäre also ... ?

Eo: ... die Bildung, die der Mensch selbst in den Prozessen des Lebens ergreift. Der Mensch bildet sich an den eigenen Gefühlen und Erfahrungen, die er einerseits durch „Selbstständigkeit", andererseits durch „Innigkeit der Verbindung", mit anderen Menschen in der Gesellschaft und mit der „leblosen Natur", gewinnt. Als Beispiel für „solche charakterbildende Verbindung" nennt Humboldt „z.B. die Verbindung der Geschlechter", wo „aus dem Innren der Wesen" das Streben entspringt, dass „einer den

Reichtum des andren sich eigen machen" möchte und „das Aufgefasste gleichsam in das eigne Wesen zu verwandeln" bestrebt ist.

Di: Der Mensch ist also für ihn ein ständig sich wandelndes und sich erweiterndes Wesen.

Eo: Und das macht die Kraft, aber auch die Empfindsamkeit des Menschen aus. Zu diesem hochsensiblen Prozess der Bildung muss jedem Menschen die Möglichkeit gegeben werden, und der Staat muss eigenständige Bildung durch die Gestaltung von Recht und Sicherheit schützen.

Di: Konkretisiert Humboldt die Konsequenzen, die ein solches Recht auf die Freiheit, sich selbst zu bilden, hat?

Eo: Das ist die Leistung, um die es ihm 1792 geht in seiner Schrift „Ideen zu einem Versuch, die Gränzen der Wirksamkeit des Staats zu bestimmen": Die Einrichtungen des geistigen Lebens, Religion, Wissenschaft und Kultur, sollen das Recht auf Selbstverwaltung haben. Ebenso die Einrichtungen, die das materielle Leben gestalten, die Körperschaften der Wirtschaft. In beiden Bereichen sind die Entscheidungen, die zur Gestaltung der jeweiligen Entwicklungsformen gefällt werden, so hoch komplex, dass der Staat mit seinen allgemeingültigen Festlegungen zu grob ist, als dass er sich hier einmischen dürfte.

Di: Welche Aufgaben soll dann der Staat erfüllen?

Eo: Er muss die Rechte gestalten, in deren Schutz sich die Bildungsprozesse entfalten können und die auch bei der Gestaltung des materiellen Lebens einer Gesellschaft beachtet werden müssen.

Di: Hätten wir denn nicht diese Gedanken zum Sinn des Lebens und zum Sinn des Staates früher hören sollen? Warum haben wir uns mit diesen Gedanken nicht schon in der Schulzeit auseinandersetzen können?

Eo: Zu Humboldts Jugendzeit waren diese Ideen brisant. Erst hat die Zensur des preußischen Staates in Berlin verhindert, dass

Humboldt seine Schrift veröffentlichen konnte. Nur Ausschnitte konnte er in Zeitschriften erscheinen lassen. Humboldts Freund Schiller fand, dass Umarbeitungen erforderlich wären, es ist aber nicht erhalten, was er kritisiert hat. Schiller hätte vielleicht einen Verleger gehabt. Humboldt war aber nicht sofort von der Lust ergriffen, die angeregten Veränderungen auszuarbeiten, wandte sich anderem zu. So blieb die Schrift bis nach Humboldts Tod 1835 liegen und wurde erst 1851 herausgegeben. Unter den Liberalen jener Jahre wurde sie sehr bekannt und geachtet, jedoch eine starke, nachhaltige Wirkung konnte die Staatsschrift nicht mehr entfalten. Einige Experten haben nach dem II. Weltkrieg, als es um eine neue Staatlichkeit in Deutschland ging, wieder an sie erinnert, aber leider ohne große Resonanz.

Di: Welche Veränderungen siehst du bei Humboldt gegenüber Rousseau?

Eo: Rousseau war 1712 geboren worden, seine großen Entwürfe, der Gesellschaftsvertrag und der Erziehungsroman Émile, waren 1762 erschienen, Humboldt wurde 1767 geboren, er lebte mehr als eine Generation später. Humboldts Lehrer Campe war als Erzieher bereits ein Anhänger Rousseaus, der junge Wilhelm wurde im Geiste der Ideen Rousseaus erzogen. Deshalb ist es nicht erstaunlich, dass er in seinem Vertrauen in die menschlichen Fähigkeiten sogar noch einen Schritt weiter zu gehen scheint. Bei Rousseau im Gesellschaftsvertrag erscheint die Vernunft als eine Kraft, die sich im Kampf gegen einen Tiermenschen durchsetzen und ihn überwinden muss. Bei Humboldt erscheint die Vernunft anders, er sieht Sinnlichkeit und ideelle Kräfte so, dass sie einander wie verwandt anziehen, sich gegenseitig durchdringen und verschmelzen. Dieses von Grund auf positive Verhältnis zur Sinnlichkeit und das Verständnis einer befreundeten Vernunft hat sich bei Humboldt vielleicht auch im Anschluss an das Werk Goethes entwickelt. Man könnte sagen, Humboldt vertrete mit seinem Verständnis der Bildung ein sehr verwandtes Bild vom

Menschen in Begriffen, wie es bei Goethe aus den Bildern seiner Dichtungen hervorgegangen ist.

Di: Also siehst du in der Staatsauffassung Humboldts ein Staatsverständnis, das auf dem Menschenbild der deutschen Klassik beruht und dem entspricht?

Eo: Eine Staatsauffassung mit diesem Bezug wurde nie benannt, aber wenn man danach suchen wollte, dann könnte man sie bei Humboldt zu finden meinen. Tatsächlich war er ein herausragender Vertreter der deutschen Klassik, der mit Schiller und Goethe in persönlicher Freundschaft verbunden war. In den Neunziger Jahren war er sehr eng mit Schiller befreundet, der acht Jahre älter war als er. Vorangegangen war die Freundschaft der Frauen, von Humboldts Caroline mit Schillers Charlotte, die bereits bestanden hatte, ehe beide ihre Ehepartner fanden. Über Schiller lernte Humboldt auch Goethe, den 18 Jahre Älteren, kennen, sie waren in Jena häufig auch zu Dritt zusammen, und Humboldt blieb im Austausch mit Schiller und mit Goethe, jeweils bis zu deren Tod. Er überlebte Schiller um 30, Goethe um drei Jahre.

Di: Wenn man Humboldt in die Reihe der Staatsdenker in Europa hineinstellen würde, wie würdest du seine Stellung beschreiben?

Eo: Das aufgeklärte Bild des Menschen ist bei Humboldt differenzierter geworden, es ist um das Verständnis der Bildung, wie wir es oben gesehen haben, erweitert worden. Sein Vertrauen in die Energie, Kraft und Kompetenz, die Menschen, die sich selbst bestimmen, in der Gesellschaft entwickeln, ist noch einmal gewachsen. Er sieht, dass die Menschen, wenn sie wirklich frei und aus eigener Energie ihren Weg finden können, von sich aus mit Anderen nach Handlungen streben, die auf ein gutes Zusammenleben gerichtet sind. Lesen wir eine Passage aus Humboldts Staatsschrift: „Die Tugend stimmt so sehr mit den ursprünglichen Neigungen des Menschen überein, die Gefühle der Liebe, der Verträglichkeit, der Gerechtigkeit haben so etwas Süsses, die der uneigennützigen Tätigkeit, der Aufopferung für andre so etwas Erhebendes, die Verhältnisse, welche daraus im häuslichen und im gesellschaftlichen Leben entspringen, sind so beglükkend, dass es weit weniger notwendig ist, neue Triebfedern zu tugendhaften Handlungen hervorzusuchen, als nur denen, welche schon von selbst in der Seele liegen, freiere und ungehinderte Wirksamkeit zu verschaffen."

Di: Also, Verzeihung, das ist naiv! Auch das Böse lebt im Menschen! Nur im Kampf mit dem Bösen und im Sieg über das Böse gewinnt der Mensch seine Freiheit und sich selbst. Das Böse erst fordert den Menschen zu sich selbst heraus - hat nicht Goethe uns das im Faust gelehrt?

Eo: Aber haben nicht die Entdeckung und Bejahung des Guten im Menschen, wie es Rousseau und mit ihm immer wieder viele Aufklärer vertreten haben, und das jugendliche Vertrauen auf das Gute im Anderen erst manche Sprünge in der Geschichte ermöglicht, auf die wir mit Freude und Stolz hinsehen? – Auch der junge Humboldt übrigens war sich des Bösen im Menschen sehr wohl bewusst. Aber diese Menschen, die Humboldt in ihrem Streben zum Guten erfahren und gesehen hat, hält er für fähig, in Religion, Wissenschaft und Kultur eigene, sich selbst verwaltende Institutionen zu schaffen. Ebenso sieht er sie in der Lage, die Verantwortung für die Regelungen der wirtschaftlichen Verhältnisse, der Unternehmen und ihrer Verbände, aufzubauen und wahrzunehmen. Humboldt verlangt Freiheit und Vielfalt als Bedingungen menschlicher Selbst-Entwicklung und kommt dadurch zu einem Gesichtspunkt der Staatskritik, der vor ihm nicht als Thema gesehen worden ist: die gebotenen Grenzen staatlicher Wirkung. Er sieht die relativ grobe, bestimmende und vereinheitlichende Wirkung staatlicher Maßnahmen. Erstmals erhebt Humboldt den Anspruch, dass der absolutistische Staat, der umfänglich alles in der Gesellschaft zu regeln beanspruchte, zurückgezogen werden muss in die Grenzen dessen, was für die Festlegung derjenigen Rechte und Gesetze erforderlich ist, mit denen gewahrt wird, dass die Bürger in ihren Menschenrechten gesichert sind.

Di: Wenn er also vorschlägt, dass die Bürger alles Übrige selber regeln sollen - geht er nicht auch damit über Rousseau hinaus?

Eo: Tatsächlich ist diese politisch-soziale Kreativität meines Wissens nach von Rousseau nicht so ins Zentrum der politischen Wandlung gestellt worden, dass diese nun, seit der Aufklärung im 18. Jahrhundert, zu bewirken sei. Vielleicht könnte man sagen, dass erst hier, im Zeitalter der Klassik, dem Menschen seine volle Mündigkeit, auch zur Gestaltung des politischen Lebens, zugeschrieben wird. Sicher ist auch ein Unterschied zu dem großen Aufklärer Rousseau, dass so etwas wie ein Vernunft-Zwang bei Humboldt nicht gedacht wird. Er empfiehlt dem weisen Staatsmann, und damit meint er die Fürsten, die die staatliche Gewalt in Deutschland noch fast vollständig in den Händen hielten, dass er den Bürgern immer da, wo sie Fesseln zu spüren und dagegen sich zu wenden beginnen, anfängliche Freiheiten zur Selbstorganisation und Selbstverantwortung einräumen solle und dann, wenn diese sich bewährt haben, ihnen immer weitere Verantwortungen, die bisher der Staat festgehalten hatte, übertragen und überlassen müsse. Humboldt war offenbar klar, dass der Aufbau von Einrichtungen ein hochkomplexer Prozess ist, der Jahre in Anspruch nimmt. So wäre der geforderte Rückzug des Staates, dadurch, dass die Gremien bürgerlicher Verantwortung eine eigene innere Staffelung aufbauen und immer mehr Entscheidungen übernehmen müssten, ein Vorgang, der sicher Jahrzehnte in Anspruch nehmen würde.

Di: Hat eine solche Reform nicht dann in Preußen tatsächlich stattgefunden, ist das nicht, sogar unter Mitwirkung Humboldts, begonnen worden?

Eo: Ja und nein, leider mehr nein als ja. – Aber ehe wir das betrachten, müssen wir über Napoleon reden und den Ereignis-Faden beim Zusammenbruch der Terror-Revolution 1794 wieder aufnehmen.

Di: Hattest du nicht gesagt, da müsse man auch zu Schiller und Goethe Betrachtungen nachtragen?

Eo: Ja, sicher, man gewinnt viel, wenn man ihre Werke aus der Umbruchszeit vom 18. zum 19. Jahrhundert liest. – Beide beschäftigte die Frage, wie in der neuen Freiheit, die jetzt mit der Revolution eröffnet zu sein schien, die Willkür überwunden werden kann, wie menschenwürdiges Handeln erreicht wird. Schiller hob dafür den Lebensbereich hervor, in dem sich Sinnlichkeit und ideele Kräfte vereinigen: den Bereich der Kunst. Beim Üben im ästhetischen Gestalten greift die Freiheit des Geistes in sinnliche Materie ein. Die Freiheit übt sich in der Kunst, sie formt Materie und Stoff mittels geistiger Ideale, sie übt sich in der Kunst also im Reich des Modells und Beispiels. In den Schauspielen des Theaters etwa zeigt sich, wie die wilde Natürlichkeit gebändigt und die strenge Vernunft gemildert werden, wie der herrische Trieb zur lenkbaren Neigung gehoben und das abstrakte Gesetz zur konkreten Regel verlebendigt werden kann. Die Regeln in der Kunst werden nicht rigide, sondern, wenn die jeweilige Kunst vom Künstler wirklich gekonnt und beherrscht wird, leicht und spielerisch gehandhabt – so regiert in der Kunst nicht Ernst, sondern das spielerische Element und das Spiel selbst gehören zum Kern der Kunst. Damit erklärt Schiller das Spiel in der Kunst zum Zentrum des Menschlichen, wo die Menschen das gewinnen, was sie im Reich des menschlichen Ernstes, im Reich der Gemeinschaft, der Politik und des Staates, brauchen: eine maßvolle und wärmende Mitte zwischen heißer Ausschweifung und kalter Herrschaft. Die „Briefe über die ästhetische Erziehung des Menschen" zielen darauf ab, zu zeigen, wie die Kunst bewusst erkannt und eingesetzt werden sollte als das wesentliche Medium für die Erziehung der Freiheit.

Di: Diese Gedanken sind doch keineswegs überholt! Wie sehr könnten unsere Kunst-Erziehung und der Stand der Kunst im öffentlichen Leben von der Bekanntheit dieser Gedanken profitieren!

Eo: Eigne sie dir an, und sprich sie aus, wo du kannst, die Dankbarkeit der Künstler wird dir gewiss sein!

Di: Und Goethe?

Eo: Seine Antworten sind in tiefgründigen Bildern zugleich gegeben und verborgen. Der große Bildungsroman „Wilhelm Meister" mündet in Vorbereitungen zum Leben in einem neuen Land. Dieses Land heißt damals Amerika, man könnte aber auch sagen, dass hier über Vorbereitungen für eine neue Epoche der Menschheit gesprochen werde. Rätselvoller und vielleicht noch tiefgründiger sind die Bilder in Goethes Märchen, wo eine ganze Welt neu aufsteigt und wo eine Handlung, in der viele bedeutsame Beteiligte aus allen Elementen der Natur mitwirken, in einer wundersamen Vermählung kulminiert. In dieser Handlung werden Könige erkennbar, die immer merkbarer erscheinen und dem einen König zum Bild dienen, der, frisch vermählt, einer neuen Zukunft entgegengeht. Ich denke, man darf von der Bildung eines inneren Königs sprechen, mit dem eine neue Epoche der Menschheit beginnt. Eine souveräne Regierung des Menschen in seinem eigenen Wesen ist der Beginn einer neuen Epoche.

Di: War Goethe so scheu im Aussprechen seiner Gedanken, dass er überall nur Bilder schaffen konnte?

Eo: Für uns ist die Erkenntnis doch ein Allgemeinplatz geworden, dass ein gut gestaltetes Bild viel mehr sagen kann als viele Worte. Die Gedanken und Bilder der Klassik reichen weit in die Zukunft, mögen sie nicht vergessen sein, bevor eine reifere Zeit sich ihrer wieder entsinnt.

16 Napoleons Jahrzehnt, Preußens Reformen, Deutschlands Rückfall in die Restauration –

Di: Übergeben wir also Schiller und Goethe dem in der Zukunft wartenden Bestand möglicher Renaissancen und wenden uns wieder dem geschichtlichen Bestand prägender Wirkungen und Wandlungen zu: Das Ende des Terrors in Frankreich, das Wirken Napoleons und dessen Folgen. - Wie kam es dazu, dass der Terror und Robespierre 1794 stürzten?

Eo: Robespierre hatte, nachdem bereits Zehntausende dem revolutionären Terror zum Opfer gefallen waren, die Schlinge um die Verdächtigen, die er zur Verurteilung und Hinrichtung benannte, im Sommer 1794 noch einmal enger um sich herum gezogen, so dass etwa 30 Politiker, von denen viele Robespierre ursprünglich nahe gestanden hatten, nur noch an wechselnden Orten die Nacht verbringen konnten, weil sie wussten, dass sie bereits auf der Liste standen. Aus dieser Gruppe griff die Überzeugungsarbeit zum Sturz Robespierres auf alle anderen Parlamentarier des Konvents über, so dass schließlich am 27. Juli 1794 ein einstimmiger Beschluss gefasst wurde, dass Robespierre sofort im Parlament zu verhaften sei. Mit den engsten Getreuen wurde er ohne Gerichtsverfahren am nächsten Tag hingerichtet, wie allein in Paris mehr als 1000 vor ihm in den vorangegangenen Monaten. Die gemäßigten Bürgerlichen setzten, innerhalb eines Jahres, 1795 eine neue Verfassung ein mit fünf Direktoren an der Staatsspitze, mit Gewaltenteilung und indirekten Wahlen nach dem Vermögenszensus, so dass die Massen fortan ausgeschlossen wurden. Es folgten bald in den kommenden Jahren Staatsstreichversuche von radikaleren Verfechtern der Gleichheit, aber auch von Royalisten. Die gemäßigte Bürgerregierung verlangte vom Militär, dass diese Bedrohungen blutig niedergeschlagen wur-den. Auch der Krieg gegen die antirevolutionäre Koalition im Aus-land war noch nicht beendet, gleichzeitig mussten diese Kämpfe nach außen und im Inneren Frankreichs geführt werden. Es kann nicht verwundern, dass Generäle zu zentralen Persönlichkeiten in der französischen Politik wurden.

Di: Du beziehst dich jetzt auf Napoleon?

Eo: Ja, er war 1769 in Korsika geboren, kam mit 9 Jahren auf eine Militärschule nach Frankreich, bereits mit 16 Jahren, 1785, war er

Offizier. Napoleon sicherte 1795, 26-jährig, das Direktorium, indem er, auf den Ruf seines Freundes, des Direktoriums-Mitgliedes Barras, hin, das Kommando übernahm, um einen royalistischen Aufstandsversuch niederschießen zu lassen.

Dann besiegte er 1796/97 für das Direktorium Österreich in dessen italienischen Territorien. Zurück nach Paris brachte er 1797 den Sieg, Geld aus Italien und den Frieden mit Österreich. Zudem hatte er große Landgewinne ausgehandelt und die Gründung mit Frankreich befreundeter Republiken in Italien und in der Schweiz bewirkt. Auch im Krieg nach außen hatte damit der General Napoleon den Bestand des Direktoriums gesichert.

Di: Warum zog er nach Ägypten? Warum eroberte er ganz Europa? Wie konnte er sich zum Kaiser ernennen? Wie wurde das durch die Revolution angerührte Europa davon betroffen?

Eo: Napoleon hatte in Frankreich durch seine militärischen und politisch-diplomatischen Erfolge gegen Österreich außerordentliche Sympathien und hohe Popularität auf sich gezogen. Er wollte diesem Momentum seines Ruhmes neue Nahrung geben durch weitere Erfolge. England, der große Gegner der Französischen Revolution, der Allianzen gegen Frankreich teils finanziert und gefördert, aber auch selbst aktiv Krieg gegen die Revolution geführt hatte, war bisher unbesiegt geblieben. Die französischen Planungen für eine Invasion in England hatten sich überraschend zerschlagen, als England im Oktober 1797 die Flotte der Niederlande, die Frankreich bei der Invasion hatte unterstützen sollen, bei Kamperduin besiegt und zerstört hatte. Deswegen sah Napoleon die einzige Möglichkeit, England zu schwächen, darin, es an seinem kolonialen Nerv zu treffen und plante, die schnellen Verbindungen nach Indien zu stören durch die Eroberung der Handels-Drehscheibe Ägypten.

Im Sommer 1798 gelang es ihm zunächst, nach einem gigantischen Heeres-Transfer über das Mittelmeer, Ägypten zu erobern. Aber die englische Marine unter General Nelson zerstörte die französische Flotte vor der Küste Ägyptens bei Abukir schon am 1.

August 1798, elf Tage, nachdem Napoleon mit seinem Heer bei den Pyramiden die Mamelucken besiegt hatte (21. Juli 1798). Dadurch war Napoleon sofort von Frankreich abgeschnitten. Über ein Jahr hin aber behauptete er sich in Ägypten. Er las den Koran, erklärte sich zum Freund des Islam und der Muslime, ließ die Altertümer erschließen, reformierte die ägyptische Verwaltung. Dennoch blieb seine Stellung bedroht. Trotzdem hatte Napoleon vom Reich Alexanders und von der Eroberung Indiens geträumt, brach nach Syrien auf, musste aber diesen Feldzug nach wenigen Monaten, im April 1799, abbrechen.

Nach Monaten ohne Nachrichten konnte er sich Mitte 1799, durch Scheinverhandlungen mit den Engländern, Zeitungen besorgen. Er las, dass in Frankreich hohe Verschuldung und Korruption, in die sich das Direktorium hatte hineintreiben lassen, weiter zugenommen hatten, dass der Krieg mit Österreich wieder ausgebrochen war, dass an der Seite Österreichs England, Russland, Neapel, Portugal und die Türkei militärisch erfolgreich gegen Frankreich vorgingen und dass in Frankreich das Vertrauen in die Handlungsfähigkeit des Direktoriums auf einem Tiefpunkt angekommen war. Am 23. August 1799 verließ er daraufhin Ägypten und kehrte auf einem einzelnen Schiff – mit einem Zwischenhalt in seiner Heimat Korsika – nach Frankreich zurück. Nachdem er sich in Paris über zwei Wochen hin vorbereitet hatte, gelang ihm am 9. November 1799 ein chaotischer, hoch riskanter Militärputsch. Er dekretierte eine neue Verfassung mit altrömisch-republikanischer Fassade, durch die er Frankreich eine neue, straffe Ordnung geben konnte. Er regiere jetzt das Land als erster Konsul, auf zehn Jahre gewählt, beraten von zwei weiteren Konsuln, einem Staatsrat und einem 80-köpfigen Senat, der von ihm selbst ernannt worden war.

Di: Das ganze Tempo ist atemberaubend. Was war das Geheimnis seiner Erfolge?

Eo: Ein einzigartig konzentrierter Macht- und Gestaltungswille, dessen Wirkungen seine Soldaten und Anhänger motivierte und begeisterte. Eine Seite davon ist die Eigenart seiner militärischen

Taktik: Er strebte danach, beim Gegner mit großer Feuerkraft, die auf einen Punkt konzentriert wird, überraschende und irritierende Durchbrüche zu erzielen. Seine Überraschungsangriffe brachten schnelle Erfolge. Und die Fähigkeit, seine Soldaten mit beweglicher, brillanter Intelligenz immer neu zu motivieren, traf auf Männer, die von ihrer Mission, die Errungenschaften der Revolution zu verbreiten, überzeugt waren. Frankreichs Truppen waren den Soldaten der Fürsten, die oft gewaltsam zum Militär gepresst worden waren und schlecht bezahlt wurden, überall überlegen. Sie konnten frei beweglich in Pulks agieren, weil sie den Erfolg im Kampf aus eigener Motivation suchten, wohingegen die absolutistischen Heere in starren Blöcken geführt werden mussten, damit Deserteure, die beim Vorgehen in der Schlacht an den Seiten ausbrachen, sofort erschossen werden konnten.

Di: Überzeugte Menschen als unerhört wirksame neue Waffe -.

Eo: Dazu kommt, dass diese Menschen, da sie durch die Militärpflicht, die in Frankreich eingeführt worden war, ausgehoben wurden, billig und in solchen Massen für den Krieg zur Verfügung standen, wie es bis dahin unvorstellbar war.

Di: Frankreich war also doch, trotz beendeter Revolution und trotz der Militärdiktatur Napoleons, ein neuartiger, vom Volk bejahter Staat geworden!

Eo: Anscheinend, zumindest zeitweise, ja! Und Napoleon hat für Frankreich im Rechts-, Verwaltungs- und Finanzsystem unvergleichlich viel Bleibendes geschaffen, das heute noch zum Bestand des Landes gehört.

Di: Warum aber die Eroberung Europas?

Eo: Napoleon hatte mit einem Schutzzoll-System gegen Großbritannien erreicht, dass England aus dem Handel mit Europa ausgeschlossen war. Das konnte England nicht akzeptieren. Frankreich und Napoleon dagegen konnten nicht akzeptieren, dass die Weltgeltung Frankreichs durch den imperialen und kolonialen Herrschafts-Anspruch Großbritanniens an Bedeutung verloren hatte. Aus diesem gegenseitigen Beherrschungswillen speisten sich die kriegerischen Geschehnisse der nächsten Jahre:

Nachdem Napoleon durch den Putsch seine Diktatur errichtet hatte, eilte er, um mit seinem Heer Österreich – und mit ihm das Deutsche Reich - zu schlagen, was bei Hohenlinden (in Bayern) und bei Morengo (in Oberitalien) gelang, und es gelang ihm ebenfalls, durch Befriedung aller weiteren Konflikte auf dem Kontinent, 1801, mittels des Friedens von Lunéville, England zu isolieren, so dass dann auch England zu einem Frieden mit Frankreich bereit war, dem Frieden von Amiens 1802.

Napoleon nutzt den Frieden für neue koloniale Bestrebungen, Frankreich hatte Louisiana 1800 von Spanien zurück erworben (verkaufte es später allerdings endgültig 1803 an die USA) und landet jetzt, 1802, in Haiti und Martinique. Und Napoleon lässt erneut in Boulogne eine England-Invasion vorbereiten. Aus dieser Zeit ist der Satz Napoleons überliefert: „Beherrschen wir auf 6 Stunden den Kanal, so sind wir die Herren der Welt!" Daraufhin bricht England bereits im Mai 1803, nach etwas mehr als einem Jahr, den Frieden, und es gelingt England bis 1805, Russland, Österreich, Schweden und Neapel für einen neuen Krieg gegen Frankreich zu gewinnen. Diesen Krieg beantwortet Napoleon mit der erneuten Niederwerfung Österreichs im Oktober (Ulm) und November 1805 (Einnahme Wiens), mit dem Sieg auch gegen Russland in Austerlitz (Dezember 1805), und, als Preußen sich provozieren lässt und der Koalition beitritt, auch mit der Eroberung Preußens 1806/7 (Niederlagen Preußens bei Jena und Auerstädt, Einmarsch Napoleons in Berlin am 27. Oktober 1806). Damit, dass er im Rheinbund die befreundeten deutschen Monarchien, die von ihm inzwischen in Deutschland neu begründet worden waren, mit fast allen westdeutschen Fürstentümern 1806 eint, und damit, dass der Rheinbund ihm Freundschaft und Heeresfolge zusagt, bewirkt er 1806 die Auflösung des Deutschen Reiches. So untersteht ihm Mitteleuropa. Aber auch im Westen hat Napoleon Spanien und Portugal unterwerfen können. Dies alles geschieht von 1803 bis

1808. 1809 ist er Herrscher Europas, dafür hatte er sich schon 1804 als Nachfolger Karls des Großen in Paris unter Anwesenheit des Papstes selbst zum Kaiser gekrönt.

Di: So ist die Eroberung Europas durch das Agieren der feindlichen Monarchien gegen Frankreich einerseits erzwungen, andererseits aber mit eigenem Größenwahn von Napoleon auch erstrebt worden!

Eo: Ja, Napoleon erschafft in einer Mischung aus militärischem Realismus, straff gezogener, diktatorischer Verwaltungs-Beherrschung und selbstverliebter Überschätzung ein ideenloses Gesamt-Europa, das ohne innere Gesamtform und ohne Sicherung des Bestandes den Zerfall schon in der Entstehung in sich trägt.

Di: Und sein Versuch, England zu schwächen, ging doch tragisch aus?

Eo: Im Monat seines Triumphs über Österreich, im Oktober 1805, wurde seine Flotte bei Trafalgar von Nelson vernichtend geschlagen, England konnte damit endgültig seine Vorherrschaft auf den Meeren festigen. Aber ein Jahr später, im November 1806, verfügte Napoleon von Berlin aus die Kontinentalsperre, den Handelsboykott gegen England. Mit diesem Versuch, Englands Wirtschaftsmacht zu knebeln, überspannte er aber seine Kräfte endgültig: die Kontinentalsperre war in Europa nicht annähernd vollständig zu kontrollieren, außerdem stärkte sie England auf den außer-europäischen Märkten. Besonders tragisch wurde sie für Napoleons Verhältnis zu Russland. Als er später Russland für seinen Austritt aus der Kontinentalsperre bestrafen wollte, lief er 1812 in die Katastrophe des Russland-Feldzuges. Dieser gigantische Fehlschlag zieht dann die Auflösung seines Imperiums 1813 nach sich. Von einem begeisterten Willen der Bevölkerungen, sich gegen den Diktator zu erheben und von nationalen Widerstandskräften getragen, wird die Koalition von Russland, Preußen, England und Österreich gegen Napoleon wiederbelebt. Die nationalen Heere ziehen koordiniert gegen ihn, der mit neuen Truppen angreift und verteidigt, in der „Völkerschlacht" bei Leipzig wird Napoleon im Oktober 1813 vernichtend geschlagen. 1814 stehen die Koalitionstruppen in Paris und zwingen Napoleon zur Abdankung und zum Exil nach Elba.

Di: Welche Folgen ergaben sich für Europa?

Eo: Man spricht von einem Modernisierungsschub, den Napoleons Imperium in den besetzten Ländern bewirkt hat: Vereinheitlichung und Professionalisierung der Behörden, Gewerbe-, Arbeits- und Religionsfreiheit, Steuer- und Rechtsgleichheit, Kirchen- und Schulaufsicht. – Das alles förderte letztlich liberales und rechtsstaatliches Denken.

Di: Aber sein Kaisertum, das war doch wiederbelebtes Rom, das schon einst, bei dessen Einführung durch Augustus im ersten Jahrhundert, dekadent gewesen war, damals schon ein nur wiederbelebtes Ägypten von vor 3000 Jahren! - Wie wurde das gesehen?

Eo: Mit Faszination bei den einen, als Provokation bei den anderen. Mir scheint, die Provokation überwog in Europa. Für Frankreich kann ich das nicht beurteilen. In Deutschland provozierte die Fremdherrschaft letztlich die nationale Freiheitsbewegung, aus der heraus Widerstand, Aufstand und die Feldzüge gegen Napoleon organisiert wurden.

Di: Wurden die Preußischen Reformen durch Napoleon provoziert?

Eo: Preußen war durch Napoleon 1806/7 vernichtend besiegt, erheblich verkleinert und gedemütigt, der König war aus Berlin nach Königsberg geflohen und musste die Konsequenzen daraus ziehen, dass es in Preußen immer noch viel zu viele Untertanen und viel zu wenige freie Bürger gab, so dass die Niederlage erwiesen hatte, dass in Preußen nicht nur eine militärische, sondern auch eine geistige und geschichtliche Unterlegenheit bestand durch eine unterdrückte Gesellschaft mit einem altmodisch gedrillten, starren Söldner-Heer. Kluge Köpfe im Umkreis des Königs machten Friedrich Wilhelm III. ab 1807 klar, dass er sich provozieren lassen müsste, eine Revolution von oben durchzuführen, um nicht auch seinerseits eine weitere Revolution von unten zu provozieren.

Di: Zog der König die staatliche Macht zurück, so wie es Humboldt 15 Jahre vorher vorgeschlagen hatte?

Eo: Nicht eigentlich in Humboldts Sinn. Aber Friedrich Wilhelm III. ließ Stein, Hardenberg, Scharnhorst, Humboldt und deren Mitstreiter einige überholte Strukturmomente des Preußischen Staates abbauen, durch welche ein bürgerlicher Aufbruch, wie man ihn jetzt brauchte, behindert sein würde und nicht hätte entstehen können: Die Bauern wurden von der Leibeigenschaft befreit, allerdings nur dadurch, dass sie dafür mit Land oder Geld zahlten. In den Gemeinden und Städten durften besitzende Bürger eigene Gemeindeverwaltungen wählen, diese blieben aber noch überwacht von den königlichen Landräten. Die Gewerbe wurden von den Zünften befreit, die jetzt einschränkend gewirkt hatten, die Juden wurden gleichgestellt. Im Heer wurden entehrende Strafen abgeschafft, und es wurde auf ein Volksheer hingearbeitet, in dem auch selbstständig handelnde Soldaten kämpfen sollten, mit einer verbesserten Ausbildung der Offiziere in einer Kriegsschule, Aufstiegsmöglichkeiten sollten nicht nur durch den Adelsstand sich öffnen, sondern auch, durch Leistung, für einfache Soldaten.

Di: Diese Maßnahmen waren also doch nur halbherzig - reichten sie wirklich aus, um die allseitige Bewunderung für die „Preußischen Reformen" hervorzurufen, als die deutsche Antwort, die nun aus Vernunft auf die Französische Revolution gegeben würde?

Eo: Das Ende der Leibeigenschaft, die Gemeinde-Selbstverwaltung, die Gewerbefreiheit, Schritte zu Volksheer und Wehrpflicht – das waren unerhörte Maßnahmen, die Preußen zum Vorbild in ganz Deutschland machten, ja!

Hinzunehmen müssen wir aber auch noch die Bildungsreformen, für die der König Wilhelm von Humboldt von dessen Position als Botschafter in Rom 1808 abberief und nach Königsberg holte. Jetzt konnte Humboldt wirklich etwas umsetzen, was seinem Menschenbild, wie wir es oben angesehen haben, entsprach: statt, wie bisher in Fürsten-Staaten üblich, Kinder in Schulen nur für bestimmte Berufe auszubilden, führte Humboldt, als er für Schule, Bildung und Universitäten in Preußen zuständig wurde, das allgemeinbildende Schulwesen ein. Es wurde darauf gesehen, dass alle Fähigkeiten der Kinder in jedem Alter zunächst in breiter Form geweckt und gebildet wurden, bevor sie in die Spezialisierung einer Berufsausbildung eintraten. In ganz Deutschland folgte man später diesem Vorbild.

Di: Ja, natürlich, da war Preußen wegweisend! Wird das nicht auch von Humboldts Universitätsgründung in Berlin gesagt?

Eo: Hier führte er ein, dass die Professoren als Lehrer verpflichtet wurden, nicht nur Stoff weiterzugeben, sondern auch selbst Forscher zu sein, damit sie die Energie des Forschens repräsentierten und aus lebendigstem Interesse ihre Ergebnisse unterrichten konnten. Das hatte er bei seinem eigenen Studium an der Universität in Frankfurt an der Oder schmerzlich vermisst. Eine weitere Neuerung lag in der Finanzierung der Universität. Sie sollte eigene Güter haben, aus deren Überschüssen der Betrieb der Universität finanziert werden sollte.

Di: Das heißt, er wollte den Staat als Geldgeber ausschalten?

Eo: Genau! Er versuchte wirklich, eine echte Selbstverwaltung ohne Eingriffsrechte des Staates einzuführen.

Di: Wurde das auch auf andere Universitäten in Deutschland übertragen?

Eo: Es wurde leider selbst in Berlin nicht eingeführt! Humboldt musste feststellen, dass der König ihm und seinem Bildungs-Ressort nicht den versprochen Sitz im Staatsrat einräumte, dem Bildungsressort also nicht die Bedeutung gab, die Humboldt in Aussicht gestellt worden war, und trat zurück. So konnte er als Bildungsminister in Preußen nur vom Februar 1809 bis zum April 1810 wirken und konnte sich für die konsequente Umsetzung seiner Ideen nicht weiter einsetzen. Die neue Universität in Berlin wurde eine Reform-Universität, aber sie blieb staatlich finanziert und kontrolliert.

Di: Hatte es da eine Intrige gegen Humboldt gegeben?

Eo: Jedenfalls wurde er als Botschafter nach Wien geschickt, nicht gerade ein Anzeichen dafür, dass man seinen Einfluss in Berlin wünschte und seine Ideen suchte.

Di: Aber Wien – das wurde doch der Ort, an dem die Neuordnung Europas beraten wurde nach Napoleons Abgang?

Eo: Dass Wien vier Jahre später, 1814, dieser Ort werden würde, das hatte man in Berlin wohl 1810 noch nicht gedacht.

Di: Konnte Humboldt dann das Ausstrahlen der Preußischen Reformen auf ganz Deutschland von Wien aus bewirken? So viele Hoffnungen wurden nach den Befreiungskriegen 1814 auf die Verhandlungen in Wien gesetzt -

Eo: - und so viele Hoffnungen wurden – unter Metternichs Einfluss - in Wien zunichte gemacht!

Di: Konnte denn Humboldt im Wiener Kongreß nicht etwas bewegen?

Eo: In der Tat waren auch dort seine Vorschläge weitsichtig und wegweisend. Er hielt die kulturelle und politische Vielfalt der deutschen Staaten für wertvoll, erachtete aber eine gemeinsame Außenpolitik und einen gemeinsamen militärischen Schutz für wichtig. Dafür sollte es eine Deutsche Verfassung geben und eine Garantie der einzelnen Staats-Verfassungen und der allgemeinen Rechte darin. Dabei sollten die großen Staaten – Österreich, Preußen, Bayern und Hannover – eine kollegiale Staatsführung bilden, durch die die Verfassungen in den kleinen Staaten garantiert werden sollten.

Di: Also ein deutscher Staat, in dem zentral nur die äußere Sicherheit und die Garantien der inneren Rechte geregelt werden sollten, und offenbar waren ihm die inneren Verfassungen und allgemeinen Rechte das Wichtigste, denn deren Garantie hätte ja schließlich aus den absolutistischen Herrschaftsformen herausgeführt. – Wurde dieser Staat so gebildet?

Eo: Keineswegs! Humboldt wurde vollständig ausgebremst! – Zuerst durch Metternich, der eine Wiederherstellung der alten Welt vor 1792, also vor dem Kriegsbeginn gegen Frankreich, erreichen wollte und sich jeder Neuerung entgegenstellte und sich auch geringen Veränderungen nur sehr widerstrebend fügte. Zweitens wurde Humboldt gehindert durch den Freiherrn von Hardenberg, der der eigentliche Verhandler Preußens und Beauftragte des Königs war. Auch dieser war ein Mann aus der alten Welt des Absolutismus, des Ancien Regimes, der zwar Reformen in Preußen mit eingeleitet hatte, sich in seinem Neuerungswillen aber sehr begrenzt zeigte, nun auch schwerhörig geworden war und Humboldts Ideen nicht zu folgen bereit war. Drittens wurde Humboldts Wirken nahezu ausgeschaltet durch Napoleons Rückkehr für die Hundert Tage von März bis Juni 1815. Man musste unterbrechen, führte wieder Krieg, bis Napoleon im Juni bei Waterloo endgültig geschlagen war, die Beratungen über die deutsche Verfassung mussten im Frühjahr 1815 überhastet abgeschlossen werden, was Metternich für sich als Gunst der Stunde erkannte und ergriff. So konnte er seine Ziele der Restauration der absolutistischen Strukturen weitgehend durchsetzen.

Di: Was gab es dann für einen deutschen Staat?

Eo: Ab Juni 1815 gab es einen Deutschen Bund von 35 selbstständigen Territorien und vier Städten, dessen Zentralorgan ein Gesandten-Kongreß war, mittels dessen die Fürsten miteinander kommunizierten und der nur bei Einigkeit aller deutschen Fürsten Beschlüsse fassen konnte, das bedeutete, dass es kaum gesamtdeutsche Beschlüsse geben würde. Das erhoffte Freiheits-Signal blieb aus: Es gab eine unverbindliche Absichts-Erklärung, ein Versprechen, dass alle deutschen Territorien Verfassungen erhalten sollten. Daran hielten sich schließlich nur fünf von 35

Fürsten (Sachsen-Weimar, Bayern, Baden, Württemberg und Hessen), alle anderen beließen es beim absolutistischen System!

Di: Ein Betrug gegenüber den Hunderttausenden, die sich in den Freiheitskriegen gegen Napoleon für neue Verhältnisse geopfert hatten.

Eo: Und ein Verbrechen an den Millionen Menschen, die längst neue Lebensformen in sich trugen und die diese nach außen weder zeigen noch ausleben durften. Es folgten ja 1819 die „Karlsbader Beschlüsse" gegen missliebige Demokraten und die sogenannten „Demagogen-Verfolgungen", durch die alle demokratischen Gesinnungen und Tendenzen unterdrückt wurden.

Di: Und Humboldt?

Eo: Er war Demokrat. Hardenberg hatte ihn mit verschiedenen diplomatischen Aufgaben betraut und ihn 1817/18 als Botschafter nach London geschickt, um seinen Einfluss in Berlin zu verhindern. Zwar wurde Humboldt 1819 noch zum „Minister für Ständische Angelegenheiten" ernannt, arbeitete auch Verfassungs-Vorschläge für Preußen aus, als aber die Demagogen-Verfolgungen begannen, wandte er sich entschieden gegen willkürliche Unterdrückungs-Maßnahmen. Er wurde daraufhin zum 31.12.1819 vom König entlassen, schied endgültig aus den Staatsdiensten aus und widmete sich fortan der Sprachforschung und Gründung des großen Museums, das in Berlin heute das Alte Museum am Lustgarten heißt.

Di: Also dominierten nach Napoleons Abgang die alten Verhältnisse die neuen Zeiten, und heraus kam in Deutschland das Biedermeier, eine der geistig wohl produktivsten Zeiten -

Eo: - eine Zeit, deren politische Restauration sich bei vielen Menschen als politische Depression niederschlug. Düstere Jahrzehnte folgten. Auch die erneute Revolution, die im Frühjahr 1848 Europa erschütterte und von Frankreich nach Österreich und Preußen übergriff, scheiterte an der vorangegangenen Unterdrückung und an der wankelmütigen Abscheu davor, dass die Bevölkerung am Staat mitwirken könnte, die auch der preußische König Friedrich Wilhelm IV. repräsentierte und praktizierte. Friedrich Wilhelm IV. wollte sich erst, 1848, an der Spitze Deutschlands sehen, doch dann verspottete er 1849 die Verfassung mit den allgemeinen Menschenrechten, die von einem ersten gesamtdeutsch gewählten Parlament ausgearbeitet worden war, schlug die Krone aus, die ihm dieses Parlament angetragen hatte, und bevorzugte damit erneut die Erstarrung.

Di: Du folgst nicht den Leuten, die sagen, das Volk sei noch nicht reif gewesen für die Demokratie?

Eo: Ich denke, man darf das getrost umkehren: Über Jahrhunderte hin und bis heute waren die meisten Herrscher und sind die Menschen, die ausgewählt sind zu herrschen, überwiegend nicht reif für ihre Bevölkerungen.

Di: Wie willst du das begründen?

Eo: Die Entwicklungen, Neuerungen und Fähigkeiten, die wir besprochen haben, so, wie sie sich seit dem Hochmittelalter zeigen, weisen genügend Beispiele auf für die Fähigkeit zu individueller Sozialreife und politischer Verantwortung. Diese Fähigkeiten sind jedoch sehr empfindlich, sie brauchen Förderung, damit sie greifen können und wirksam werden, sie wurden aber nicht gefördert, sondern missachtet und verdrängt und geradezu bekämpft.

Di: Und dafür siehst du auch die erste Hälfte des 19. Jahrhunderts als Beispiel?

Eo: Es ist erschütternd und niederschmetternd zu studieren, mit welchem kalten Hochmut die konservativen Kräfte in Europa sich dagegen wehren, durch entsprechende Handlungen anzuerkennen, dass die Französische Revolution elementare Veränderungen für die politische Kultur ausgelöst hatte. Die Achtung davor, dass die Menschen spätestens jetzt ein Recht haben, an der politischen Gestaltung ihres Schicksals mitzuwirken, wird von den herrschenden Kräften sehr klein geschrieben. Es entstehen in den Nationen Europas Freiheits-Bewegungen, die verschieden stark auch national motiviert sind, die aber durchgehend für Liberalität, Demokratie, Verfassungs- und Bürgerrechte eintreten.

Diese Bewegungen werden durch verschiedene Winkelzüge und militärisch organisierte Gewaltmaßnahmen dominant behindert von konservativen und royalistischen Kräften. Die Beispiele reichen von Russland, Finnland, Estland, Lettland, Litauen, Polen, Griechenland, Serbien, Ungarn, Tschechien, Österreich, Deutschland, Belgien, Frankreich bis nach Spanien, Portugal und Italien.

Modellhaft siegreich sind allerdings die Freiheitsbewegungen in Belgien, das von den nördlichen Niederlanden unabhängig wird (1830), und Griechenland, das mit europäischer, besonders bayerischer und russischer Unterstützung aus dem türkisch-osmanischen Reich (1832) herausgelöst werden kann. Auch die spanischen Kolonien in Südamerika erkämpfen sich erfolgreich ihre Eigenstaatlichkeit.

Modellhaft katastrophal dagegen verlaufen die Freiheits-Unruhen in Polen, wo Preußen, Russland und Österreich die Aufstände blutig niedermetzeln. Tragisch entwickeln sich die Unruhen auch in unzähligen weiteren Orten, darunter in Berlin (230 Tote am 18. März 1848), in Prag (Niederschlagung durch österreichische Truppen Anfang Juni 1848), in Paris (10 000 Tote im Juni 1848) und in Wien (2000 Tote im Oktober 1848).

Di: Erneut fordert die Geschichte der Freiheit also Tausende blutige Opfer -

Eo: - und die Freiheit siegt selten. Die Fortschritts-Bilanz im 19. Jahrhundert ist bitter! Die Zaren (Caesaren) in Russland, die ihre Legitimation bis auf die Kaiser des Oströmischen Reiches zurückführen, halten ein rigides absolutistisches Regiment aufrecht. Das Kaisertum in Österreich ist durchgehend beständig bis 1918. In Frankreich wird das Bourbonen-Königtum 1815 mit Ludwig XVIII. wiederbelebt, nach den wechselvollen Entwicklungen um die Revolutionen von 1830 und 1848 lässt sich der Neffe Napoleons noch 1852 zum Kaiser erheben. Auch in Deutschland meint

Bismarck das Richtige zu tun, als er 1871 zur Einigung des Deutschen Reiches den Preußischen König zum Kaiser erklären lässt.

Im letzten Viertel des 19. Jahrhunderts, ein Jahrhundert nach der Revolution, gibt es in Europa vier Kaiser!

Di: Tatsächlich! Das ist ein Fortschritt in selbstverliebter, narzisstischer Verblendung an den Spitzen der Staaten. Ein furchtbares Verharren der Führungen in Selbstbezogenheit! - Aber wir müssen noch den materiellen Fortschritt ansehen – Die Entwicklungen in der Wirtschaft und in der Industrie gingen rasant voran!

17 Kolonialismus und Englands Industrialisierung

Eo: Natürlich, die Industrialisierung ist ein eigener revolutionärer Vorgang von einer Bedeutung, die kaum zu überschätzen ist.

Di: Warum hatte die Industrialisierung eigentlich in England begonnen?

Eo: Weil England seit dem 16. Jahrhundert in den Kolonialismus eingegriffen hat. Wir werden sehen, dass die Industrialisierung ohne den Kolonialismus nicht erklärbar ist.

Di: Aber England war doch nicht führend bei den Entdeckungen?

Eo: Nein, die Erschließung der neuen Seewege und unbekannten Länder erfolgte im Wesentlichen durch Spanien und Portugal im 15. und 16. Jahrhundert. Italien war ja als Zwischenhändler für Orientwaren zurückgefallen, nachdem die Osmanen 1453 Konstantinopel erobert und das byzantinische Reich übernommen hatten. Spanien und Portugal suchten neue Seewege nach Asien, Spanien fand Gold und Silber und Plantagen in Südamerika, Portugal baute den Asien-Handel, vor allem den Gewürzhandel aus. Den Transport der Übersee-Waren, die jetzt auf der Iberischen Halbinsel umgeschlagen wurden, nach Mitteleuropa übernahmen meist die Schiffe der Niederlande. Die Niederlande wollten sich aber bald mit der Rolle als Zwischenhändler nicht mehr begnügen, und es gelang ihnen, im 17. Jahrhundert, entlang der spanischen und portugiesischen Routen nach Südamerika, in Indien und Hinterindien ein eigenes Handelsreich aufzubauen. In dieser Phase, in der der niederländische Handel ausgedehnt wurde, griff England, erst die Niederlande gegen Spanien unterstützend, ein, bald aber auch feindlich gegen die Niederlande mit einer eigenen, aktiven Wirtschafts- und Handelspolitik. Die Niederlande hatten den Engländern zum Beispiel gedient. Sie hatten die Rohstoffe aus dem Handel im Westen – mit Spanien und Portugal und deren Kolonien – und aus dem Osten – vor allem mit Russland, aber auch mit Skandinavien – sehr gewinnbringend zu Produkten verarbeitet. Aus England verarbeiteten sie Rohwolle zu Tuchen. Aus den Ostseeländern importierten sie Holz, Getreide und Felle, von den westlichen Kolonialmächten wurden Gewürze, Zucker, Rum, Kakao, Kaffee, Indigo, Silber und Baumwolle eingeführt. Die Niederlande waren also nicht nur Zwischenhändler, sondern im 16. und 17. Jahrhundert waren sie auch als Produzenten ein reicher Verwerter der Waren geworden und waren dabei zugleich zur europäischen Finanzmetropole herangewachsen – Antwerpen war die Stadt in Europa mit den meisten Banken geworden.

Parallel zu dieser Entwicklung hatte in England bereits Heinrich VIII. (1509-47) mit der aktiven Wirtschaftsförderung begonnen, indem er das Verbot erließ, dass das wichtigste englische Exportgut, die Rohwolle, nicht unbearbeitet ausgeführt werden dürfe. So entwickelte sich rasch die englische Tuchproduktion, während zugleich der niederländischen Tuchproduktion Rohwolle entzogen wurde. Unter Elisabeth I. (1558-1603) bekamen englische Seefahrer und Händler bei der Erschließung und Eroberung von Handelsplätzen bereits mehr und mehr Unterstützung von der englischen Flotte, so dass es zu schweren Konflikten mit Spanien kam, die im Angriff der spanischen Armada 1588 auf England und in deren Vernichtung durch die Engländer kulminierten. Mit den aber immer stärker werdenden Niederländern wagte Cromwell die Konfrontation bereits 1651, indem er die Navigationsakte erließ, in der er festlegte, dass der gesamte Handel mit und von England auf englischen Schiffen zu erfolgen habe. Von diesem Dekret wurden die Niederländer schwer getroffen, da sie große Teile des Handels in den englischen Häfen abgewickelt hatten, sie erklärten daraufhin England den Krieg, den sie nach einigen Seeschlachten verloren. 1674 mussten sie die Siegerrechte und die See-Hoheit der Engländer im „Mare Britannicum" anerkennen, und auch der Nordamerika-Handel wurde fortan englisch dominiert. Die Niederlande waren von England also bereits im 17. Jahrhundert als Seemacht überwunden. In diesen Jahren eroberten die Engländer sich auch Stellungen in der spanisch dominierten Karibik, kleinere Inseln und Jamaika, und drangen immer umfassender in die Gebiete der anderen Kolonialmächte auch in Afrika und Asien ein.

Di: Portugal, Spanien und Frankreich werden sich aber doch gewehrt haben!

Eo: Portugal verliert in der Zeit der Personalunion mit Spanien (1580-1640) einen großen Teil seines Kolonialreiches an England und wird, seit es von England dann im Unabhängigkeitskampf gegen Spanien unterstützt worden war, langfristig von England abhängig. – Spanien selbst wird von England nicht nur in den Kolonien, sondern auch durch Englands Beteiligung an Bündnissen und Kriegen gegen Spanien auf dem europäischen Kontinent, weiter geschwächt, so dass Spanien 1713 im Frieden von Utrecht den Engländern das Monopol im Sklavenhandel mit den spanischen Kolonien abtreten und England damit den Zugang zum südamerikanischen Silber öffnen musste: England sicherte sich den sogenannten „Assiento"-Vertrag auf 30 Jahre. Dieser Vertrag enthält den sogenannten „Dreieckshandel": Mit billigen europäischen Waren wurden in Afrika von den dortigen Stämmen Menschen als Waren „gekauft", nach und nach wurden dort über 20 Millionen Afrikaner als Sklaven entwürdigt, diese wurden unter entsetzlichen Bedingungen über den Ozean nach Westen verschifft - in den Schiffen starben oft die Hälfte bei der Überfahrt. In Südamerika wurden die Sklaven teuer gegen Silber eingetauscht, und mit dem Silber wurden die Geschäfte der Händler sowohl in Europa als auch im ostasiatischen Raum billig finanziert.

Di: Damit wird ja offenbar, dass der Reichtum und die verfeinerte Kultur im neuzeitlichen Europa aus einer entsetzlichen finanziellen Quelle ihre Herkunft haben. Es ist verständlich, dass bis heute in Afrika und in Amerika nach einer Wiedergutmachung für die mörderischen Zerstörungen, die mit diesen Gewinnen einhergingen, verlangt wird. - Was war jetzt mit Frankreich?

Eo: Frankreich hatte im 17. Jahrhundert ein Kolonialreich aufgebaut, das dem englischen ebenbürtig war. Frankreichs Flotte aber wurde noch zur Zeit Ludwigs XIV. (1661-1715) in La Hogue 1692 unter maßgeblicher Beteiligung der Royal Navy zerstört. Die französische Kolonialexpansion wurde damit gebrochen, französische Kolonialpositionen konnten anschließend durch die maritime Vormacht Englands im Laufe des 18. Jahrhunderts in großem Umfang durch England übernommen werden, im Siebenjährigen Krieg (1756-1763) besiegte und schwächte England Frankreich in der Karibik, in Louisiana und in Kanada, und es gelang England, Frankreich aus Indien ganz zurückzudrängen, so dass Indien eine englische Kolonie werden konnte.

Di: Das heißt, dass England schon im 18. Jahrhundert sein legendäres Empire aufgebaut hatte.

Eo: England war, spätestens nach dem Siebenjährigen Krieg 1763, auf den Weltmeeren unschlagbar geworden und expandierte in global umfassenden Handels-Aktivitäten, die von Hinterindien, Indien über Afrika bis nach Nord- und Mittelamerika reichten.

Für die heimische Produktikon in England wurde eine weitere wirtschaftspolitische Regierungs-Entscheidung sehr wichtig: Schon 1700 hatte England die Einfuhr indischer Baumwollwaren verboten. Es bezog Rohbaumwolle aus den eigenen nordamerikanischen Kolonien und konnte durch dieses Verbot gegen Indien nun auch selbst eine eigene konkurrenzfähige Baumwoll-Textil-Herstellung aufbauen.

Di: Jetzt hatte England also eine Handels- und Finanzarchitektur geschaffen, die die folgende gigantische wirtschaftliche Expansion ermöglichte?

Eo: So ist es. Es entstand in der Reichweite des englischen Handelssystems ein Warenbedarf, der mit den bisherigen Herstellungsmethoden nicht mehr bedient werden konnte. Zugleich sammelten sich aus den Kompanien des Sklaven- und Welthandels in Bristol, Liverpool und Manchester Mengen an Kapital, die große Investitionen möglich machten in den Metall- und Kohle-Bergbau sowie in die Erfindung von Maschinen.

Di: Aus der kolonialen Expansion Englands war also ein Sog nach Waren entstanden und eine Ansammlung von Kapital in England, durch die die Industrialisierung gleichsam erzwungen wurde!

Eo: Natürlich gehörte die Intensität des britischen Unternehmer- und Erfindungsgeistes dazu, die legendär wurde für das Jahrhundert des „Industrial-Take-Off" von 1750 an. Und es gehören eine Reihe von Entwicklungen innerhalb Englands dazu, durch die das „Industrial-Take-Off" innerhalb von 80 Jahren so revolutionär hervorbrechen konnte.

Di: Du meinst die Bevölkerungsexplosion - ?

Eo: - und die Agrar-Revolution, neue Anbau-Methoden, durch die mehr Menschen von gleicher Fläche ernährt werden konnten, durch die aber zugleich Tausende von Menschen aus dem Landleben vertrieben wurden, die in die Städte zogen und sich dort in Massen als billigste Arbeitskräfte anbieten mussten. Und der Liberalismus: aufgeklärte Menschen vertrauten in die Freiheit und Selbstbestimmung und vernünftige Orientierung von Menschen, die für Leistung motiviert sind. Und die puritanische Religion, in der gelehrt wurde, dass Reichtum als eine Gabe Gottes für Erwählte anzusehen sei und dass Reichtum nicht nur erstrebenswert sei, weil er die Erwählung durch Gott zeige, sondern auch, dass er nicht zum Verbrauch bestimmt, sondern wieder zu investieren sei für das Wohl aller.

Di: Da ist also alles beisammen, was den Kapitalismus angetrieben hat: Ein saugender Markt, der nach mehr und neuen Produkten ruft, Kapital, das nach Anlage sucht, Erfindungsgeist, der sich in den Dienst der Technik stellt, Massen von bedürftigen Menschen, die sich lenken und bestimmen lassen – und Unternehmer, die ihr Profitstreben sogar noch als religiös legitimiert empfinden können. – Wir kennen doch die ungeheuren technischen, wirtschaftlichen, ökologischen, sozialen und geistigen Folgen dieser Kombination von Wirkkräften -

Eo: Mir scheint, es lohnt, die innere Logik in der Verknüpfung dieser Faktoren, die du genannt hast, noch etwas genauer anzusehen.

Di: Man spricht von einer faszinierenden Kette von Konsequenzen, stimmst du zu?

Eo: Durchaus! Wenn du bedenkst, dass die Energie für die Arbeit in den Bergwerken bis zum Anfang des 18. Jahrhunderts von Menschen und Tieren und ihren Muskeln aufgebracht wurde. Dutzende von Pferden liefen gleichzeitig in den Speichen riesiger horizontaler Holzräder, durch deren Bewegung die Grubenkörbe in den Bergwerken gefördert wurden. Weitere Dutzende von Pferden mussten gehalten werden, um sie im Schichtbetrieb austauschen zu können, damit die Rädergestelle fortwährend gedreht werden konnten. Da man in den Stollen möglichst wenig Material aushöhlen wollte, hielt man die Gänge niedrig, und es wurden Kinder eingesetzt, die Erz und Kohle abbauten und in den engen Gängen transportierten. Wie änderten sich dann die Quellen für Bewegungs-Energie!

Di: Die Dampfmaschinen!

Eo: Ja, Sie wurden ab 1705 im Laufe des 18. Jahrhunderts so weit entwickelt, dass nach und nach alle Gruben durch Dampfmaschinen betrieben werden konnten. Mit dem Einsatz immer größerer Maschinen verschiedener Art wuchs der Eisenbedarf, ohne dass die Wälder als Brennmittel-Lieferant für die Schmelzöfen nachgewachsen wären, große Landstriche waren in England schon für den Schiffsbau kahlgeschlagen worden: so erfand man, Kohle und Koks für die Verhüttung einzusetzen (ab 1709 / 1735), also wuchs der Bedarf nicht nur an Erz-, sondern auch an Kohlegruben.

Di: Trug nicht der Bedarf an feinerer Mechanik im Textilgewerbe entscheidend zur Dynamik der Industrialisierung bei?

Eo: Ja, tatsächlich waren es oft feinste Mechaniker, Uhrmacher, die sich den dringenden Anforderungen stellten, die sich bei der Mechanisierung und Beschleunigung der Produktion in der Tuch-Herstellung ergaben: Das Spinnen von Rohbaumwolle zu Garn war auf den Handspinnrädern ein aufwändiger Vorgang, der bei dem enormen Bedarf der Weber von den Spinnerinnen nicht gedeckt werden konnte. Es bestand Garnmangel, besonders, als der Schnellschützen, das fliegende Weberschiffchen, 1733 erfunden wurde, das die Hand ersetzte, die die Spule durch das Fach am Handwebstuhl schob: das Weben war dadurch enorm beschleunigt worden. So wurde 1764 die mechanische Spinnmaschine erfunden, an der schließlich mit Wasserkraft an den Flüssen mehrere Spulen auf einmal gedreht werden konnten (ab 1769). Durch diese Erfindung kam es bald zu Garn-Überschuss, die Weber konnten das, was an Garn angeboten wurde, nun nicht schnell genug in ihren Webstuben, in denen sie über das Land verteilt lebten und arbeiteten, in Tuch verweben. Der Maschinenwebstuhl wurde 1785 konstruiert und gebaut, zu dessen Antrieb dann nicht mehr nur Wasserräder in Tälern, sondern bald Dampfmaschinen bereitstanden, die inzwischen so effektiv geworden waren, dass sie überall eingesetzt werden konnten. Auch Spinnmaschinen wurden ab 1785 mit Dampfmaschinen betrieben. Man konzentrierte und vermehrte die Mechanisierung und die Anzahl der neuen Maschinen in den Städten, da eine Dampfmaschine für viele Einzelmaschinen einer Fabrik genügend Energie bereitstellte. Und in den Städten fanden die Unternehmer genügend Arbeitssuchende zum Zuarbeiten, Betreiben und Bedienen der Maschinen, die nun Tag und Nacht laufen konnten. Rohstoffe, Eisen und Kohle, aber auch Produkte, mussten in immer höheren Mengen gewonnen und auch transportiert werden: Kanäle und Straßen wurden neu gebaut und ausgebaut, die erste Dampfeisenbahn wurde 1803 gebaut, das erste Dampfschiff 1807, die erste Eisenbahnlinie 1825, nun wuchs auch das Schienennetz, Brücken- und Tunnelbauten erforderten eine weitere Erhöhung des Arbeits- und Materialeinsatzes und ermöglichten ihn zugleich.

Di: Es war also gelungen, indem man immer besser Eisen, Kohle, Mechanik, Wärme und Dampf beherrschen und nutzen konnte, Bewegungsenergie direkt aus den Naturkräften zu erzeugen, unabhängig von Muskeln, aber auch unabhängig von Wasser- und Windstärken. Und man konnte die Energie jetzt beliebig dosiert verwenden.

Eo: Diese Möglichkeit war ja vorher in den Naturkräften verborgen, es war eine unerwartet neue Fähigkeit der Menschheit, Energie aus der Natur zu erzeugen und zu entnehmen. So konnte man jetzt auch, in ungeahnten Massen, Stoffe aus der Natur entnehmen.

Di: So begann also mit der mengenmäßigen Massen- Entnahme von Gütern aus der Natur die systematischen Natur-Ausbeutung in großem Stil. Durch die Industrialisierung kam doch auch die schnell wachsende chemische Erforschung, die kunstvolle Synthetisierung und die neue Produktion von Stoffen, was ebenfalls ungeahnte Entwicklungen auslöste. Wir müssen aber über die Natur-Ausbeutung hinaus auch die soziale, seelische und geistige Ausbeutung betrachten!

Eo: In der Chemie führte die Stoff-Verwandlung zu Material-Kreationen, durch die immer intimere Gestaltungs-Eingriffe in die Stoff- und Lebenswelt möglich wurden, die man als Fortschritte feiern konnte. Dass manche dieser Eingriffe in ihren Folgen kollidieren würden mit den Lebensgesetzen einer begrenzten Erde, wurde aber erst unabweisbar deutlich durch die industrialisierte Konsumwelt, die Massen-Motorisierung, die Atom-Kern-Spaltung, die ökologischen Katastrophen und die Klima-Erwärmung des 20. Jahrhunderts.

Was jedoch schon zu Beginn des 19. Jahrhunderts offensichtlich zutage lag, waren die sozialen, seelischen und geistigen Folgen. Rücksicht auf familiäre oder persönliche Zeiten für Rekreation, Bildung, politische und kulturelle Lebensgestaltung gab es oft überhaupt nicht, und diese Rücksicht ist bis heute noch nicht ein unbestrittener Bestandteil bei der Organisation wirtschaftlicher Produktion. Die Seele wurde missbraucht als bloßes Organisations-Instrument des arbeitenden Körpers, nicht aber geachtet in ihrer Würde eigenständigen Lebens, der Raum gegeben werden muss, damit die Seele sich in ihren umfassenden, auch geistigen Begabungen bestimmen, finden und entfalten kann.

Di: Wie siehst du die Errungenschaften der sozialen Bewegung?

Eo: Wir tragen vielleicht alle ein Bild in uns von dem Arbeiterquartier einer englischen Industriestadt zum Anfang des 19. Jahrhunderts: Ärmlichstes Leben von Hungerlöhnen, oft leben Familien mit 16 Menschen aus drei Generationen zusammengedrängt in einem winzigen, kalten Zimmer oder in einem Keller-Raum, es herrschen übelste sanitäre Zustände, zum Beispiel ein Abort für 40 Menschen, bis hinunter zu den Kindern arbeiten alle, oft 16 Stunden und auch nachts, tauschen zum Teil die Kleider beim Heimkommen mit denen, die wieder hinausgehen, um in lebensgefährlichen Fabriken bei der Produktion eingeteilt zu werden, wo für geringe Vergehen Strafgelder erhoben wurden, die den Lohn oft in Schulden verkehrten.

Der Unternehmer Robert Owen (1771 – 1858), der in der Nähe von Glasgow Fabriken besaß und leitete, war einer der sehr Wenigen, die sich diese Verhältnisse nahe gehen ließen und Konsequenzen zogen. Er begrenzte die Arbeitszeit bei gleichem Lohn und baute neben den Fabriken im Tal von New Lanark Kindergarten, Schule, Sportfeld, Einrichtungen zur Gemeinschafts-Bildung und Gärten.

Owens Forderungen, die er als Parlamentarier in London erhob, dass die Zustände in den Fabriken staatlich überwacht werden müssten, verhallten zunächst ohne Wirkung. Wie schwer und langsam soziale Verbesserungen erkämpft wurden, zeigen die Jahreszahlen von Parlaments-Entscheidungen in England: Erst 1802 wurde die Arbeitszeit für Kinder auf 12 Stunden begrenzt. Erst 1819 wurde für das Textilgewerbe die Arbeit für Kinder unter 9 Jahren verboten. Erst 1824 erhielten die Arbeiter das Recht auf Bildung von Gewerkschaften und auf Streik. Erst 1833 wurde ein Fabrikgesetz verabschiedet, das die Arbeit von 10- bis 13-jährigen Kindern auf 8 Stunden, die Arbeit von Jugendlichen auf 12 Stunden begrenzte und Nachtarbeit für beide Gruppen verbot. Erst ab 1842 wurde für Kinder unter 10 Jahren und für Frauen die Arbeit in Bergwerken verboten. Erst 1850 wurden der 10-Stunden-Tag und die Einsetzung von Fabrik-Inspektoren beschlossen.

Di: Wenn man bedenkt, dass die Industrialisierung etwa 1750 begonnen hatte, dann wird also deutlich, dass der Kampf um soziale Verbesserungen sehr lange unterdrückt worden war. So stehen hinter diesen Zahlen Jahrzehnte der Verspätung, in denen düsterste soziale Verhältnisse bestanden in dem damals reichsten Land der Erde.

Eo: Die Quellensammlungen bestehen darauf, dass diese Zustände der Entrechtung und Unwürde wirklich in den englischen Großstädten allgemein verbreitet waren und sich mit der explosiven Zunahme der Stadt-Bevölkerungen noch vervielfachten: Manchester wuchs in 40 Jahren von 1801-1841 auf das Zehnfache, von 35 000 Einwohnern auf 353 000, Birmingham im gleichen Zeitraum immerhin noch um mehr als 140 %: von 73 000 auf 181 000.

Di: England war also nicht nur so reich geworden durch Sklaven in Übersee und dadurch, dass es viele Länder auf der West- und Südhalbkugel unterworfen und von sich abhängig gemacht hatte, sondern auch durch die Entrechtung und Ausbeutung von Millionen von Arbeitern im eigenen Land. – Wir sprachen auch von offensichtlicher geistiger Ausbeutung im Zeitalter der Industrialisierung. Wie würdest du „geistige Ausbeutung" beschreiben?

Eo: Die Seele hat ein Recht, den Geist in sich als freien Anfangsgrund für alle eigenen Entscheidungen auszubilden. Sobald diese Ausbildung der Individualität in Lesen, Schreiben, Denken und Reden nicht gewährt, gefördert und sozial erwünscht ist, werden Seele und Geist Unrecht angetan. Der Zwang, der auf Kinder und Erwachsene ausgeübt wurde, keine Eigenständigkeit zu entwickeln, sondern sich abhängig gesteuert lediglich in die Handlungsfigur des leidenden Gehorsams einzufügen, ist ein bleibendes Unrecht geworden, das durch die Industrialisierung ausgeweitet und vertieft worden ist, es wirkt milliardenfach bis in die Gegenwart und in die Zukunft hinein!

Di: Du meinst, die Eigenständigkeit in Denken und Geist werde nicht nur nicht genutzt, sondern gar nicht erst ausgebildet.

Eo: Das ist ein Verbrechen! In vielen Formen sozialer Organisation wird dieses Verbrechen aktiv ausgeübt! Unsere Gesellschaften sind in weiten Bereichen bis heute geprägt von Menschen, deren Eigenständigkeit zu wenig ausgebildet ist.

Di: Um den technischen Fortschritt zu vollziehen und aufrechtzuerhalten, in den dafür notwendigen Handlungen ist unsere Eigenständigkeit vielfach gefangen. Hier also hat sich der Wandel der Lebensformen zu stark beschleunigt, dem die Menschen nur mit schweren Defiziten folgen konnten! Das müssen wir später noch weiter erörtern! - Der technische Fortschritt, der aus der Industrialisierung heraus entstanden ist, hat aber doch so viel Erleichterndes und Befreiendes bewirkt, steht das nicht dem gegenüber?

Eo: Sicher steht das gegenüber. So frei, wie wir hier reden, leben und schreiben können – das wäre ohne die Industrialisierung des Lebens für uns nicht denkbar. Wir genießen alle diese Vorteile – Aber die Kosten und die Schwere, die hinter dieser Leichtigkeit, die wir genießen, stehen, sind noch da. Diejenigen, auf denen die

Herstellung und Erhaltung dieser Freiheit lastet, das sind nicht wir, wir dürfen sie ergreifen, gebrauchen, konsumieren. Und bei denen, die sie uns ermöglichen, sind unsere Gedanken zu selten, die unsere Freiheit tragen, oft durch schwere, abhängige, unfreie, ausbeutende Arbeit. Nahrung, Kleidung, Wohnen, Geld: unsere Welt ist so organisiert, dass großenteils viele Andere das, was uns erhält, für uns herstellen und bewirken, an anderen Orten und oft in fernen, armen Ländern.

Di: Diese Erörterungen müssen wir fortführen, wenn wir in der Gegenwart angekommen sind. Kehren wir zurück zum 19. Jahrhundert, in dem so Vieles für uns festgelegt worden ist, worin wir uns heute noch gefangen fühlen. Was haben wir uns nach der Industrialisierung zu vergegenwärtigen?

18 Deutscher Größenwahn, Bismarck, Wilhelm II., der Imperialismus und die Zündung der Weltkatastrophe, der Erste Weltkrieg

Eo: Wir müssen uns bewusst sein, dass alles, was wir uns für die Industrialisierung vor Augen geführt haben, auch, verspätet, in Deutschland, Frankreich, in allen europäischen Ländern und in den Ländern, die europäisch geprägt sind und noch werden, dass dies rund um die Welt auftritt, in Symptomen individuell verändert, aber in den Grundzügen ähnlich. Die sozialpsychologischen Folgen haben wir nur sehr grob berührt, das müssen wir später noch vertiefen. - Dann müssen wir uns für die weitere Entwicklung klarmachen, wie der deutsche Größenwahn entstanden ist und wie die Welt, auch angetrieben von dieser deutschen Hybris, in den Ersten Weltkrieg hineingeschlittert ist.

Di: Müssen wir über Bismarck reden?

Eo: Ja, zweifellos. Er hatte die Machtverhältnisse in Deutschland kennen gelernt, als er etwa sieben Jahre lang, 1852-1859, Gesandter Preußens in Frankfurt war, am Deutschen Bundestag, dem schwachen Zentralgremium des Deutschen Bundes, das wir oben erwähnt hatten, das nach der gescheiterten Deutschen Revolution 1850 wieder errichtet worden war. Schwach war der Bundestag deshalb, weil dort nur einstimmig entschieden werden konnte, wenn alle deutschen Staaten und Städte übereinstimmten. Dann lernte Bismarck die Machtverhältnisse in Europa genau durchschauen durch seine drei Jahre als preußischer Botschafter in Petersburg, 1859-62, am Hof des russischen Zaren, und durch fünf Monate als Botschafter in Paris, 1862.

Di: Klar, warum erwähnst du das noch einmal?

Eo: Weil Bismarck aus seinen Erfahrungen beim Deutschen Bund geschlossen hat, dass nur ein Staat, Österreich oder Preußen, Deutschland führen und einigen kann. Für ihn war klar, dass es Preußen sein muss. Als Ministerpräsident des Preußischen Königs, ab 1862, drängt er Österreich aus Deutschland heraus, besiegt Österreich 1866 im Krieg und gründet den Norddeutschen Bund als preußisch dominierten deutschen Mehrheitsstaat gegen Österreich. Als Spannungen mit Frankreich auftreten, provoziert er einen Krieg mit Frankreich, sicher nicht ohne den Gedanken, dass er allen übrigen deutschen Staaten, die im Feldlager gegen Frankreich zusammengezwungen sein würden, die Deutsche Einheit abringen könnte. Sein Plan gelingt und Bismarck lässt die deutschen Fürsten, nach dem Sieg über Frankreich 1871, noch in Paris, im Schloss Ludwigs des XIV., in Versailles, ein neues Deutsches Kaiser-Reich proklamieren und mit dem neuen Reich auch den neuen Kaiser, Wilhelm I..

Di: Diese Art der Deutschen Einigung war doch genial und realistisch eingefädelt, oder?

Eo: Ja, beides. Aber auch undemokratisch.

Di: Was blieb ihm denn übrig, nachdem Deutschland inzwischen industrialisiert, wirtschaftlich vereinigt und doch politisch noch fragmentiert geblieben war?

Eo: Ja, das sagen viele immer wieder, dass der sogenannte Realismus, hier, wie auch sonst, alternativlos sei. Der Idealismus kommt immer von außerhalb des Alternativlosen, ist immer unreal und überraschend, und er kann gerade deshalb von großer Wirkung sein. Tatsache ist, dass Bismarck in seinem staatsmännischen Wirken von überhaupt keinen Sympathien für Demokratie getragen war, sondern er ließ sich leiten von einem Gespür für die Durchsetzung von Stärke und Macht, und zugleich setzte er entschieden auf Königstreue und Gottesgnadentum. Er baute die Verfassung für das neue Deutsche Reich nicht um eine kollegiale, demokratisch gewählte Regierung, sondern um einen Kaiser, der aus seiner Gnade eine Regierung beruft. Zwar durfte es ein Parlament geben, das die Gesetze beschließen musste, aber die Regierung und er selbst als Reichskanzler waren vom Parlament unabhängig, allein dem Kaiser verantwortlich. Das alles nach fast einem Jahrhundert voller Revolutionen gegen Könige und Adelsregime in Europa.

Di: Du wolltest aber noch etwas zu Bismarcks Erfahrungen als Botschafter in Russland und Frankreich sagen?

Eo: Ja, diese Erfahrungen in europäischer Diplomatie haben ihn fähig gemacht, die Angst vor Deutschland, das er als neuen großen politischen Machtblock in der Mitte Europas jetzt geschaffen hatte, zu begrenzen, indem er es in ein europäisches Bündnissystem einfügte mit Österreich, Russland, England und Italien, durch das allerdings Frankreich isoliert wurde.

Di: Das war doch ebenfalls genial und realistisch, oder?

Eo: Klar, seine diplomatische Kunst macht ja auch, sehr berechtigt, große Teile seiner historischen Bedeutung und seines Ruhmes aus! Auf dem Feld der europäischen Diplomatie war er wegweisend und weitblickend.

Di: Aber doch auch in der Innenpolitik! Die Sozialgesetzgebungen zum Schutz vor Krankheit, Arbeitslosigkeit und Alter waren doch ebenfalls weitblickend und wegweisend?

Eo: Zweifellos, die Krankenversicherung, die Rentenversicherung und die Arbeitslosenversicherung sollten den sozialen Kämpfen der Sozialdemokratischen Partei, die er so lange verboten hatte, so lange es ihm irgend möglich war, die Spitze nehmen, und das taten sie auch, und seine Sozialgesetze linderten die Folgen einer rücksichtslosen Industrialisierung, die auch in Deutschland von den Fabrikanten durchgesetzt worden war.

Di: Also, warum feierst du den sozialen Bismarck dann nicht?

Eo: Weil sein Motiv hier zuerst das Ausbremsen der sozialistischen Kämpfe war, nicht zuerst die Anerkennung ihrer Berechtigung, weil sein Wirken nicht auf die Behebung ihrer Ursachen gerichtet war, sondern auf das Kurieren von Symptomen, und diese Motivation hat geprägt und gewirkt!

Di: Wir profitieren noch heute von ihm, und viele Staaten haben sich an seinen Sozialreformen ein Beispiel genommen...

Eo: ... und so blieb der Umgang mit den düsteren Seiten der Industrialisierung weltweit im bloßen Kurieren ihrer schlimmsten Folgen stecken: Erkrankung, Aussonderung, Altersschwäche wurden nur ansatzweise aufgefangen, immer unter dem Finanzierungsvorbehalt, da auch für diese Gesetze nie genug Geld da war, der Berg der angestauten sozialen Probleme blieb übergewaltig.

Di: Eigentlich wolltest du aber doch noch über die deutsche Hybris sprechen, den deutschen Größenwahn, hat Bismarck daran Schuld?

Eo: Er wird 1862 vom preußischen König Wilhelm I. in einem Moment zum Ministerpräsidenten berufen, in dem der König eine Vergrößerung des Heeres um 40 % im Parlament nicht durchsetzen kann. Bismarck findet Tricks, die Heeresverstärkung doch durchzusetzen, und zweifellos ist er auch der Meister der riesigen preußischen und deutschen Aufrüstung in den folgenden

Jahrzehnten. Er stand fast 28 Jahre an der Spitze der Regierung. Vielleicht konnte er nicht ahnen, dass diese große Armee ein fatales Instrument in den Händen des politischen Dilettanten werden sollte, der 1888 sein vorgesetzter Kaiser wurde und ihn 1890 im Zorn entließ, um nun selbst die Regierung zu übernehmen, mit der Folge eines katastrophalen finalen Untergangs-Infernos für das Deutsche Kaiserreich.

Di: Du sprichst über Kaiser Wilhelm II. und den Ersten Weltkrieg.

Eo: Es gibt außer Hitler wohl keine Figur im Führungspersonal der Deutschen Geschichte, die düsterer ist als Wilhelm II. .

Di: Es ist bekannt, dass er eitel und sprunghaft war, er litt unter Selbstwertmangel, sich und die deutschen Möglichkeiten überschätzte er, das sind doch aber überschaubare Schwächen, die zwar entsetzliche Folgen hatten, aber war er düster?

Eo: Tatsächlich müssen wir zunächst über den Imperialismus sprechen, bevor wir die Beurteilung Wilhelms II. erörtern können.

Di: Der Imperialismus - er ist eine Folgeform des Kolonialismus im 19. Jahrhundert. Was ist neu?

Eo: Im Kolonialismus ging es im Wesentlichen zunächst um Handel, Handelsvorteile, Handelsgewinne und Stützpunkte. Man führte, hauptsächlich von Europa aus, gnadenlos Krieg, hauptsächlich auf der Südhalbkugel, eroberte aber auch Gebiete, Inseln, Territorien, um die Stützpunkte besser zu sichern. Mehr und mehr allerdings ging es um Ländereien und Länder, die Kriegsherren wollten für ihre Nationen landwirtschaftliche Produktionsgebiete und das Ausschürfen von Rohstoffen sichern. Neu war, dass Frankreich, Deutschland, Italien, Russland, die USA und Japan mit England und untereinander in Wettstreit und Konkurrenz traten, in einen „Wettlauf um die letzten unverteilten Gebiete der Erde", „um die letzten weißen Flecken auf dem Globus".

Di: Diese Beschreibung ist doch absurd: es gab doch keine unbewohnten, unbeschriebenen, „weißen" Gebiete, es lebten doch überall Menschen, es war doch alles bewohnt und verteilt!

Eo: Ja, natürlich, diese zynische Beschreibung enthält bereits das Kernproblem des Imperialismus und gibt dem Bewusstsein die Fehlleitung, als ob da etwas „frei" gewesen wäre. Die Mächte wetteiferten darum, solche Länder und Landesteile zu besetzen, in denen keine Armeen standen, die sich hätten gegen europäische Armeen wehren können, und auf die bisher noch keine der älteren und neueren industriellen Großmächte zugegriffen hatte.

Di: Können wir einige Länder nennen?

Eo: Beginnen wir in Afrika. Nordafrika war seit dem 16. bis ins 19. Jahrhundert hinein weitgehend unter türkischer Vorherrschaft. Ab 1830 erobert Frankreich Algerien und baut nach einem Sieg 1844 über die Armee des marokkanischen Sultans Schritt für Schritt seinen Einfluss auf Marokko aus. 1881 besetzt Frankreich Tunesien, 1882 England Ägypten, 1912 sichert sich Italien Libyen und Frankreich sichert sich endgültig Marokko. Frankreich erobert und errichtet Französisch-Äquatorialafrika 1863 und Französisch-Westafrika 1895, England besitzt teilweise bereits Stützpunkte und baut seinen Einfluss aus in Sierra Leone 1791/1895, Ghana 1621/1874, Nigeria 1849/1885, Kapland 1806, Kenia 1895, Uganda 1896. Portugal dehnt seine Kolonien Angola und Mosambik ins Innere des Kontinents aus. Deutschland erobert und sichert sich 1884 Namibia, Togo und Kamerun, und 1885 Tanganjika. Belgien sichert sich 1885 Kongo, England sichert sich im gleichen Jahr Betschuanaland, erobert 1899 Sudan, 1891 Rhodesien und bis 1902 die Burenstaaten Oranje und Transvaal. Das ist eine Auswahl der größten Vereinnahmungen.

Di: Afrika leidet bis heute unter der imperialen Aushöhlung aller seiner sozialen und politischen Strukturen -

Eo: - und verlangt Entschädigungen von den Imperialmächten, historisch und politisch bestehen diese Ansprüche völlig zurecht, juristisch aber gibt es sie im internationalen Staaten-Recht nicht.

Di: Wie sah es in Asien aus?

Eo: Russland annektiert im Süden Kasachstan 1854, Turkestan 1864, Turkmenien 1873 und im Osten die Amur-Provinz 1858, die Küstenprovinz 1860 und Sachalin 1875. England bezahlt seine langjährigen Importe aus China neuerdings mit Opium, erzwingt sich durch den Opium-Krieg gegen China 1840-42 die Fortsetzung seiner Opium-Lieferungen und sichert sich den Zugang zu Südchina dadurch, dass es die Überlassung Hongkongs ab 1841 durchsetzt. England strebt von Indien aus, das, nach indischen Aufständen, ab 1858 zur Kronkolonie entmündigt wurde, nach Einfluss in Iran, Afghanistan, Tibet, beherrscht Bhutan ab 1872, Burma ab 1885, Singapur ab 1824 und Malaysia ab 1867. – Frankreich erkämpft die Ausweitung seiner Position in Indochina (Kambodscha, Vietnam, Laos) ab 1863. Deutschland besetzt ab 1884 eine Reihe von Südsee-Inseln, den Nord-Ostteil von Neuguinea und fasst diese Territorien unter dem Namen Deutsch-Neuguinea als Kolonie zusammen. 1897/98 besetzt die deutsche Flotte in China Tsingtau. Japan, das von Amerika 1853 zur Öffnung seines Marktes gezwungen worden war, annektiert Okinawa 1876/79 und Formosa 1895 und ganz Korea 1895/1901. Die USA erzwingen im Krieg mit Spanien ab 1898 die Übernahme von Puerto Rico, Guam, Hawaii, mit dem umliegenden Inselraum, und der Philippinen.

Di: Gab es Imperialismus auch in Amerika?

Eo: Die USA, nachdem sie ihren Nordkontinent von den Indianern erobert hatten, dehnen ihren Einfluss auf ganz Mittel- und Südamerika aus, setzen 1903 die Abspaltung Panamas von Kolumbien durch und installieren das eigene Hoheitsrecht über den Panama-Kanal, den sie 1904-14 bauen.

Di: Die Betrachtung des Imperialismus offenbart also eine Liste brutaler Annexionen, durch die die Länder in Afrika, Asien und Amerika in Ketten gelegt wurden, entsetzliche, unendliche Gewalttaten, Kriege an Kriegen: können wir die Opfer, die Tausenden von Toten zählen?

Eo: Das Zählen der Opfer des Imperialismus würde nicht in Tausenden, sondern in Dutzenden von Millionen erfolgen müssen! Denken wir allein an die fast gänzliche Auslöschung der Indianer. Viele Eroberungen in Afrika hatten die Dimension von Völkermord. Allein im Kongo starben zwischen 1880 und 1920 etwa 10 Mio. Menschen. In Asien und Australien war es nicht anders. Dies ist die tiefste und größte Wunde der Geschichte vor den Weltkriegen und dem Holocaust im 20. Jahrhundert.

Di: Wie ist das möglich, dass dies alles, nach Aufklärung, Menschenrechts-Erklärungen, Revolutionen und Parlaments-Gründungen in Europa, dennoch von diesem Europa ausgegangen ist?

Eo: Wir dürfen uns nicht eine Kontinuität vorstellen, in der sich die schulischen Ausbildungen etwa parallel zu wachsenden demokratischen Bestrebungen verbessert hätten. Die politisch handelnden Personen in den wirtschaftlichen und militärischen Eliten stammten aus abgegrenzten Milieus, in denen soziales Mitfühlen und soziales, interkulturelles Engagement überhaupt nicht mitgegeben wurde. Die geistige Atmosphäre des 19. Jahrhunderts war nicht vom Menschenbild der Aufklärung und Klassik geprägt, sondern mehr und mehr von dem eingeschränkten Selbstbild eines Menschen, der der Industrie verschrieben ist, der durch eingeengte Arbeits- und Lebens-Umstände von Idealen und von religiösen und kulturellen Traditionen abgeschnitten und entkleidet ist und der dem herrschenden „Realen" seiner Existenz, seinen Interessen und Trieben, überlassen ist, möglicherweise mit forcierter intellektueller Ausbildung, aber ohne die ideellen Impulse, auf die wir gerne vertraut hätten.

Di: Was hat denn, im Rückblick gesehen, gefehlt?

Eo: Wir vermissen doch in diesem 19. Jahrhundert, in dem die Welt wirtschaftlich und politisch sich unwiderruflich vernetzt und um den Erdball herum ein Ganzes wird, dass sich das nationale Bewusstsein gleichzeitig erweitert in ein global interessiertes Bewusstsein, das die Menschen interkulturell engagiert und auf eine achtende, aktive gegenseitige Begegnung der Kulturen hinarbeitet und darauf, dass die Verschiedenheiten einander vielseitig gegenseitig anregen und durchdringen. Dass sich ein erweitertes globales Gewissen ausprägte, während sich eine globale Welt bildete, das hat es aber nicht gegeben. Wir sehen, im Gegenteil, das Zerrbild eines solchen globalen Gewissens im Imperialismus wirken: nationale Interessen, die versuchen, in grausig gewalttätig geführten, blutig-kriegerischem Wettkampf der jeweils anderen Nation vorweg zu kommen, sie auszutricksen, deren Ausdehnung abzuschneiden und sich gegenseitig zurückzumorden. Die Befehlsgeber und Söldner dieses Kampfes, die in den abgelegenen Winkeln des jeweiligen Imperiums die Kriege führten und die Soldaten angefeuert haben, mögen zu Hause in Europa vielleicht und zum Teil unbeliebt gewesen und ihre Methoden mögen vielleicht nicht in vollem Maße bekannt gewesen sein, dennoch bleibt in den Zentren der Macht mindestens die Schuld, ihnen Freiheit gelassen zu haben.

Di: Du hast damit in allgemeiner Form das Wirken von Sozialdarwinismus, Rassismus und von dem Vitalismus eines Macht- und Ehren-Kultes umrissen. – Mitten in diesem imperialistischen Zeitgeist von Arroganz und Überheblichkeit lebte Wilhelm II., was an dessen Charakter willst du als düster beschreiben?

Eo: Ist es etwa nicht düster, wenn das Oberhaupt eines Staates in der Mitte Europas, vor dessen Macht und Größe seit Jahrhunderten alle Nachbarn in Europa Sorge und Angst haben, wenn Wilhelm II. für dieses Land, nachdem England über Jahrhunderte hin ein Empire von unbestreitbarer Übermacht errichtet hat, wenn er gegen dieses übermächtige England einen deutschen Anspruch auf Weltmacht erhebt? Wenn Wilhelm den Admiral Tirpitz ab 1898 eine Flotte aufbauen lässt, deren Zahlen in manchen Bereichen mit der englischen Flotte direkt konkurrieren und die bei den großen Schlachtschiffen eine Anzahl von 2/3 der englischen Schiffe erreichen soll? Sind solche Rankünen nicht düster?

Di: Wie hat England reagiert?

Eo: England hat mit einer Folge von Warnungen und Verhandlungs-Versuchen reagiert, die am Macht-Bedürfnis der deutschen Flotten-Planer kläglich abprallten. Ist es nicht düster, wenn dieser Kaiser Bismarcks kompliziertes europäisches Bündnis-System für Deutschland zusammenstürzen lässt und unter den Augen und Warnungen seiner Diplomaten Bündnisse gegen Deutschland entstehen lässt und wenn er seine Heeresführung einen Zwei-Frontenkrieg gegen Russland und Frankreich planen lässt? – Einen Zweifronten-Krieg - mit Frontlinien von der Länge Tausender von Kilometern? Ist es nicht düster, für das eigene Bedürfnis nach Ehre und Geltung mit dem Wohl von Millionen zu spielen? Ist es nicht düster, dabei zu glauben, er habe dabei Gott als einen alten Bündnispartner von Preußen in seinem Rücken, er sei bei einem anti-humanen Vabanque-Spiel von Gott geschützt?

Di: Hat er das wirklich geglaubt?

Eo: Er hat in öffentlicher Rede am 24.2.1892 diese Überzeugung verkündet!

Di: Aber der Erste Weltkrieg brach doch nicht aus wegen eines Kaisers, der sich maßlos überschätzte und zudem noch ein religiöser Phantast war, und doch auch nicht, weil Deutschland eine Flotte gegen England aufrüstete?

Eo: Nein, nicht allein aus diesen Ursachen, aber man hielt Deutschland durch die unbedachte und provozierende Außenpolitik, die der Kaiser praktizierte, für unberechenbar und hielt es für nötig, sich gegen dieses Land zu schützen und gegen es zu rüsten. Und der Griff nach der Weltmacht, der in der deutschen Führungselite angestrebt wurde und der nichts anderes als größenwahnsinnig war, konnte in dem komplizierten Spannungsgefüge, das vor dem I. Weltkrieg bestand, von den anderen Mächten nicht geduldet werden.

Di: Wie kam es zu diesem Zustand allseitiger, nervöser Anspannung?

Eo: Das militärische Ausgreifen in der Zeit des Imperialismus, wie wir es angesehen haben, bot allein schon sehr viele Reibungsflächen mit explosivem Potenzial. Österreich, das eng mit Deutschland verbunden war, tat alles, um seine Macht auf dem Balkan nach Osten auszudehnen, in Richtung auf den Bosporus und auf die Türkei hin. Russland fühlte sich dadurch herausgefordert und bedroht und ging mit Serbien, im Namen einer slawischen Brüderschaft, ein Bündnis ein, das sich gegen Österreich richtete. England zog mit Russland gegen einen größeren Einfluss Österreichs im östlichen Mittelmeer, stand aber gleichzeitig mit seinen Interessen in Afghanistan und Iran gegen eine Ausdehnung russischen Einflusses in Asien. Frankreich einigte sich mit England über Einflussgebiete in Afrika und Asien -

Di: Deutschland war, statt dass es sich durch eigene Bündnisse schützte, wie es Bismarck angestrebt hatte, jetzt von Bündnissen eingekreist, die sich gegen Deutschland richteten. Seit wann bestand diese – gegenüber der Bismarck-Zeit - umgekehrte Situation?

Eo: Frankreich hatte mit Russland schon 1894 –vier Jahre nach Bismarcks Entlassung - einen Zweibund gegen Deutschland gebildet, England verbündet sich zehn Jahre später, 1904, mit Frankreich in der „Entente Cordiale" und beschließt 1907 mit Russland einen Interessen-Ausgleich in Asien. Also acht Jahre vor Ausbruch des Ersten Weltkrieges wusste sich Deutschland in seinem Bündnis mit Österreich, dem Zweibund, und in einem zerbrechlichen Bündnis mit Italien, dem Dreibund, von den anderen europäischen Großmächten isoliert. Man könnte es auch anders sagen: die deutsche Führung konnte sich seit acht Jahren vor Ausbruch des Krieges ausrechnen, dass ein Krieg in einem Fiasko für Deutschland enden würde.

Di: Wie konnte es passieren, dass die deutsche Führung dennoch aktiv dazu beitrug, den Krieg auszulösen?

Eo: Diese Frage hat die Geschichtsschreibung sehr umfangreich beschäftigt und behandelt. Zusammenfassend kann man sagen, dass Gefühle von Macht, Ehre und Nationalstolz in einem Umfang wirkten, der nicht durch maßvolle Vernunft an der Realität korrigiert wurde.

Di: Unvernunft?

Eo: Ja, Unvernunft! Nach dem Mord an Franz Ferdinand, dem österreichischen Thronfolger, der von einem 17-jährigen serbischen Attentäter in Sarajewo am 28. Juni 1914 verübt wurde und der als Zündfunke des Kriegsausbruchs gilt, haben Wilhelm II. und sein Umfeld unter irrigen Annahmen die österreichische Führung darin bestärkt, auf einen Krieg gegen Serbien zuzugehen.

Di: Welche irrigen Annahmen?

Eo: In der deutschen Führung glaubte man irrtümlich, dass Russland und Frankreich nicht kriegsbereit seien und einen Kriegseintritt scheuen würden und dass England sich nicht für ein Balkanland in ein Kriegsabenteuer hineinziehen lassen würde. Auch die zwingenden Folgen, die sich aus dem Automatismus der Bündnisse zwischen Russland, Frankreich und England ergaben und aus dem Bruch der Neutralität Belgiens, hatte man völlig unterschätzt. Darüber hinaus spielte in Österreich und Deutschland die Zwangsvorstellung eine große Rolle, man dürfe einen aktuell erreichten Rüstungsstandard oder sogar Rüstungsvorsprung nicht veralten lassen. Dies halte ich für ein besonders irreführendes Motiv, es hat viele Kriege ausgelöst, denn, da die militärischen Führungen stolz sind auf den vermeintlichen Vorsprung bei der Rüstung, überschätzen sie die eigenen Möglichkeiten, die sie im realen Chaos des Kriegsgeschehens haben würden, heillos.

Di: Du hältst also den deutschen Kaiser für direkt inkompetent?

Eo: Ja, in Hinsicht darauf, die diplomatischen und die militärischen Handlungsmöglichkeiten der deutschen Seite sachgerecht zu beurteilen, war er inkompetent. Eine berühmte Szene im Potsdamer Schloss, die sich während des Kriegsausbruches, in der Nacht vom 1. auf den 2. August 1914, abspielte, zeigt das in erschütternder Weise.

Di: Warum gerade eine Szene aus dieser Nacht?

Eo: Die historischen Berichterstatter über die Zeit vor dem Ersten Weltkrieg sprechen von einem unerträglichen Gefühl der Spannung auf einen Krieg hin, der unausweichlich bevorstehe. Die deutsche militärische Führung hatte sich nach dem Schlieffen-Plan ab 1905 auf viele Zwänge eines vorgeplanten Zweifrontenkrieges festgelegt: Überfall auf Luxemburg und Belgien, Durchmarsch durch beide Länder, um mit einem Überraschungsschlag in etwa sechs Wochen Frankreich zu besiegen und dann die Truppen frei zu haben für massive Schläge gegen Russland. Dieser in sich irrsinnige Plan war in immer genauere Planungen umgesetzt worden, die bis in die Nutzung der Luxemburgischen und Belgischen Bahnen hinein festgelegt waren, die man aber dort noch erst erobern wollte. Generalfeldmarschall Hellmuth von Moltke war für diese Planungen verantwortlich und musste am Ende der Julikrise 1914 auf eine möglichst sofortige Kriegserklärung gegen Frankreich drängen, um seine fatalen strategischen Detailplanungen umsetzen zu können.

Di: Es gab also militärische Zwänge, die von den diplomatischen Vorgängen abgekoppelt waren.

Eo: Das war ein Element dieses tragischen Irrsinns: Der deutsche Botschafter in London, Fürst Lichnowski, erörterte auf Weisung des deutschen Kanzlers Bethmann Hollweg und des Kaisers noch Ende Juli mit dem englischen Außenminister Grey eine mögliche englische Neutralität für den Fall, dass Deutschland Frankreich nicht angreifen würde. Bethmann Hollweg bemühte sich mit Lichnowski sogar noch am 1. August, Wege zu finden, England aus dem Krieg herauszuhalten. Inzwischen hatte Österreich am 28. Juli Serbien den Krieg erklärt. Nachdem der Zar am 30. Juli die allgemeine Mobilmachung in Russland für den 31. Juli befohlen hatte, hatte Moltke Österreich dazu drängen können, am 31. Juli ebenfalls die allgemeine Mobilmachung anzuordnen, so dass der Bündnisfall für Deutschland eintreten konnte. Moltke hoffte so, damit den geplanten Überfall auf Luxemburg, Belgien und Frankreich auslösen zu können, wozu er sich schließlich von

Wilhelm II. am Nachmittag des 1. August auch die Unterschriften geben ließ. Auch Frankreich hatte inzwischen, am Nachmittag des 1. August, mobilisiert. Wilhelm hatte also die Kriegserklärung an Russland und die allgemeine Mobilmachung bereits unterzeichnet, und der planmäßige Einmarsch in Luxemburg war befohlen, da kam aus London eine Depesche Lichnowskis mit der Frage, ob Deutschland, falls Frankreich seine Neutralität erkläre, auf Krieg und Einmarsch gegen Frankreich verzichten werde. Moltke war mit den unterzeichneten Befehlen auf dem Weg von Potsdam nach Berlin, als der Kaiser ihn zurückrufen ließ. Moltke, zurückgekehrt ins Neue Palais in Potsdam, wurde mitgeteilt, dass der Kaiser dem englischen König die Zusage gemacht habe, dass Deutschland nicht in Frankreich einmarschieren werde, wenn eine französische Neutralität von England garantiert werden würde. Der Kaiser bedeutete Moltke, er warte auf Antwort des englischen Königs. Er hatte in freudiger Erregung Sekt auffahren lassen und sagte zu Moltke: „Jetzt können wir gegen Russland allein in den Krieg ziehen. Wir schicken einfach unsere ganze Armee in den Osten!" Der Kaiser hatte bereits veranlasst, ohne seinen Generalfeldmarschall überhaupt anzuhören, dass telefonisch die 16. Division vom Einmarsch in Luxemburg abgehalten wurde.

Di: Der Kaiser hatte also die Planungen und Bindungen seiner gesamten Armee missachtet, handelte leichtfertig, ohne sich über die Folgen mit der Armeeführung zu konsultieren. Ja, das ist Inkompetenz, ich gebe dir Recht.

Eo: Moltke war entsetzt, in seiner ganzen Persönlichkeit zutiefst getroffen und gebrochen. Er weigerte sich am Abend auch, unter Tränen der Verzweiflung, die kaiserliche Anordnung, den Einmarsch zu stoppen, schriftlich zu bestätigen. Erst am späten Abend kam von Lichnowski aus London die Nachricht, dass ein Missverständnis vorliege, ein englisches Angebot zur Neutralität habe es nicht gegeben. Wieder rief der Kaiser Moltke, empfing ihn gegen 23 Uhr, einen Militärmantel über dem Nachthemd, grüßte ihn steif, sagte „Jetzt können Sie machen, was Sie wollen" und ging wieder zu Bett. So zündete Deutschland den Ersten Weltkrieg.

Di: Was für ein Verhalten! Dieser Mann hätte nie diese Stellung als Kaiser einnehmen dürfen. Wilhelm verfügte offenbar über kein klares Bewusstsein davon, welches Gewicht die Entscheidungen hatten, die er traf. Diese Szene wirft ja nur ein einzelnes Schlaglicht auf die Art seines Verhaltens, mit dem er inzwischen immerhin seit 24 Jahren Deutschland repräsentierte. Seine ihm unbewussten Verbrechen an den Entwicklungen in Europa und der Welt, die in ungeheuren Zerstörungen endeten, sind unfassbar. Und welche Verbrechen rief jetzt der Krieg auf den Plan!

Eo: Wir kommen nicht umhin, uns einen Überblick über diese abgründigen vier Jahre zu erarbeiten, die so folgenreich für die Geschichte der Welt geworden sind. Am Vormittag nach dieser Nacht, am 2. August 1914, marschierten die deutschen Truppen in Luxemburg ein, einen Tag später, am 3. August, in Belgien. An diesem 3. August auch erfolgte die deutsche Kriegserklärung an Frankreich. Darauf erklärte England am 4. August Deutschland den Krieg. Die gewaltigen Kriegsmaschinerien begannen, aufeinander loszurasen.

Di: Wie kam es zum Eintritt der USA in einen Krieg, der doch eigentlich als europäischer Krieg begonnen hatte, der aber als Weltkrieg endete?

Eo: Die deutschen Annahmen für rasche eigene Siege hatten sich schon nach wenigen Monaten aufgelöst. Es folgte der Tod von immer neuen Hunderttausenden in den Grabenkämpfen der festgefahrenen Westfront und in den unhaltbaren deutschen Geländegewinnen im Osten, die durch das Zurückdrängen der russischen Armee entstanden waren und eine nicht erwartete, große Anzahl von Kampftruppen banden. Die englische Flotte vermied Konfrontationen, konnte aber großräumig in der Nordsee und im Atlantik Deutschland von Zulieferungen übers Meer abschneiden. Beide Seiten, die Entente der Westmächte und Russland und die Mittelmächte zogen immer weitere Länder in den Krieg hinein. Im

Jahr 1916 hatte der Krieg mit Hunger und immer verzweifelteren inneren Mobilisierungsversuchen die gesamte deutsche Zivilbevölkerung erreicht, ebenso wie die Zivilbevölkerungen in allen anderen Ländern, die am Krieg teilnahmen. Die deutsche Militärführung hatte mit einer derartigen Kriegsdauer nie gerechnet und die militärische Lage war schon 1916 aussichtslos. Waffenstillstandsangebote ohne Garantie der von ihnen erkämpften Geländegewinne lehnten die Deutschen ab, und so griffen sie am Anfang des Jahres 1917 (1. Februar 1917) dazu, die illusionäre Vorstellung umzusetzen, durch einen verschärften, uneingeschränkten U-Bootkrieg eine Kriegswende erreichen zu können.

Di: Was verbirgt sich in diesem Begriff „uneingeschränkter U-Bootkrieg"?

Eo: Deutsche U-Boote torpedierten und versenkten feindliche Handelsschiffe ohne Untersuchung und Warnung, das heißt auch, ohne dass Besatzungen und Passagieren die Gelegenheit gegeben wurde, sich zu retten. Die deutsche Führung wusste, dass, wenn das internationale Seerecht nicht mehr geachtet würde, dass dieser Rechtsbruch den Kriegseintritt der USA nach sich ziehen würde, glaubte aber der Militärführung, die behauptete, mit diesem Mittel in fünf Monaten, bevor die USA kriegswirksam eingreifen könnten, England in die Knie und zum Frieden zwingen zu können. Welch ein Irrtum! Sofort, im Februar werden die diplomatischen Beziehungen von den USA zu Deutschland abgebrochen, und am 6. April erklären die USA Deutschland den Krieg. Die finanzielle und moralische Unterstützung durch die USA wirkte auf Seiten der Entente sofort, die materielle und militärische Unterstützung wuchs von da an stetig, die Flotte der USA, die zweitgrößte der Welt, kämpfte jetzt gegen die deutschen Verbände und gegen die deutschen U-Boote, auch die amerikanischen Handelsschiffe wurden bewaffnet, und 1 ¼ Jahre später, im Juli 1918, kämpften 1,4 Millionen Amerikaner in Frankreich mit einer monatlichen Ergänzung von 250 000 Mann.

Di: Das war also die Kriegswende, die Deutschland jetzt auch noch provoziert hatte.

Eo: 1917 wurde zu dem Jahr, in dem die Niederlage der Mittelmächte endgültig absehbar war. Man nennt 1917 ja sogar ein „Epochenjahr der Weltgeschichte", aber auch noch wegen einer weiteren Ereignisfolge, die von diesem Jahr an die Welt zu verändern begann.

Di: Du beziehst dich auf die Revolution in Russland, die sich während des Jahres 1917 vollzog. – Der Sozialismus entstand doch in Mitteleuropa, dort entwickelten sich Industrie und soziale Probleme im 19. Jahrhundert am stärksten, in England hatte Marx seine Theorie von der Weltrevolution, die unabwendbar kommen würde, entwickelt – wie kam es, dass sich ausgerechnet die russischen Sozialisten an der Spitze der Weltrevolution fühlten?

Eo: Der späte Aufbau der wenigen russischen Industriezentren in der zweiten Hälfte des 19. Jahrhunderts hatte sich ohne die politischen Veränderungen vollzogen, die sich in Mitteleuropa seit dem 18. Jahrhundert nach und nach verstärkt hatten. Die Zaren Alexander I. (1801-25), Nikolaus I. (1825-55), Alexander II. (1855-81), Alexander III. (1881-94) und Nikolaus II. (1894-1917) verspielten im 19. Jahrhundert eine Chance nach der anderen, demokratisch garantierte Rechtsbildungen einzuführen. Die Abschaffung der Leibeigenschaft war in Frankreich mit der Revolution 1789, in Deutschland mit den preußischen Reformen bis 1810 vollzogen worden, in Russland wurde die Leibeigenschaft vertieft, 1861 nur halbherzig und der äußeren Form nach abgeschafft, durch Schuldverpflichtungen blieb sie bestehen. So vollzog sich Industrie- und Landarbeit in denkbar rechtlosen Formen, mit Arbeitszeiten wie zu Beginn der Industrialisierung in England, 13 Stunden, auch für Frauen und Kinder, bei Missernten mit Hungersnöten für Millionen und größtem Elend der Armen. Streiks und Hungerrevolten wurden gegen Ende des 19. Jahrhunderts mit brutalen Militäreinsätzen niedergeschlagen.

Di: Da also mussten Marx' Beschreibungen des brutalen Kapitalismus, den eine diktatorische Revolution hinwegzufegen habe, auf fruchtbaren Boden fallen.

Eo: Es bildeten sich Kreise von Sozialrevolutionären und von radikal marxistischen Intellektuellen, die in Moskau und Petersburg bei den Arbeitern an verdecktem Einfluss gewannen. – Dann hatte es 1904/05 schon einen leichtfertig begonnenen Krieg gegeben, gegen Japan, der katastrophal verloren ging und in dem das gesamte zaristische System seine desaströsen Funktionsdefizite zeigte, die zu neuen Revolten und großen Streiks führten. In einer ersten Revolution musste vom Zar ein Parlament, die Duma, gewährt werden. Aber auch da setzte die zaristische Führung durch, dass der Duma kaum Rechte eingeräumt wurden. 1914 wurde der Eintritt in den Ersten Weltkrieg für Russland ein bodenloses Abenteuer, weil die militärisch- industriellen Ressourcen überhaupt nicht hinreichten, über Jahre hin durch Kriegsproduktion belastet zu werden. So wurden ungeheure Menschenopfer – Massen-Heere aus schlecht bewaffneten und wenig trainierten Soldaten – das einzige ungeeignete Mittel, unter dem ab 1915 die russische Abwehr immer weiter zurückzuweichen begann. Im Februar 1917 kam es zu so umfassenden sozialen Unruhen, dass der Zar Nikolaus II. seinen Versuch, die Duma aufzulösen, nicht mehr durchsetzen konnte und im März 1917 abdankte, so dass Russland von da an Republik geworden war, ohne eine entsprechende politische Form gebildet zu haben. Eine sogenannte „Provisorische Regierung" wollte den Krieg fortführen, scheiterte damit aber schon im Sommer, so dass ein ungleicher Waffenstillstand in naher Zukunft absehbar wurde.

Di: Hatte nicht Deutschland auf diesen Prozess der Destabilisierung in Russland aktiv Einfluss genommen, um den Krieg im Osten einstellen zu können?

Eo: Ja, das hatte die deutsche Führung getan, indem sie auf die Idee kam, dem radikalsten Kopf der russischen Marxisten, Lenin, die Rückreise aus der Schweiz nach Petersburg zu ermöglichen. Mit deutscher Hilfe traf Lenin am 3. (16.) April 1917 in Petersburg ein. Er verlangte, dass die Staatsmacht sofort übertragen werden müsste an die Arbeiter- und Soldatenräte, die sich spontan in Petersburg und Moskau gebildet hatten, und an eine neu zu bildende Sowjet-(Räte-)Republik, der auch der gesamte, noch zu enteignende Grundbesitz und die Banken zu unterstellen seien. Und er stärkte die Forderungen nach dem sofortigen Ende des imperialistischen Krieges und nährte die Hoffnung auf Frieden. Zwar musste Lenin – nach einem zunächst misslungenen Putschversuch im Sommer - noch einmal für einige Monate nach Finnland fliehen, aber von ihm gingen Theorie und Entschiedenheit für die Revolution in Russland aus, die er mit seinen Anhängern im Oktober 1917 gegen die Provisorische Regierung und im Januar 1918 gegen die demokratisch neu gewählte Verfassunggebende Versammlung gewaltsam erzwang und führte. Wenig später hatte Deutschland, im März 1918 in Brest-Litowsk, sein Ziel, das es - auch, indem es Lenin unterstützte - verfolgt hatte, ein Ende der Kämpfe an der Ostfront und einen Eroberungsfrieden gegen Russland, erreicht.

Di: So hat Deutschland 1917 den Eintritt der USA in den Krieg provoziert und die diktatorische Revolution in Russland mit entzündet.

Eo: Und beides sind nicht eben beiläufige historische Entwicklungen: Der amerikanische Präsident Wilson verband den Kriegseintritt mit der Vision, für eine Welt der repräsentativen Demokratie zu kämpfen, „to make world safe for democracy". Lenin sah die russische Revolution als den Anfang der Weltrevolution, er hielt die Räte-Diktatur für das Modell einer neuen Welt, die sich bald in allen jetzt noch kapitalistischen Ländern notwendig verbreiten werde. 1917 begann die Konfrontation zweier Weltsysteme, die zunächst in Europa, im gesamten 20. Jahrhundert aber global gegeneinander um Einfluss kämpfen würden.

Di: Wie kam es zum Ende des Krieges, und was bedeutete es für Deutschland und Europa?

Eo: Durch die amerikanische Unterstützung konnten die Westmächte die Deutschen an der Westfront weiter zurückdrängen. Der amerikanische Präsident Wilson stärkte die Moral in der alliierten Kriegsführung auch dadurch, dass er, im Januar 1918, 14 Punkte formulierte, die Sieg und Frieden mit Inhalt und Zielen versahen. Es sollte am Ende dieses Krieges ein Frieden der Gerechtigkeit erreicht werden, mit Rückgabe der besetzten Gebiete, mit der Wiederherstellung Polens und überhaupt mit einem Selbstbestimmungsrecht auch der kleinen Völker in Europa, die bisher eingebunden waren in den Großreichen Österreich-Ungarns, Russlands und der Türkei. Die Freiheit der Meere, der Wegfall von Handelsschranken, Abrüstung und Gründung eines Völkerbundes sowie das Verbot von Geheimdiplomatie waren ebenfalls zentrale Anliegen, die Wilson in diese 14 Punkte eingebracht hatte.

Di: Haben denn diese Forderungen nicht auch Wirkungen auf die deutsche Bevölkerung gehabt?

Eo: In Deutschland hatte es seit 1916 immer stärkere Initiativen gegeben, den Krieg zu beenden. In der SPD spaltet sich im April 1917 die Unabhängige SPD (USPD) ab, die die Loyalität zur Kriegführung aufkündigt und entschieden für einen Verständigungsfrieden eintritt. Streiks und Friedens-Aufrufe mehren sich aber auch in den übrigen Parteien und in der Öffentlichkeit, zum Verdruss der Militärführung. Im Juli 1917 findet eine Friedensresolution eine Mehrheit im Reichstag, die jedoch Reichskanzler und Heeresführung nicht binden kann, da deren Stellung nicht vom Parlament, sondern noch immer allein vom Kaiser abhängig ist.

Di: Wie konnte die Militärführung so blind in die Niederlage stolpern?

Eo: Die Oberste Heeresleitung OHL, an deren Spitze die Generäle Hindenburg und Ludendorff standen, forderte erst Ende September 1918 ein sofortiges Gesuch um Waffenstillstand, völlig überraschend für alle die Kräfte, die in Deutschland den Krieg noch unterstützten. Dieser späte Zeitpunkt zeigt, dass man sich dort in einem Wahn des militärischen Erfolges abgekapselt hatte, gegen die massiven Tatsachen der Niederlage. Zwar waren nach dem Frieden mit dem revolutionären Russland nach dem März 1918 dort Truppenverbände frei geworden, die man für neue Offensiven an die Westfront geworfen hatte. Ludendorff glaubte, die Engländer in die Kanalhäfen zurückdrängen und die Franzosen entmutigen zu können. Man konnte aber die hohen täglichen Verluste, die die frischen gegnerischen Truppen mit überlegener Material-Ausstattung den deutschen Verbänden zufügten, überhaupt nicht mehr ersetzen. So bewirkte am 8. August 1918 ein Angriff englischer, kanadischer, australischer und französischer Verbände mit über 500 britischen Panzern den von Ludendorff so genannten „schwarzen Tag des deutschen Heeres" mit einem tiefen Durchbruch in die deutschen Linien bei Amiens.

Di: Warum dauerte es nach Ludendorffs Ersuchen vom 29. September noch über fünf Wochen, bis es am 11. November 1918 zur Unterzeichnung des Waffenstillstandsabkommens kam?

Eo: Wilson zögerte mit einer raschen Antwort, offenbar auch wegen militärischer Vorteile, da die Alliierten unaufhaltsam vordrangen. Es begann ein Notenwechsel mit Berlin. Wilson weigerte sich, mit einer autokratischen deutschen Führung zu verhandeln, so dass unter dem Reichskanzler Prinz Max von Baden, der am 3. Oktober neu eingesetzt worden war, erst die deutsche Verfassung so verändert wurde, dass der Kanzler vom Parlament gewählt werden musste. Auf den Druck Wilsons hin wurde Deutschland so am 28. Oktober 1918 zu einer „parlamentarischen Monarchie". Auch untereinander mussten die Alliierten verhandeln, endlich erreichten die alliierten Bedingungen am 5. November Berlin. Bevor am 11. November im Wald von Compiégne unterzeichnet wurde, hatten am 29. Oktober die Meutereien in der deutschen Marine in den Hafenstädten, am 7. November die Revolution in München und am 9. November die Revolution in Berlin begonnen.

Di: Der Begriff „Revolution" für den Umbruch in Deutschland nach dem Ersten Weltkrieg wird doch immer wieder in Frage gestellt, warum?

Eo: Vielleicht sollten wir erst noch auf die Opferbilanz dieses Krieges hinsehen, bevor wir auf deine Frage eingehen, was das Ende für Deutschland und Europa bedeutet und was für eine Art von Revolution jetzt in Deutschland stattfand.

Di: Ich weiß von 8 Millionen Toten und 20 Millionen Verwundeten.

Eo: Ich möchte eine Liste dieser Zahlen hier nennen, die 2004 in Berlin anlässlich der großen Ausstellung zum Ersten Weltkrieg veröffentlicht wurde. Hier werden die Zahlen der mobilisierten Soldaten den Gefallenen gegenübergestellt, so dass mit den Opferzahlen zugleich eine Vorstellung vom Grad der Militarisierung in den jeweiligen Ländern entstehen kann. Damit wird auch deutlich, wie der Krieg sich hat einwurzeln müssen im kollektiven Gedächtnis der Gesellschaften, der Familien und der ganzen Welt:

Land	Mobilisierte Soldaten	Gefallene
Großbritannien	8,9 Mio.	908.000
USA	4,4 Mio.	126.000
Deutsches Reich	11 Mio.	1,7 Mio.
Frankreich	8,4 Mio.	1,4 Mio.
Italien	5,6 Mio.	650.000
Russland	12 Mio.	1,7 Mio.
Österreich-Ungarn	7,8 Mio.	1,2 Mio.
Japan	30.000	1.000
Serbien	707.000	45.000
Bulgarien	1,2 Mio.	87.500
Osmanisches Reich	2,9 Mio.	325.000

Hier bestätigt sich die Anzahl der Gefallenen insgesamt mit 8,142 Millionen, mobilisiert waren 62,937 Millionen.

Di: So ist es auch verständlich, dass die Kampffelder und Gräber auch hundert Jahre nach dieser Weltkatastrophe noch besucht werden.

Eo: Ja, das Verneigen vor den zerstörten Leben und unlebbar gewordenen Biographien hat einen tiefen, unabweisbaren Sinn.

Di: Gab es durch den Waffenstillstand eine Demütigung der Deutschen?

Eo: Selbstverständlich. Aber das große Ereignis, das tief weiterwirkend als Demütigung empfunden wurde, fand etwa ein halbes Jahr nach Kriegsende statt, die Unterzeichnung des Friedensvertrages von Versailles, Ende Juni 1919, die erneut von den Alliierten erzwungen werden musste.

Di: Ein Hauptinhalt war doch die Verpflichtung, dass Deutschland den Alliierten Reparationen zu zahlen hatte, als Ausgleich für die Kriegskosten und Zerstörungen, die geschehen waren.

Eo: Ja, Deutschland hatte die Schuld am Krieg anzuerkennen, und daraus waren die finanziellen Schuld-Verpflichtungen abgeleitet, die bis in das Jahr 1963 abgetragen werden sollten und deren Einhaltung abgesichert wurde durch die alliierte Besetzung der Gebiete links des Rheins und des Ruhrgebietes. Aber auch der Verlust großer Gebiete wurde als Demütigung empfunden: Elsass-Lothringen, Posen, Westpreußen, Teile Pommerns und Schlesiens, das Hutschiner Ländchen, das an Schlesien angrenzt, und das Memelgebiet im Norden Ostpreußens mussten abgetreten werden. Deutschland verlor 1/8 seines Gebietes mit 6,5 Mio. Einwohnern, ebenso alle Kolonien. In 440 Artikeln wurden alle Einzelheiten einer umfassenden Entmachtung Deutschlands festgelegt.

Di: Was sind die wichtigsten Konsequenzen der Friedensverträge für ganz Europa?

Eo: Der amerikanische Präsident, Woodrow Wilson, war im Januar 1919 mit einer Delegation von 1300 Personen über den Ozean gekommen und hatte in Paris an den Friedensverhandlungen teilgenommen. Es soll das erste Mal gewesen sein, dass ein amerikanischer Präsident amerikanischen Boden verließ, und erstmals greifen die USA in die Gestaltung Europas ein.

Di: Er hatte in seinen 14 Punkten doch ein Jahr vorher, im Januar 1918, sehr idealistische Positionen für den Frieden vertreten, hatte er diese eingebracht?

Eo: Er hatte schwere Konflikte mit Frankreichs Ministerpräsident Clemenceau um die harte Bestrafung Deutschlands und die Sicherheit vor Deutschland. Die oben genannten Gebietsverluste und Besatzungszonen sind bereits ein von Wilson schwer erkämpfter Kompromiss gegenüber viel weiter gehenden französischen Ansprüchen. Nach dem Grundsatz „Selbstbestimmungsrecht der Völker" bewirkt Wilson, dass, vor allem in Osteuropa, neue Staaten entstehen, die zugleich einen Sicherheitsgürtel – „cordon sanitaire" – gegenüber dem bolschewistischen Russland bilden sollen: Estland, Lettland, Litauen, Polen, Tschechoslowakei, Jugoslawien und Ungarn. Europa besteht vor dem Krieg aus 26, nach dem Krieg aus 35 Staaten, die Anzahl der Währungen wächst von 13 auf 27, die Anzahl der Zollgebiete von 26 auf 38.

Di: „divide et impera!" – "Teile und herrsche" – hat dieser Herrschafts-Grundsatz hier eine Rolle gespielt?

Eo: Jedenfalls haben die USA verhindert, dass größere Wirtschaftsräume entstehen konnten. Österreich-Ungarn und der europäische Teil des Osmanischen Großreiches waren aufgelöst, die deutsche Wirtschaft mit hohen Zahlungen belegt, und die USA als große Wirtschaftsmacht konnten in dem jetzt propagierten freien Handel erheblich profitieren, wenn sie es mit den kleineren Staaten zu tun hatten. – Das also waren bedeutende Folgen, die der Krieg, der Kriegseintritt Amerikas und der Ausbruch der Revolution in Russland für Europa nach sich zogen. Die Ost-West-Spaltung begann, und der Einfluss des Wirtschafts-Giganten USA hatte enorm zugenommen.

Di: In aller Hinsicht also entsteht durch Versailles die Welt des 20. Jahrhunderts. - - Wollten wir nicht noch einmal zurücksehen auf die Fraglichkeit des Begriffes „Revolution" für die deutsche Revolution von 1918?

Eo: Ich würde vorschlagen, ehe wir das tun, noch eine Betrachtung vorzunehmen zum Umbruch in der Geistes- und Kulturgeschichte im Übergang zum 20. Jahrhundert.

Di: Gut, also!

19 Moderne – Umbruch zum 20. Jahrhundert

Di: Die Fülle und den Umbruch geistiger, kultureller und gesellschaftlicher Strömungen im 19. Jahrhundert und im Übergang zum 20. Jahrhundert wirst du doch nicht in wenigen Sätzen zusammenfassen wollen!

Eo: Nein, nein – aber du wirst andererseits auch vielleicht nicht dem widersprechen, dass es Hauptmomente der Entwicklung gab?

Di: Was würdest du da nennen?

Eo: Zum Beispiel den Verlust an Religion und Metaphysik -

Di: Klar, schon, ja -

Eo: Hegel (1770 - 1831) hatte noch an beidem festgehalten, hatte den Menschen gesehen als den, der mittels seiner Vernunft erkennend in die Schöpfung eindringt, eintritt und sie geradezu mit göttlicher Kraft verantwortlich übernimmt und, mit tiefer Einsicht in die göttlichen Plane, eigenständig fortführt.

Di: Mit diesem Konzept, dass Vernunft und Religion einander nicht widersprechen, sondern ineinander sind, ist er aber nicht populär geworden -

Eo: - nein, populär wurden offenbar nicht die eigenständigen Denker, sondern die beschreibenden Wissenschaftler, die aber oft in Hinsicht auf das, was sie dem Menschen in seiner Entwicklung zutrauen, keine Ideale mehr entwickeln konnten und einen resignativen Zug in sich trugen.

Di: Bitte – den sehr populären Goethe hattest du vorhin nicht als resignativen, sondern als sensibel progressiven und positiv denkenden, idealistischen Charakter gezeichnet -

Eo: Da wäre ich ja froh, wenn mir das gelungen wäre - aber Goethe war auch nicht populär, man ließ ihn, je weiter das 19. Jahrhundert voranging, desto mehr unbeachtet beiseite stehen. Populär wurde nicht eine Wissenschaftsrichtung, die versuchte, das Mögliche sichtbar zu machen, sondern eine Haltung, die vorgab, nur das positiv Vorhandene zu beschreiben, der Positivismus. Der Positivismus war ein Charakteristikum der Zeit, in der die Politik neue Impulse niederwarf. Die Versuche des Aufbegehrens dagegen, dass Rechte und Chancen für Entwicklung missachtet und unterdrückt wurden, mündeten schließlich in die meist tragischen Revolutionen des 19. Jahrhunderts. Unter der ungeheuren Entwicklung des Tatsächlichen in Wissenschaft, Technik, Wirtschaft und Industrie gerieten der Sinn und die Phantasie und die Tatkraft für das, was über das Tatsächliche hinaus noch möglich sein könnte, buchstäblich unter die Räder.

Di: Aber die positive Erforschung des Menschen kam in dieser Zeit weit voran. Was alles erreichten Biologie und Medizin! Das Verständnis von uns selbst, das uns immer vertrauter geworden ist, dass der Mensch seit der Zeit der Jäger und Sammler als psychophysische Maschinerie sehr hiesig und ohne Himmel erfolgreich in uns arbeitet, das ist doch ein großartiges Modell und ein großartiger Gegenstand. Die Ergebnisse seiner Erforschung feiern brillante Triumphe und werden bis in unsere heutigen Zeitschriften hinein immer neu fasziniert diskutiert – so viel ist dem Menschen möglich, so viel ist noch in ihm verborgen, und wir kriegen so viel Neues aus ihm heraus. Wo ist das Problem?

Eo: Es ist richtig, wir haben die ungeheuren Gewinne an Selbst- und Welterkenntnis, die durch das 19. Jahrhundert und im Beginn des 20. Jahrhunderts entstanden sind, noch nicht betrachtet -

Di: - aber - ?

Eo: - aber ich deutete an, dass ich einen Verlust an Wertschätzung sehe für Vernunft und Religion und dafür, welches innere geistige Entwicklungspotenzial in dieser Wertschätzung enthalten ist. Und mit diesem Verlust ist einhergegangen, dass gleichzeitig populär geworden sind – nennen wir es einmal so allgemein – grobe Formen von Materialismus und Darwinismus, Relativismus, Nihilismus, Rassismus und andere Ideologien. Dieser Verlust war jedoch nicht nur etwa durch Karl Marx (1818 – 1883) bewirkt.

Marx sprach immerhin mit sehr prominenter Wirkung dem Menschen eine Wandlungsfähigkeit, die über seine materiellen Interessen hinausgeht, ab und bejahte revolutionäre Gewalt und Diktatur als Mittel, um das Wuchern und Gieren bei materiellen Interessen niederzukämpfen: Wer Falsches und Ungerechtes denkt und darlebt, darf, da man ihm eine innere und äußere Verwandlung nicht zutraut, niedergeschlagen und getötet werden.

Und der Verlust kam auch nicht nur durch Darwin (1809 – 1882). Diejenigen, die seine Werke populär machten, trugen aber dazu bei, dass ein sehr einfaches Verständnis vom Leben sich breit machte, etwa derart, dass man beim Überleben einen ziellosen Prozess zu erdulden habe von Versuch und Irrtum, bei dem es allein auf den Erfolg ankomme, dass man sein Dasein gegen andere erkämpfe.

Di: - Und es war wohl auch nicht nur Nietzsche (1844 - 1900) - - ?

Eo: Nietzsches Verächtlichung des Christentums und sein Ruf "Gott ist tot" war wohl nur die schärfste und lauteste Stimme unter den Vielen, die Ähnliches ausdrücklich vertraten oder aber auch in gleichgültiger Ignoranz die Bemühung um Religion aufgegeben hatten.

Di: Höre ich da heraus, dass du Areligiosität als eine Bequemlichkeit ansiehst?

Eo: Das wäre viel zu einfach, dafür sind die Menschen und ihre Verhältnisse viel zu reichhaltig, als dass man nur einen Grund dafür, nichts von Religion zu halten, angeben könnte! – Denken wir allein an den Missbrauch des Christentums durch kirchliche Amtsträger, von dem wir oben manches genannt haben, zum Beispiel die unendlich häufige Legitimierung von Gewalt und Krieg, zum Beispiel die Einschüchterung und Unterdrückung der Gläubigen, aber auch der direkte Missbrauch von Menschen und Kindern, wie wir es bis heute erleben – das kann Anlass sein, alle Religiosität zurückzuweisen, weil man so tief abgestoßen ist. Auch ist es sehr schwierig, einen Zugang zu Religiosität zu finden, wenn nur das intellektuell-vernünftige Verstehen gelernt und praktiziert wird und wenn man Religiosität in der eigenen Umgebung nicht überzeugend oder gar nicht erlebt hat, und es verbreitete sich doch auch immer weiter eine Welt bloßer Realien, in der diese Erlebnisse fehlten, denken wir allein an Millionen von Fabrikarbeitern, die, allein schon durch sehr eingeschränkte Lebensverhältnisse, von jeglicher Teilnahme am kulturellen Leben abgeschnitten waren. – Aber es gab auch Abwendung von Religion aus Gleichgültigkeit und Ignoranz und Mangel an Bemühung. Ich bin überzeugt, dass es sehr viele gegeben hat, die leichtfertig die christlichen Werte außer Acht ließen. Die leitenden Köpfe des Schulwesens und die Lehrer hatten Zeit und Potential, sich Grundlagen ihrer Kultur klarzumachen und die Lehrpläne mit Werten auszugestalten. Aber es ist unterlassen worden, in den Schulen Hochachtung vor der Schöpfung, Hochachtung vor jedem anderen Menschen und vor anderen Kulturen praktisch zu vermitteln, Bescheidenheit und die Kraft zur Demut zu lernen, und damit meine ich nicht Unterwürfigkeit, sondern die Kraft, sich von Unmaß zurückzuhalten. Allein die Fähigkeit in sich wachsen zu lassen, sich selbst wandeln zu können, ist nicht aufgerichtet worden als ein zentraler Anspruch innerhalb des eigenen Selbstbildes.

Di: Du nennst manches als verloren, was es aber vielleicht als Etwas nicht einmal gegeben hat. Denke, wie areligiös das Leben der vielen Menschen im 18. und 19. Jahrhundert in aller Breite gewesen ist. Die Moral war doppelbödig, Werte waren verraten und unglaubwürdig. – -

Sollten wir aber nicht unseren Blick wenden weg von möglicherweise Verlorenem auf Neues, was im Übergang zum 20. Jahrhundert auftrat? – Es gab nicht nur Realismus, Materialismus, Sozialdarwinismus, Nihilismus und Rassismus - -

Eo: In der Musik hat sich das große und offene Wissen vom Menschen vielleicht noch am längsten gehalten und trägt uns ja zum Teil auch noch heute. Mozart (1756 – 1791), Beethoven (1770 - 1827), Schubert (1797 - 1828), Mendelssohn (1809 - 1847), Chopin (1810 - 1849), Wagner (1813 - 1883), Verdi (1813 - 1901), Schumann (1818 - 1856), Bruckner (1824 – 1896), Brahms (1833 - 1897), Dvorák (1841 - 1904), Wolff (1860 - 1903), Mahler (1860 - 1911), sie und viele andere sahen den Menschen nicht als ein Wesen, das auf das Materielle seiner Existenz begrenzt ist.

In der Literatur kommt es nach Klassik, Romantik, Realismus und Naturalismus zum Durchbruch von Neuromantik und Expressionismus. Besonderen Eindruck machte das Neue in der Malerei mit Impressionismus und Expressionismus, Kubismus und dem Durchbruch zu Abstraktion. Diese Entwicklungen entfernten sich allesamt vom Materialismus. Und viele dieser Künstler riskierten schwere Anfeindungen und Konflikte mit den führenden Kreisen, in denen unbewegliche Persönlichkeiten und Strukturen herrschend waren.

Di: Könnte man etwas Gemeinsames nennen, das hinter diesen zum Teil ja explosiven Neuerungen steht?

Eo: Ich würde sagen, das, was sich da ereignete, war ein neues Ergreifen der Individualität. Das Einzigartige im einzelnen Menschen wurde mit neuer Intensität ergriffen. Der Einzelne in der Moderne sieht von allem Herkommen ab und ergreift sich als neuen Menschen. Jeder ist neu und fühlt in sich die Legitimität und einen neuen Mut dazu, das, was er in sich findet, nach außen zu tragen, ohne Furcht davor, Regeln und Traditionen zurückzulassen und zu brechen. Der Einzelne ist sein Eigentum – diesen Begriff prägte Max Stirner (1806 – 1856) bereits Mitte des 19. Jahrhunderts - und der Geist des Einzelnen gilt und darf für ihn gelten, unabhängig davon, was Andere sagen oder was die Mehrheitsführer oder die Gesellschaft darüber denken.

Di: Mir fällt Rilke (1875 - 1926) ein, der ein Innehalten, Staunen, eine Ehrfurcht vor dem Erhabenen hat vermitteln können, die es so nur in der Welt seiner Gedichte gibt.

Eo: Bei Trakl (1887 - 1914) etwa werden die sprachlichen Mittel potenziert, die steilen Metaphern, die überraschend Neues erschließen, wollen nichts zeigen als seine Erlebniswelt, aber sie bereichern und erweitern doch unsere sympathisierende Erfahrung und Wahrnehmungsfähigkeit.

Van Gogh (1853 - 1890), Gauguin (1848 - 1903), später Kirchner (1880 - 1938) und Nolde (1867 - 1956) und viele mit ihnen setzen „innere" Farben in äußeren Formen ein, wodurch eine neue Intensität darin entsteht, wie das Innere am malerischen Ausdruck beteiligt ist.

Klee (1879 - 1940) entwickelt ein inneres Universum von Formen und Farben, in dem sich niemand außer ihm selbst auskennt, und doch findet sich eine unendliche Zahl von Menschen beheimatet in seinen Bildern.

Kandinsky (1866 - 1944) entdeckt ein Geistiges in der Gegenstandsform, das er mehr und mehr nur durch Abstraktion zum Ausdruck bringen kann. Ähnlich scheint es zunächst Mondrian (1872 - 1944) zu gehen. Allmählich entwickeln sich Darstellungen in reiner Abstraktion. Geist und Seele bewegen sich nur in Farbe und Form, die gegenständlichen Assoziationen treten ganz zurück. Zeitgenossen sprechen schon von einer neuen Geistigkeit in der Kunst.

Di: Was würdest du hier mit Geistigkeit bezeichnen?

Eo: In der abstrakten Malerei entstehen Beziehungen nur zwischen Farben und Formen, ohne Bezug zu sinnlichen Gegenständen, das könnte man eine geistige Form der Kunst nennen. Aber noch etwas anderes würde ich mit diesem Begriff einer neuen Geistigkeit verbinden. Dichter und Maler schaffen Imaginationen, Bilder, in denen Sinn-Aussagen verdichtet sind, das heißt, das Bild steht nicht allein für sich, sondern es deutet, interpretiert, bedeutet einen Inhalt, eine geistige Aussage, eine Aussage über Zusammenhänge, die ohne dieses Bild nie sichtbar geworden wäre. Künstler haben Inspirationen, das heißt, sie folgen geistigen Impulsen, die sie spüren, die sie aufnehmen und bejahen, obwohl sie merken, dass sie etwas geöffnet haben, in dem sie nicht nur allein sind. Diese Menschen verwenden auch manchmal den Begriff der Intuition, bekennen, dass Intuitionen an ihren Werken Anteil haben. Sie nehmen etwas auf, von dem sie rückblickend merken, dass es in der Situation, in der sie waren, ihnen weitergeholfen hat, obwohl sie es nicht selbst bewirkt haben, sie empfinden Intuitionen wie Geschenke. Dies sind Formen der Kommunikation mit Geist, etwas, was in uns lebt, aber weit über uns hinausreicht, an dem wir Anteil haben, das wir aber nicht wie eine sonnige Landschaft bis in alle Fernen ansehen und erahnen können, sondern nur erspüren wie die Wärme an einem sonnigen Fleck, wenn wir aus dem Schatten treten. Das aber scheinen wir sicher zu wissen, dass wir diese Wärme, wo wir sie spüren, annehmen und bejahen können.

Di: Aber wie sollen wir wissen, von welcher Art die Inspirationen und Intuitionen sind, wenn ihre Herkunft so unbestimmt ist?

Eo: Mir scheint, dass das Verhältnis von Frage und Antwort das zeigt.

Di: Gehen denn Fragen voraus?

Eo: Im alten Irland gab es das Sprichwort: „Eine Frage trägt ihre Antwort auf dem Rücken." Jeder kennt das vermutlich, dass man intensiv sucht, mit einer Frage, einem Problem oder einer Spannung lebt und einem auf einmal, in einem Traum, oder im Wachliegen mitten in der Nacht oder beim Aufwachen, aber auch einfach beim neuen Herangehen an den Inhalt, eine Antwort, Lösung oder ein Weg einfällt. Bei intensiver Beschäftigung mit der Angelegenheit hat man alles, was zu einer Beurteilung dessen nötig ist, was einem als Inspiration oder Intuition „einfällt", beisammen. Man weiß meist sofort, dass hier ein guter „Einfall" stattfindet. Das Sehnen nach einer Antwort, der Wunsch, das Bitten oder auch das Gebet um eine Lösung gehen meistens voraus, das kennen wir alle aus Momenten, in denen unsere Betroffenheit groß ist.

Di: Sind es aber dann nicht wir selbst, die die Antwort finden? Macht nicht die Intensität unserer Suche das Finden aus?

Eo: Das scheint oft so. Das ist sicher auch oft so. Und doch würden manche darüber hinaus von dem Empfinden einer persönlichen Begleitung und Antwort sprechen. Es kann keinen anderen Grund dafür geben, dass in der Lyrik, zum Beispiel bei Rilke, und in der Malerei, zum Beispiel bei Kandinsky und Klee, das Bild des Engels auftritt, um dieser Kraft, die man als persönlich antwortend empfindet, bildlichen Ausdruck zu geben.

Di: Ob die Leute, deren Namen du genannt hast, dieses Verständnis von Geist annehmen könnten - -

Eo: Das ist nur ein Versuch, um anzudeuten, was ich mit geistigem Entwicklungspotential meine, das offen steht, wenn man dem Menschen, das heißt auch, sich selbst, diese Möglichkeiten der Erweiterung seines Wahrnehmens und seines Horizontes durch Denken, Suchen, Sehnen, Beten, Empfangen und Danken bejaht, wenn man es also zugesteht, dass es Imagination, Inspiration und Intuition gibt. Würde man sie ablehnen oder ausschließen, würde man sie verderben.

Di: Können wir also Horizonterweiterung als ein zentrales Motiv nennen, das in den Individualitäten gelebt hat, die die Moderne vorangebracht haben?

Eo: Das ist doch auch noch immer das, was wir in der Begegnung mit ihren Werken erleben -

Di: Du sprachst von „neuer Geistigkeit" – gibt es nicht auch Menschen, die diese neuen Tendenzen auf den Begriff gebracht haben?

Eo: Doch, es fanden rege und teils heftige Diskussionen darüber unter Natur- und Geisteswissenschaftlern statt.

Di: Nehmen wir, ehe wir uns den Naturwissenschaften zuwenden, auch Freud (1856 - 1939) hinzu? Freud erforscht das Unterbewusste und die unter dem Tabu liegende Sexualität und steht dafür ein, dass das, was ihm im Unbewussten erkennbar wird, ins Licht der psychologischen Diskussion gehoben werden muss.

Eo: Sicher! Freuds Tabu-Brüche haben unser Bewusstsein und unsere Aufmerksamkeit und Sensibilität erheblich angestoßen und erweitert und dazu beigetragen, dass der Psychologie der Weg zu einer sehr gesuchten Wissenschaft bereitet wurde. Bemerkenswert ist, dass gleichzeitig dazu, dass die Erschließung des Unterbewussten aufgerissen wurde, das, was man das "Überbewusste" nennen könnte, von neuem Interesse war und zum Teil ebenso aufgeregt diskutiert wurde. In diesem Bereich ist es Steiner (1861 - 1925) gewesen, der gegen das Tabu der Theosophen darauf bestanden hat, dass deren Geheimwissen über die Welt-Entwicklung und die verborgene geistige Natur des Menschen ebenfalls in die Öffentlichkeit eingebracht werden muss.

Di: Und dafür wird er aber auch bis heute mit einem Tabu der Öffentlichkeit belegt, anders als Freud, der inzwischen als seriös angesehen wird -

Eo: - aber neuerdings hat die Tabuisierung von Steiner eine schwindende Tendenz. So steht der Programm-Satz einer neuen Steiner-Ausstellung dem entgegen, der sinngemäß lautet: „Steiner gehört uns allen, nicht nur den Anthroposophen". Steiner hat Aufsehen erregende Vorträge gehalten über die Fähigkeit des Menschen zu umfassender Erkenntnis, über die Vielfalt verborgener Beziehungen des Menschen zur Natur, zur Welt und zum Kosmos und über das mehrfache Leben der menschlichen Individualität zu verschiedenen Zeiten der irdischen Geschichte.

Di: Aber bitte, soll man das ernst nehmen, das mit dem mehrfachen Leben, ist das der Diskussion wert, ist das nicht mit Recht Scharlatanerie genannt worden?

Eo: Es wurde damals und wird bis heute in den sogenannten gebildeten Kreisen viel mehr darüber diskutiert als öffentlich zugegeben wird.

Di: Aber das Wiedergeboren-Werden - -

Eo: - war in den ältesten Kulturen selbstverständliches Allgemeingut, ist es bis heute für Milliarden von Menschen in Asien. In Europa ist es bis in die Philosophie von Platon hinein ein zentraler Inhalt für das Verständnis des Lebens gewesen. Im 18. und 19. Jahrhundert ist es erneut ausdrücklich thematisiert worden von Lessing und Novalis, bei Goethe und Schiller in Bildern der Dichtung. Goethe und Humboldt konnten die Tiefe der Begegnung und Vertrautheit mit ihrem jeweiligen weiblichen Gegenüber, Charlotte und Caroline, nur durch eine vorherige Begegnung in einem anderen Leben erklären; sie lebten mit dieser Tatsache, so wie es auch heute, ohne dass sie es ausdrücklich erwähnen, viele tun, noch mehrere kokettieren offen mit mehreren Leben, nicht ohne damit der Tatsache etwas Wahrheit zu belassen.

Di: Steiner soll behauptet haben, es gebe einen wissenschaftlichen Kern seiner unendlich vielen Aussagen, siehst du einen solchen?

Eo: Steiner sieht diesen Kern in der Wissenschaft Goethes und in der Art, wie Goethe Wissenschaft betrieben hat.

Di: Goethes Wissenschaft – wer würde sich trauen, die in einem philosophischen Konzept zu fassen?

Eo: Immerhin hat Steiner, nachdem er in Weimar Herausgeber für Goethes naturwissenschaftliche Schriften gewesen ist, darüber eine längere Arbeit geschrieben.

Di: Du wirst uns seine Kernthesen referieren können?

Eo: Ich würde eine These nennen wollen aus dem Buch, das Steiner aufgrund dieser Arbeit über Goethe später und nach seiner eigenen Doktor-Arbeit veröffentlichte. – Das aber ist Erkenntnis-Theorie, nicht Geschichte -

Di: Wenn du meinst, dass diese These das Bild und Verständnis des Menschen von sich selbst im Übergang zum 20. Jahrhundert bedeutend vorangebracht hat, dann gehört sie zur Geistes-geschichte, in die hinein wir hier einen berechtigten Exkurs unternehmen.

Eo: Mindestens objektiv ist das ein sehr wesentlicher Schritt, den anzuerkennen aber etwas Bemühung voraussetzt, die in den vielen Beurteilungen von Steiners Werk selten aufgebracht worden ist -

Di: - das wird nicht viel anstrengender sein als all die anderen Erörterungen, die wir hier zusammen anstellen, leg also los! Und wenn unsere Öffentlichkeit Steiner bisher Unrecht getan haben sollte, so ist es doch Zeit, dass ihm Recht geschieht!

Eo: Kein Mantel von Vernunftgrenzen spaltet uns von der Welt ab, sondern mit allen Sinnen sind wir ihr verbunden und mit allem Denken sind wir in die Unendlichkeit ihres Wesens integriert.

Di: Hat das Steiner gesagt?

Eo: Nein, ich will ihn hier nicht zitieren, sondern mit meinen Worten das sagen, was ich als seine These zur Sprache bringen will.

Mit unseren Sinnen sehen, hören, tasten, riechen und schmecken wir in die Welt hinein, nehmen die Welt in den Bereichen unserer Sinne in Ausschnitten wahr, nehmen sie als Fragmente der Welt, die uns umgibt, in uns auf. In uns kombinieren und integrieren wir die Wahrnehmungen zueinander und ineinander und „begreifen" sie in ihrem Zusammenhang mit einer Schnelligkeit, die uns diesen zweiten Prozess nach der Wahrnehmung meist vergessen lässt. Aber es gibt Momente, wo wir Wahrnehmungen nach-denken, über sie nachdenken und, indem wir sie neu zusammenhalten, Zusammenhänge entdecken, die vorher verborgen waren. In solchen

Momenten zeigt sich eine Grundtatsache: dass die Zusammenhänge und Begriffe nicht mit den Sinnes-Wahrnehmungen zugleich gegeben sind, sondern durch das Denken aktiv den Wahrnehmungen hinzugefügt werden. Begriffsbildung ist meistens für uns sofort, in unmessbar kurzer Zeit mit der Wahrnehmung zusammen da, drei Stäbe mit einer Fläche darauf werden sofort mit den Begriffen Hocker oder Tisch verbunden. Aber es gibt auch langwierige Prozesse, die zeigen, dass Wahrnehmen und Begriffsbildung zwei Vorgänge sind. Man musste alle Orte eines Wurfes aufzeichnen, bevor deutlich wurde, dass sie zusammen die Form einer Wurf-Parabel bilden, die nach einer begreifbaren Formel berechenbar ist, dieses Beispiel führt Steiner an in seinem Buch „Philosophie der Freiheit" (1894).

Di: Was haben diese Beobachtungen für Folgen? Warum legst du auf diese Selbstverständlichkeiten so viel Wert?

Eo: Wenn man sich diese Beobachtungen klar gemacht hat, hat man eine Erfahrung davon, dass das Denken Anteil hat an einer Welt in der Welt, an der Welt der Zusammenhänge, aus der die Begriffe gebildet werden.

Di: Hier also ist Geist?

Eo: Was anders ist Geist als Zusammenhang in und über der Sinnlichkeit. Geist ist allumfassend.

Di: Aber wir können doch nicht alles denken!

Eo: Zu einer Zeit nur etwas, zu anderer Zeit Weiteres, nach längerer Zeit Vieles, nach vieler Zeit fast alles, was wir denken wollen. Das Denken braucht Übung und Training, Wissenschaftler sind Langstreckenläufer des Denkens. Kant meinte noch, Umfang und Art unserer Begriffe seien in einem umgrenzbaren Set festgelegt und in ihrer Zahl und in ihrer logischen Form endlich. Kant meinte, er habe die Kategorien des menschlichen Geistes für die Menschheit endgültig übersichtlich geordnet, ein für allemal festgelegt und damit den menschlichen Geist in seiner Begrenztheit erfasst. Goethe bestand gegen Kant auf der Erfahrung, dass wir

Begriffe durch unser Denken neu erschließen und auch neu bilden können. Steiner hat auf diese Kreativität reinen Denkens aufmerksam gemacht und Beispiele gegeben von Ergebnissen, die ein stetig geübtes Denken erreichen kann. Wir wenig Geübte zeihen ihn gleich der Scharlatanerie. Wo wir beim Sport Leistungen, die wir nie erreichen könnten, bewundern, etwa, über eine Latte in zwei Metern Höhe zu springen, so leisten wir uns bei Leistungen des Denkens Abschätzigkeit statt Bewunderung.

Di: Also die These, auf die es dir hier ankommt, ist, dass der Mensch bei seinen Wahrnehmungen in einer endlichen, begrenzten Welt lebt, aber zugleich durch das Denken Anteil hat an einer unendlichen Welt, die er unendlich erschließen könnte, aber auch nur an der Peripherie benutzt, weil seinem Denken nur die Lebenszeit mit all ihren Einschränkungen zur Verfügung steht: Also ist auch der größte Mensch doch zusätzlich zu seinem größtmöglichen, aber endlichen Lebens-Umfeld im Geist auch nur ein Anteil-Unendlicher.

Eo: Dass er aber ein Anteil-Unendlicher ist, macht jeden Menschen zu einem potentiell großen „Anteil-Unendlichen", nie zu einem ewig Begrenzten, wie man es uns stattdessen in unserer Welt überwiegend weismachen will.

Di: Ja - jetzt muss ich dir zustimmen, wenn dieses Wissen von uns selbst über unser Wahrnehmen und Denken populär würde, dann wäre das ein großer, ein epochaler Schritt in unserem Selbstverständnis. Wir würden uns aber auch viel mehr bemühen müssen, unser Denken zu üben, und wir würden viel höhere Ansprüche an uns zu stellen haben, was wir erkennen und durchdringen können und in welchem Umfang wir uns ein Vermögen zum Handeln zutrauen und zumuten. Und wir würden ein viel größeres Maß an Geduld entwickeln müssen, zu warten, bis es unserem Denken gelungen ist, unsere Lebensverhältnisse zu durchdringen, zu verstehen und selbst zu gestalten. - - Die Diskussion über das Wieder-Geboren-Werden lassen wir jetzt aber aus -

Eo: - die müssen wir ebenso auslassen, wie wir die Diskussion über die Auferstehung Christi ausgelassen haben. In beiden Fällen gibt es die Überzeugungskraft einer eigenen inneren Logik. Dieser bedienen wir uns überall selbstverständlich, wo uns eine eigene Erfahrung und Teilnahme fehlt. Jeder muss wissen und für sich entscheiden, ob er sich an diesen Ideen und ihrer inneren Logik üben will, um sie für sich zu Tatsachen zu machen, was ich für möglich halte, oder ob er sie für sich erst einmal im Bereich des Abgelehnten oder Ungefähren oder Vielleicht-Möglichen verbleiben lässt. – So ist es übrigens auch schon mit diesem Verständnis des Denkens als etwas, das der Mensch eigenständig den Wahrnehmungen hinzufügt. Du nanntest das spontan eine Selbstverständlichkeit, für viele ist es das nicht. Wenn das für alle so wäre, dann wäre es für uns selbstverständlich, dass das Denken zwar meistens gewohnheitsmäßig entsteht, grundsätzlich aber etwas Eigenes ist, was jeder aus eigener Aktivität veranlassen muss. Ich kann dir etwas darstellen zum Nachdenken, aber nachdenken musst du es selbst. Ich kann dich nicht zum Denken bringen, wenn du es nicht willst, kein Gedanke entsteht, den du nicht selbst hervorbringst und hervorbringen willst. Deshalb sind Ungeübtheit im Denken und Denkfaulheit so fatal, denn dann gibt es das Denken nur sehr eingeschränkt oder gar nicht. Die Zusammenhänge sind ohne den Menschen da, aber FÜR die Menschen gibt es sie nur DURCH das aktive menschliche Erschließen und das denkende Erschaffen. Die Begriffe sind nicht, wenn sie nicht für den Menschen durch den Menschen der Welt hinzugefügt werden. Das aber ist für viele weder selbstverständlich noch überhaupt des Nachdenkens wert.

Di: Darüber und welche Folgen das von dir Gesagte hat, darüber werde ich also nachdenken und finde es dessen auch wert! - -

Jetzt haben wir gesprochen über Verluste im Welt- und Menschenbild und über einen neuen Geist in der Kunst und im Verständnis einer Erkenntnis-Erweiterung. Lass uns zurückkehren zu dem Neuen in den allgemeinen Wissenschaften, besonders in den Naturwissenschaften, wo sich doch Grundlegendes ereignet hat.

Eo: Die Naturwissenschaft hat bereits von 1850 – 1900 eine derartige Differenzierung und Verfeinerung ihrer Ergebnisse durchlaufen, dass aus den Entwicklungsprozessen in Technik und Industrie und aus den Forschungen in Biologie, Chemie und Medizin immer neue, weitere und tiefgreifendere Fähigkeiten hervorgingen, um Kräfte der Natur und Stoffe der Erde in immer höheren Verwandlungsstufen zu erkennen und eingreifend zu verändern. Wir wissen, dass durch Elektromotor (1834) und Benzinmotor (1884), Foto (1839) und Telefon (1876), durch die Erforschung Elektromagnetischer Wellen (1888) und den folgenden Ausbau der Elektronik, durch Quantentheorie (Planck 1900), Relativitätstheorie (Einstein 1903) und Atomtheorie (Rutherford 1910) eine Durchdringung von menschlicher Lebenswelt und ein Verständniswandel von irdischer Materie stattgefunden haben, deren Inhalt und Folgen bis heute noch nicht in aller Breite verstanden worden sind. Mit diesen neuen Fähigkeiten und mit dem industriellen Wachstum, das damit eng verflochten, immer größer wurde, begann in der zweiten Hälfte des 19. Jahrhunderts die immer umfangreichere Entnahme von Bodenschätzen und von den Energieträgern Kohle, Gas und Erdöl. Das alles hat zu einer gigantischen Umgestaltung und Neugestaltung der menschlichen Lebenswelt geführt, denen wir bis heute kaum gewachsen sind.

Di: Wie meinst du das?

Eo: Wenn man nach einer Stadt fragt, an deren Beispiel dieses gigantische Gestalten gezeigt werden könnte, wäre New York zu nennen, oder auch Tokyo, Shanghai und andere Metropolregionen. Es wird kürzlich Gebautes niedergerissen, um neue Gewinn- und Designformen am gleichen Platz zu verwirklichen, während die Gewinne, die Einzelne den komplizierten Wirtschafts- und Finanz-Prozessen der Gesellschaft entzogen haben, mit denen diese neuen Gewinn-Potenziale finanziert werden, von der menschlichen

Gesellschaft dringend gebraucht würden, um Bildung und Ernährung in Elends-Gegenden der Welt zu finanzieren. Wir sind dem Ausufern von Reichtum nicht gewachsen, wenn wir nicht gleichzeitig Reichtum einsetzen können, um das Ausufern von Armut und Ohnmacht zu vermindern.

Wenn man nach einem naturwissenschaftlich erkannten Prozess fragt, der als Beispiel für etwas Neues dienen könnte, dem wir noch kaum gewachsen sind, wäre die Unschärfe-Relation (Heisenberg 1927) bei der Betrachtung der Materie zu nennen: Wir wissen seit den ersten Jahrzehnten des 20. Jahrhunderts, dass die Materie weder als Welle noch als körperliches Teilchen vollständig beschrieben werden kann, dass aber beide Beschreibungen zutreffen: Unsere Welt ist nicht Materie, sondern Welle, aber die Welle ist doch zugleich unsere Materie. Dass unsere Materie also etwas ist, was in unendlicher Schnelligkeit aus stetigen geistigen Wirkungen, aus Chaos, Regeln und Gesetzen, in jedem Moment immer neu entsteht, das ist in unserem täglichen Umgang mit Materie noch nicht angekommen, wenngleich die Wissenschaftler in Physik, Chemie, Biologie und Medizin und die ihnen nah folgenden Techniker während der letzten hundert Jahre bereits begonnen haben, Folgerungen daraus zu praktizieren. Die spätere Atomtechnik, sowohl mit dem Waffen- wie mit dem Kraftwerksbau hat die Dimensionen und Risiken dieser neuen Fähigkeiten gezeigt. Die bildschaffenden „Durchleuchtungs"-Verfahren, die Bilder aus dem verborgenen Inneren der Materie erzeugen, vom Röntgen über das Elektronen-Mikroskop bis zum Ultraschall und zur Kernspintomographie sind ebenso wie die Gentechnik spätere Folgen dieser neuen Erkenntnisse über Materie und Leben, in denen wir ein Potenzial ungeahnter Möglichkeiten, aber auch ungeahnter Gefahren erleben. –

Wir erleben, dass wir als Gesellschaft, die alles dieses handhabt, dem nicht gewachsen sind, was sich daran zeigt, dass wir Katastrophen erzeugen. Die Umweltzerstörungen und die Klima-Veränderungen sind deren größte, aber auch die Namen Hiroshima,

Nagasaki, Tschernobyl, Fukushima, Bhopal, DDT und Contergan sind nur die Spitzen dieser Entwicklung, die bekannt geworden sind.

Di: Du ziehst hier schon immer die Konsequenzen aus bis zur Gegenwart – wollen wir uns nicht doch erst einmal zusammenfassend fragen: was also enthält der Wandel zur Moderne im Übergang zum 20. Jahrhundert?

Eo: Wir sehen, wie die Einzelnen im Grunde allein einen Weg gehen mit ihren großen neuen Fähigkeiten, die sie in der Erkenntnis und Handhabung von Mensch, Natur und Welt gewonnen haben. Man könnte vielleicht sagen, allein bringen sie eine Welt in die Welt. Alle stoßen sie in das umfassende Geistige vor, benennen es aber selten so. Es zeigt sich, dass auf sie eine Verantwortung für die Zusammenhänge und Folgen ihres Könnens zukommt, die sie kaum tragen können. Sie tragen trotzdem ihr Können nach außen. Das also scheint mir neu: die gewachsene Größe der Macht, die der Einzelne gewinnt und die hohe Bedeutung dessen, was er verantworten muss.

Di: Das sind sehr allgemeine Aussagen –

Eo: Sie werden nicht nur in der kulturellen, sondern auch in der politischen und gesellschaftlichen Entwicklung mit Tatsachen gefüllt, wie wir sehen werden, wenn wir uns jetzt wieder der politischen Geschichte zuwenden.

Handhabung von Erkenntnis, Können und Macht und Ablassen von Verantwortung sind zentrale Themen des 20. Jahrhunderts.

Di: Gut, gehen wir damit zurück zu der aufgestellten Frage, um was für eine Revolution es 1918/19 in Deutschland geht. Überhaupt haben wir die Folgen des Ersten Weltkrieges erst im Ansatz berührt.

20 Riskante Demokratisierung in der bestraften Nation, Deutschlands Nachkriegs-Krisen 1918 – 1923

Di: Die Staaten England, Frankreich und die USA blieben nach der Kapitulation Deutschlands als repräsentative, parlamentarisch regierte Staaten bestehen. Der Staat in Russland war im Krieg zusammengebrochen, dort war, durch die Revolution 1917/18, eine Räte(Sowjet)-Republik entstanden, der Form nach, der Tatsache nach aber die Diktatur einer Minderheitspartei. Wie kam es, obwohl es einen fundamentalen Zusammenbruch und eine Revolution in Deutschland gab, dazu, dass entschieden wurde, eine repräsentativ-demokratische Republik zu errichten?

Eo: Der erste Anstoß kam nicht aus der deutschen Bevölkerung, sondern von Präsident Wilson aus den USA. Er hatte sich geweigert, mit einer deutschen Regierung zu verhandeln, die von einem Kaiser abhängig war. Wir haben gehört, dass deshalb noch im Oktober 1918 die deutsche Verfassung geändert werden musste: der Kanzler wurde jetzt nicht mehr vom Kaiser ernannt, er brauchte jetzt das Vertrauen und eine Stimmen-Mehrheit des Parlaments hinter sich.

Di: Aber es entstand doch dennoch eine Revolution?

Eo: Als die Seekriegsleitung am 29. Oktober 1918 von Kiel aus das Auslaufen der Hochseeflotte gegen England befahl, völlig sinnlos und ohne Befehl der Obersten Heeresleitung, kam es zu Gehorsamsverweigerungen und offener Meuterei, zu anschließender Verhaftung von 1000 Matrosen, dann aber zu nicht mehr beherrschbaren Aufständen, die erst am 3. November in Kiel ausbrachen und am 6. November übergriffen auf die Häfen der Nordsee. Auch in vielen Städten des Inlands wurden spontan auf Massen-Versammlungen Arbeiter- und Soldatenräte gewählt, die die staatliche Macht kontrollierten und faktisch übernahmen. Am 7.

November wurde in München die Republik ausgerufen, und der bayerische König Ludwig III. floh nach Österreich.

Di: Das deutet doch aber auf einen radikalen Umsturz hin – Was dämpfte die Revolution? Was geschah in Berlin, und wie verhielt sich Kaiser Wilhelm II.? Wir haben von seinem Verhalten am Anfang des Krieges gehört, was tat er am Ende?

Eo: Wilson hatte die Abdankung des Kaisers gefordert, der aber wollte dem nicht entsprechen, verließ am 29. Oktober Berlin und begab sich in das militärische Hauptquartier nach Spa in Belgien im Glauben, dass er Rückhalt bei der Truppe finden würde. Er hoffte, noch am 8. November, anschließend, an der Spitze des Heeres, nach Berlin zurückkehren zu können, um die Revolution niederzuschlagen.

Di: Schon der nächste Tag, der 9. November 1918, wurde dann doch aber auch zu seinem Schicksalstag -

Eo: Inzwischen hatte sich die SPD die Forderung nach Abdankung des Kaisers zueigen gemacht. Von seinen Militärs wurde Wilhelm am 9. November klar gemacht, dass auch die Truppen nicht mehr hinter ihm stünden, und er wurde überredet einzusehen, dass die Abdankung unvermeidlich sei. Aber er vollzog sie nicht. Der Reichskanzler Prinz Max von Baden hörte aus Spa, dass Kaiser Wilhelm abdanken werde. Er wartete daraufhin nicht länger und gab dessen Abdankung in Berlin bekannt, trat als Reichskanzler zurück und übergab sein Amt um 12:30 Uhr an Friedrich Ebert von der SPD.

Nachdem Wilhelm II. von diesen Vorgängen in Berlin erfahren hatte, floh er am 10. November in die Niederlande, wo er fortan bis zu seinem Tod 1941 im Exil lebte. Seine Abdankungs-Erklärung unterzeichnete er in den Niederlanden, jedoch erst am 28. November 1918.

Di: Aber das ist doch erneut ein völlig unverantwortliches Verhalten! Er trug an den unglaublichen strategisch-militärischen Fehlentscheidungen der Obersten Heeresleitung OHL, die namentlich von

Ludendorffs Machtwahn geprägt waren, volle Mitverantwortung. Scheitern muss ein Zurücktreten nach sich ziehen, die Abdankung Wilhelms war längst überfällig gewesen.

Eo: Offenbar war von ihm nichts anderes zu erwarten. Er hatte ja auch an Ludendorff festgehalten und ihn erst am 26. Oktober 1918 entlassen. Auch Ludendorff entzog sich und setzte sich nach Schweden ab. Wilhelm II. hatte wieder die Verantwortung losgelassen, wie beim Kriegseintritt. Es bestätigt sich das Bild verantwortungsloser Inkompetenz an der Spitze des deutschen Kaiserreiches. –

Aber zurück zu Friedrich Ebert um 12:30 Uhr am 9. November 1918 in Berlin. Ebert fand sich nun in einem Kampf für eine staatliche Neubegründung, bei der er eine Räte-Revolution nach russischem Muster unbedingt vermeiden wollte. Die SPD hatte aber erfahren, dass Karl Liebknecht von der USPD eine deutsche Räterepublik nach russischem Vorbild in Berlin ausrufen wollte und dass die USPD am Abend des 8. November auf etlichen Versammlungen in Berlin für den 9. November zu Massendemonstrationen aufgerufen hatte. Tatsächlich machten sich am 9. November Hunderttausende ins Zentrum Berlins auf. Mittags machten erregte SPD-Anhänger, die die Stimmung der Massen vor dem Reichstag erlebten, dem Fraktionsvorsitzenden der SPD, Philipp Scheidemann, klar, dass, wenn die SPD jetzt nicht die Initiative ergreifen würde, Liebknecht und die USPD die Revolution lenken würden. So hielt Scheidemann um 14 Uhr spontan, von einem Fenster des Reichstagsgebäudes, ohne sich vorher mit Ebert abgesprochen zu haben, eine kurze Ansprache an die dort versammelten Tausenden und entschied sich, die Republik auszurufen. Tatsächlich folgte um 16 Uhr Liebknechts Ausrufung der Räterepublik Deutschland von einem Balkon des Schlosses, wenige Hundert Meter entfernt.

Di: Die SPD wollte eine repräsentative Demokratie?

Eo: Es gelang Ebert und den SPD-Vertretern bis Ende Dezember, in den Arbeiter- und Soldatenräten, die während der Revolution entstanden und innerhalb eines Monats schon weit verbreitet waren, den Beschluss durchzusetzen, dass nicht eine spontane Form der Räte-Demokratie versucht wurde, sondern dass förmlich, in allgemeiner, gleicher und geheimer Wahl, am 19. Januar 1919 eine verfassunggebende Versammlung bestimmt werden sollte, in der eine neue Verfassung ausgearbeitet und mit Mehrheit verabschiedet würde.

Di: Dann waren also an diesem 9. November in Berlin die beiden Weltmodelle des 20. Jahrhunderts, das amerikanisch-repräsentative System und das russisch-sowjetische System der Ein-Parteien-Diktatur nur zwei Stunden und wenige Hundert Meter voneinander entfernt.

Eo: Das eben ist es, was diesem Tag so viel Bedeutung gibt. Tatsächlich erhoben Wilson und Lenin jeweils den Anspruch, ein Weltmodell zu vertreten. Wilson hatte Amerika 1917 dafür in den Krieg geführt, dass die amerikanische Form der Demokratie in Europa gegen dortige monarchische Selbstherrscher und auf der ganzen Welt durchzusetzen sei. Lenin hatte 1917 die Revolution in Russland ausgelöst in dem festen Glauben, dass sie der Anfang der Weltrevolution sein und sich das Sowjet-(Räte-)System sehr bald auf der ganzen Welt durchsetzen würde. Insofern sind diese beiden Systeme, die die Ost-West-Spaltung im 20. Jahrhundert bestimmen sollten, in Berlin am 9. November 1918 aufeinander getroffen.

Weiter aufgeladen wurde die Bedeutung dieses Tages dadurch, dass das gesamte nationalistisch-rechte Spektrum in Deutschland diesen Tag rückblickend zum Schandtag erklärte, da er das Datum gewesen sei, an dem die sozialdemokratischen und sozialistischen „Novemberverbrecher" die Macht in Deutschland übernommen hätten und zwei Tage später, am 11. November, durch die Unterzeichnung der Kapitulationsurkunde, die Schmach der deutschen Niederlage eingestanden hätten. Es wurde von den konservativen Nationalisten der Propaganda-Betrug verbreitet, dass die deutsche Niederlage im Krieg von den Sozialdemokraten und Sozialisten bewirkt worden sei und in deren Verantwortung liege.

Di: Ludendorffs Plan ist also aufgegangen, die Trümmer der Katastrophe nicht seinen fatalen Fehlentscheidungen zuschreiben zu lassen, sondern es gelang ihm, sie denen zuzuschieben, die vorher in scharfer politischer Opposition seinen Fehlentscheidungen entgegengetreten waren, jetzt aber mitten im Zusammenbruch als Not-Regierung den Staat übernehmen mussten?

Eo: Ludendorff war, von der Obersten Heeres-Leitung aus, spätestens seit 1917, der faktische Diktator des Deutschen Reiches gewesen, er war gerissen genug, diese Schuldzuweisung, die von seiner Verantwortung ablenkte, zu inszenieren. Dass sie aber als Stimmung der Rechten in den Nachkriegsjahren sich wirklich durchsetzen konnte, dazu gehörte auch die Wirkung von Friedrich Eberts Loyalität.

Di: Wie meinst du das? Ebert sah als überzeugter Sozialdemokrat darin, die Verantwortung für das Amt des Reichskanzlers zu übernehmen, einen Dienst an Deutschland -

Eo: - dadurch, dass Ebert das Militär schonte, Hindenburg im Amt ließ, dass er sich mit der OHL, in der Person des Generals Groener, am 10. November darauf verständigte, dass unter dem Schutz des alten kaiserlichen Heeres die Stabilität in Deutschland zu sichern sei und dadurch, dass er vereinbarte, „die Bekämpfung des Bolschewismus" – so berichtete es Groener später – gemeinsam mit der Armee zu führen, dadurch trug er dazu bei, dass Schuld und Versagen der militärischen Führung in ihrem vollen Umfang nicht offen dargestellt und erörtert werden, sondern zunächst verborgen bleiben konnten.

Di: Wie das? Die Soldaten kehrten doch, demoralisiert und tief enttäuscht von ihrer irrigen Führung, zu ihren Familien in Deutschland zurück.

Eo: Viele Soldaten hatten die Kasernen als ihre Heimat und kehrten dorthin zurück. Es hat zunächst keine Entwaffnung des Heeres stattgefunden. Aus den Kasernen heraus konnten die alten Armee-Führer die Soldaten einsetzen, um linke Revolutionäre zusammenzuschießen. Es gab ja vor den Wahlen zu der verfassunggebenden Nationalversammlung am 19. Januar 1919 noch einen Aufstandsversuch der Linken in Berlin zur Rettung der radikalen Revolution, den sogenannten Spartakusaufstand, den die sozialdemokratische Regierung vom 6. bis 12. Januar nieder-schießen ließ, wobei über 150 Menschen starben. Noch drei Tage danach, am 15. Januar, wurden Karl Liebknecht und Rosa Luxem-burg, die der Führung der neuen kommunistischen Partei KPD angehörten, mutwillig und ohne offiziellen Befehl durch Freikorps-Soldaten ermordet.

Die Wahl der verfassunggebenden Nationalversammlung fand am 19. Januar trotz des Aufstands-Versuches statt.

Die kaiserlichen Soldaten, die jetzt in den sogenannten Freikorps organisiert waren, wurden weiterhin von der Regierung Ebert in Berlin und auch noch im Frühjahr 1919 an verschiedenen Orten in Deutschland brutal und blutig gegen Spartakisten und Räte-Regierungen eingesetzt, so im Ruhrgebiet im Februar und März. In Berlin kam es im März 1919 noch einmal zu schweren Kämpfen mit etwa 1200 Toten, im ganzen Jahr 1919 schätzt man bis zu 5000 Tote.

Di: Die neue Führung also respektierte immer noch die Weltkriegsarmee des Kaisers und setzte sie ein zur blutigen Vernichtung der sozialistischen Opposition.

Eo: Fatal war, dass diese Soldaten nur der Form nach die neue Regierung unterstützten, sie kämpften als Rechte gegen ihre alten Feinde, die Linken, und es war ihnen gerade recht, dass Friedrich Ebert und die Sozialdemokraten darüber an Ansehen verloren.

Di: Welche Wirkung hatte die Dolchstoßlegende?

Eo: Indem Hindenburg und Ludendorff seit dem Herbst 1919 verbreiteten, die Armee sei nicht von den alliierten Truppen besiegt worden, sondern ihre Kampfmoral sei von den deutschen Kriegsgegnern im Inneren, von Liberalen, Katholiken, Sozialdemokraten und Sozialisten, so stark geschwächt worden, dass man habe aufgeben müssen - indem sie diese Lüge verbreiteten, dass es einen „Dolchstoß" von innen in den Rücken der Armee gegeben habe, wurde ein Hass auf die tragenden Kräfte der neuen Republik aufgebaut. Und diesen Hass nutzten die Nationalsozialisten bald geschickt aus, um die neue Demokratie zu diskreditieren und schließlich zu zerstören.

Di: Die Verfassunggebende Versammlung tagte ab Februar 1919 nicht in Berlin, sondern in der Kleinstadt Weimar, um den Einfluss der erregten Massen in der Hauptstadt Berlin auszuschalten und um das humanistische Erbe Goethes und Schillers in den neuen politischen Anfang einzubinden – hältst du die neue, die sogenannte „Weimarer Verfassung", vom Sommer 1919, für gelungen?

Eo: Vom Anfang her war sie gelungen, weil sie die Menschenrechte enthielt, Frauen-Wahlrecht, demokratische Wahlen, gewählte Regierungen, Gewaltenteilung und einen vom Volk gewählten Präsidenten, alles Errungenschaften, für die die deutschen Demokraten seit fast einem Jahrhundert gekämpft hatten. Aber von ihrem Ende durch den Nazi-Staat her gesehen, war sie ein Desaster, weil ohne Prozent-Begrenzung zu viele kleine Parteien im Reichstag vertreten waren. Dadurch wurden die Diskussionen dort unübersichtlich, unstabile Koalitionen vieler Parteien zogen einen häufigen Regierungswechsel nach sich, der Reichstag konnte Regierungen stürzen, ohne gleichzeitig neue bilden zu müssen, und der Reichspräsident war zu mächtig, er konnte Reichskanzler ernennen und entlassen, und er hatte im Krisenfall ohne Parlament ein Notverordnungsrecht, das missbraucht werden konnte. Und das Notverordnungsrecht wurde auch missbraucht, von 1930 an, zur Auflösung der demokratischen Verfassung.

Di: Fassen wir diesen Neu-Anfang in Deutschland zusammen: Die Revolution also wurde brutal ausgebremst, in Armee und staatlicher Verwaltung blieben die Strukturen des Kaiserreiches erhalten, und die neuen demokratischen Kräfte blieben trotzdem im deutsch-nationalen Spektrum der Bevölkerung verhasst, weil ihnen lügnerisch die Zerstörung des Kaiserreiches und die Niederlage der

Armee vorgeworfen wurde. Die Niederlage war aber in Wahrheit bewirkt worden von der aussichtslosen Kriegspolitik der kaiserlichen Führungselite und von den kämpfenden Truppen der Alliierten. Dennoch gab es eine nationalistische Propaganda, die diese Tatsachen zu überdecken suchte. Und in der Linken war die neue Regierung verhasst, weil sie mit den Freikorps aus der alten kaiserlichen Armee eine weitergehende Revolution verhindert hatte. – Ein denkbar belasteter Start für einen neuen Staat.

Eo: Die internationalen und wirtschaftlichen Verpflichtungen und Belastungen, die aus der Kapitulation und, ab Sommer 1919, aus dem Vertrag von Versailles hinzukamen, haben wir noch nicht einbezogen.

Di: Du meinst die Reparationszahlungen -

Eo: - und die Materiallieferungen und den Verlust wirtschaftlich wichtiger Gebiete (Oberschlesien) und die Besetzung der linksrheinischen Gebiete, womit hohe materiell-wirtschaftliche und politische Einbußen verbunden waren, die einen Neu-Aufbau nach dem Krieg praktisch unmöglich machten. Eine der größten politischen Hypotheken war die Anerkennung der Kriegsschuld, woraus die genannten Verluste an Land, Menschen und Souveränität als Bestrafungen abgeleitet waren. Man fühlte sich in Deutschland unschuldig gedemütigt und bestraft.

Di: Aber die Schuld am Krieg war doch eine Tatsache!

Eo: Für die Bevölkerung in Deutschland keineswegs. Man lebte in dem Glauben, der öffentlich verbreitet und vielfach propagandistisch verstärkt worden war, dass der Krieg von außen dem Kaiserreich aufgezwungen worden sei, und man sah sich nun einer Sieger-Willkür ausgesetzt. Tatsächlich hat die historische Forschung erst nach dem Zweiten Weltkrieg die Quellen erforscht und veröffentlicht, die beweisen, dass die deutsche Führungselite Weltmachtziele gehegt hatte und den Krieg als unausweichlich angesehen und entsprechend vorbereitet hatte.

Di: Offenbar muss man sich diesen Kenntnisstand in der Bevölkerung immer wieder vor Augen halten, wenn man die Stimmung in der neuen Republik in Deutschland beurteilen will. Aber hatte sich nicht Wilson gegen eine kollektive Bestrafung der Deutschen gewendet? Und hatte nicht der englische Wirtschaftswissenschaftler John Maynard Keynes davor gewarnt, Deutschland große wirtschaftliche Straflasten aufzuerlegen, weil damit die gesamte Weltkonjunktur leiden würde, wenn die größte Volkswirtschaft in Europa, die Deutschland eben doch war, in Depression und Verarmung versinken würde?

Eo: Beides ist richtig. Keynes hatte auch vor sozialen Unruhen in Deutschland gewarnt. Man hat sich in Versailles diesen beiden Wissens-Tatsachen nicht geöffnet und nicht verpflichtet gefühlt: Erstens hat man nicht nach der Einsicht handeln wollen, dass Strafen gegenüber irregeführten Bevölkerungen nicht hilfreich sind und keineswegs die Reue verstärken, sondern kontraproduktiv wirken und mit nationalistischem Widerstand beantwortet werden. Wilson hat, enttäuscht und verbittert, besonders über die Haltung der französischen Regierung, nachgeben müssen. Zweitens hat man nicht nach der Einsicht handeln wollen, dass neue Lasten, die man bereits belasteten Volkswirtschaften von außen auferlegt, auch die beteiligten Nachbarn mit schädigt.

Keynes ist aus der britischen Delegation ausgetreten und hat seine Auffassungen in einem Buch veröffentlicht. Beide Folgen, vor denen gewarnt worden war, wilde Formen des Widerstandes gegen den Vertrag von Versailles, und wirtschaftliche Zerrüttung mit tiefgreifender sozialer Destabilisierung, traten in Deutschland, unter gegenseitiger Verstärkung, ein.

Di: Kam nicht auch die Inflation schon gleich in den ersten Nachkriegsjahren hinzu?

Eo: Die Inflation hatte tatsächlich bereits 1914 begonnen. Es wirken in den tiefen Einbruch der Nachkriegskrise Tatsachen hinein, die nicht offen bekannt waren und nicht offen besprochen wurden. Dazu gehört, dass die kaiserlichen Regierung die Auffassung vertreten hatte, dass man, um den Krieg überhaupt führen zu können, Schulden aufnehmen könne, die man sich nach dem siegreichen Ende von den besiegten Staaten bezahlen lassen werde. Der Krieg kostete Deutschland etwa 160 Mrd. Mark, wovon nur etwa 1/7 durch Steuereinnahmen gedeckt war, etwa 22,4 Mrd. Mark. Deutschland war also um etwa 700 % seiner Jahres-Einnahmen verschuldet, als der Krieg endete. Schon 1919 war durch den Schuldendienst, den man in Papiergeld leistete, die Inflation der Mark, gegenüber 1914, auf 70% gestiegen.

Nach dem Krieg druckten die neuen deutschen Regierungen weiter Geld. Man konnte so alles bezahlen: die Kriegskosten, das Arbeitslosengeld, die Kriegsopfer-Renten, die Kosten für Reparationslieferungen. Die Löhne wurden mit dem Wertverfall des Geldes erhöht, die Unternehmen nahmen Kredite auf, die sie wenig später billig zurückzahlen konnten – aber, zwar verminderten sich staatliche und private Schulden im Strudel der Geldentwertung, weil sie jetzt nach ihrem Zahlenwert zurückgezahlt werden konnten, das heißt, sie wurden mit sehr geringen Realwerten zurückgezahlt, aber zugleich schwanden auch alle privaten Ersparnisse und Rücklagen bei Geldgebern und in der Mittelschicht dahin ins Nichts. Akute Verarmung und soziale Notlagen breiter Kreise waren die Folgen.

Die Reparationen waren auch zunächst nur scheinbar bezahlbar. Sie waren in Goldmark, Devisen oder Warenlieferungen zu leisten. Die Mark war aber nach außen in ihrem Wert völlig verfallen. Devisen zur Zahlung an die Sieger kamen nicht zusammen, da die Sieger nicht umfangreich Waren aus Deutschland abnehmen wollten. Auch kostenlose Warenlieferungen waren nur in begrenztem Umfang bei den Siegern willkommen, da auch diese Lieferungen deren heimische Wirtschaft schwächen mussten. Besonders Frankreich drängte darauf, seine Schulden an die USA und an England mit deutschem Geld zu bezahlen, das aber nicht eintraf, nicht eintreffen konnte, da es effektiv nicht erwirtschaftet wurde. Als Frankreich daraufhin das industrielle Zentrum Deutschlands, das Ruhrgebiet, im Januar 1923 besetzte, um selbst

Werte aus Deutschland entnehmen zu können, kumulierten die Nachkriegs-Probleme ins Uferlose. Auf passiven Widerstand und Streiks reagierten die Besatzer mit Entlassungen und Ausweisungen gegen die Beamten, Angestellten und Arbeiter, die sich verweigert hatten. Die Regierung in Berlin stellte alle Reparationszahlungen ein und unterstützte die Streikenden und diejenigen, die entlassen und ausgewiesen waren, mit Papiergeld, so dass die Inflation sich in eine sogenannte Hyper-Inflation verwandelte.

Di: Und so bewirkte die raketenartig ansteigende Inflation im ganzen Reich neues soziales Elend. Können wir uns dazu Zahlen aus dem Jahr 1923 ansehen?

Eo: Der Dollar hatte im Januar 1923 den Wert von 17 972 Mark, im Juni stieg er schon über 100 000 Mark, im September über 10 Millionen Mark, im November 1923 kostete er 4,2 Billionen Mark. Ein Brot kostete im Januar 250 Mark, im November 201 Milliarden Mark.

21 Vom Hitlers-Putsch 1923 zu NS-Weltkriegs-Inferno und Holocaust, bis 1945

Di: Wie ist der Hitler-Putsch am 8./9. November dieses gleichen Jahres 1923 einzuordnen?

Eo: Die nationalistischen Kreise, besonders die Offiziere und Soldaten der Reichswehr, hatten, wie wir oben gesehen haben, Schuld-Empfindungen verdrängt, sahen Deutschland als Opfer der Alliierten und betrachteten die Bemühungen der Regierungen in Berlin, dass sie den Verpflichtungen und Auflagen des Versailler Vertrages nachkommen und sie erfüllen wollten, als „Erfüllungspolitik" gegenüber „Versailles". Es wurde Hass geschürt auf die

„Berliner Erfüllungspolitiker". Zudem sah man, ohne dass das irgendwie belegt worden wäre, eine jüdische Verschwörung gegen Deutschland am Werk. Gewalttäter und Mörder wurden ausgesandt. 1921 wurde Matthias Erzberger, der Zentrumspolitiker, der in Compiégne den Waffenstillstand unterzeichnet hatte und 1919/20 Finanzminister in Berlin war, ermordet, 1922 ebenfalls Walther Rathenau, als ein führend gestaltender Politiker der Berliner Regierung, damaliger Außenminister mit jüdischer Herkunft. 1918-1922 werden von rechtsstehenden Tätern 354 Menschen aus politischen Gründen ermordet. Dem stehen 38 Morde von linksgerichteten Tätern gegenüber.

Di: Dieses sind Taten, die dem Hitlerputsch vorangingen -

Eo: - und die zeigen, wie die Meinungen wirkten, dass man "gegen Berlin" vorgehen müsse. Der rechtsgerichtete Putsch von März 1920, den der Reichswehrgeneral von Lüttwitz zusammen mit dem Beamten Wolfgang Kapp versucht hatte, hatte sich bereits drei Jahre vor Hitlers Putsch gegen den Versailler Vertrag gerichtet, brach aber nach wenigen Tagen zusammen. Immerhin war die Regierung vor dem Putsch von Berlin bis nach Stuttgart geflohen, bis klar war, dass die Reichswehr als Ganze neutral blieb, eine allgemeine Unterstützung ausblieb, die Beamten sich verweigerten und der Generalstreik, der gegen den Putsch ausgerufen worden war, wirkte. Allerdings kam es nach dem Generalstreik zu einer neuen Bewaffnung der Linken und zu schweren Kämpfen der Reichswehr-Verbände gegen linke Aufstandsversuche in Mitteldeutschland und im Ruhrgebiet, die erst nach einem Monat, Ende April 1920, durch die Reichswehr niedergekämpft waren.

Als die Ruhrbesetzung 1923 begann, erfuhr die Berliner Regierung des Reichskanzlers Cuno breite Unterstützung in ihrem Widerstand gegen Frankreich, die neue Regierung Stresemann, die ab Mitte August 1923 im Amt war, erfuhr aber sofort heftige Opposition, als sie am 26. September 1923 eingestehen musste, dass der „Ruhrkampf" aussichtslos geworden war, und ihn abbrach. Schon am 1. Oktober gab es einen Putschversuch aus den illegalen Verbänden der „Schwarzen Reichswehr" von Küstrin aus, unter dem Major Bruno Buchrucker, der allerdings zusammenbrach, weil auch hier – wie drei Jahre vorher beim Kapp-Putsch - die erhoffte Unterstützung der gesamten Reichswehr ausblieb.

Gleichzeitig hatten sich die sozialen Probleme durch die Inflation und die politische Instabilität so sehr verschärft, dass die radikale Linke, gestärkt durch Ratschläge aus der Sowjetunion, im Oktober erneut glaubte, die Zeit sei herangereift für eine Revolution, die sich, einmal angestoßen, flächendeckend ausbreiten würde. In Sachsen, Thüringen und Hamburg wurden Arbeiter-Kampf-Gruppen bewaffnet, die aber von der Reichswehr, zum Teil blutig, aufgelöst werden mussten.

Di: Dieser Oktober nach dem Abbruch des „Ruhrkampfes" ist also unmittelbar der Monat, der dem Hitlerputsch vorausging – es kann verständlich erscheinen, dass Hitler meinte, dass diese instabile Lage seinen Versuch, einen mitreißenden Überraschungscoup zu starten, begünstigen würde. Was aber hat ihn so sicher überzeugt gemacht, dass er Erfolg haben würde?

Eo: An diesem Putschversuch zeigte sich schon viel vom Charakter und (Un-)Wesen Hitlers. Er hatte tatsächlich die Illusion, dass eine anschwellende Masse von Menschen unter seiner Führung von München aus gegen das „marxistische Berlin" marschieren würde, ähnlich wie bei Mussolinis „Marsch auf Rom", der gerade ein Jahr zurücklag.

Bayern und München hatten sich zur Hochburg der nationalistischen Kräfte in Deutschland entwickelt, man sah sich dort in der Landesregierung selbst als „Ordnungszelle" des Reiches. Und nachdem Stresemann den Ruhrkampf abgebrochen hatte, hatte die bayerische Staatsregierung Pläne gefasst zu einem Putsch gegen die Politik und Regierung in Berlin. Zu dessen Vorbereitung hatte die bayerische Regierung am Abend des 8. November die Versammlung im Bürgerbräukeller einberufen. Hitler hat diese Versammlung benutzen wollen, hat mit seinen Anhängern, Hunderten von Männern, die er für Saal- und

Straßenschlachten an sich gebunden hatte, der „Sturm-Abteilung" (SA), einen bereits erfolgten Putsch vorgetäuscht, verschaffte sich Aufmerksamkeit im Saal mit einem Schuss in die Decke, hielt eine Rede mit Lügen über die Absetzung der Regierung in Berlin und erpresste dann mit vorgehaltener Pistole in einem Hinterzimmer die bayerischen Staats-Autoritäten zum Mitmachen. Es gelang ihm, auch Ludendorff in den Saal zu holen und ihn mit sich an der Spitze des Bluffs zu positionieren.

Während der Nacht aber verlor Hitler die Kontrolle über die Akteure der bayerischen Regierung, denen es gelang, den Saal zu verlassen, so dass diese am frühen Morgen Befehle ausgeben konnten, dass Hitlers Marsch schon vor dem Odeonsplatz in München gewaltsam gestoppt würde. Es gab 21 Tote, 16 davon Hitlers Anhänger, vier Polizisten und ein Passant.

Di: Hitler hat also an die mitreißende Magie seiner Persönlichkeit geglaubt, hat auf Lüge, Bluff und Erpressung und auf den Namen Ludendorffs gesetzt und sich – wie eigentlich nicht anders zu erwarten - mit diesen abgründigen Mitteln verkalkuliert. – Dies alles wurde danach doch öffentlich bekannt. - Wie konnte es kommen, dass Hitler mit diesem Putsch als Politiker nicht ein für alle Mal diskreditiert war?

Eo: Der Prozess gegen ihn im Februar und März 1924 gab Hitler Gelegenheit, vor einer interessierten Öffentlichkeit und journalistisch weit verbreitet seine Ideologie, seine Motive und Weltanschauung darzustellen. Und seine Ideen enthielten die Mode-Gedanken vieler rechts-nationaler Stammtische. Dort waren seine Gedanken und Methoden nicht verfemt, sondern beliebt: Hetze gegen „Versailles", das man nur aufgezwungen bekommen habe, weil linke und jüdische Personen in „Berlin" Einfluss gehabt und den deutschen Sieg im Weltkrieg verhindert hätten, Aufstehen gegen die Linken, die Juden, die Berliner Erfüllungspolitiker und das demütigende Ausland, latente Bejahung brutal-autoritärer Gewalt und, damit einhergehend, freimütige Befürwortung eines

Putsches unter Einsatz von illegal aufgebauten militärischen Mitteln.

Di: Also wurde Hitler durch Prozess und Verurteilung nicht weiter diskreditiert, sondern erst recht gefeiert und heroisiert –

Eo: - das muss man wohl so sehen. Hinzu kam, dass er in der Haft Rudolf Heß, seinem ebenfalls inhaftierten Parteikameraden und ergebenen Freund sein Buch diktieren konnte: „Mein Kampf". Diese Niederschrift entstand im Gefängnis, wo Hitler viele Besucher empfing, neben den Niederschriften laut einsame Reden hielt und sich offenbar in seiner gesamten Persönlichkeit festigen und schärfen konnte. Er kam aus dem Gefängnis gestärkt in seinen politischen Machtkampf zurück!

Di: Aber die NSDAP war doch nach dem Putsch am 9. November 23 verboten worden -

Eo: - jedoch nur so lange, als der Ausnahmezustand im Reich und in Bayern, mit dem auch die KPD verboten worden war, galt. Schon Ende 1924, nach neun Monaten Haft, wurde der Rest von Hitlers Gefängnisstrafe (fünf Jahre Festung) auf Bewährung ausgesetzt, so dass Hitler bereits Anfang 1925 wieder frei war. Am 16. Februar wurde der Ausnahmezustand, damit auch das Verbot der NSDAP, aufgehoben, und am 27. Februar 1925 konnte Hitler die Partei neu begründen. Allerdings erhielt er in Bayern, von der dortigen Regierung, bereits am 9. März und anschließend in den meisten deutschen Ländern ein Redeverbot in der Öffentlichkeit, das zwei Jahre hielt.

Di: Aber das ist doch ein Zeichen, dass die Gefahr, die in seiner Person lag, erkannt worden war.

Eo: Das zunächst wohl schon. Viele hielten ihn auch tatsächlich für gefährlich. Und das Redeverbot wurde auch nur aufgehoben, weil 1927/28 die NSDAP unbedeutend zu bleiben schien, mit Wahlergebnissen von unter 3%. Dass später aber doch so weite Kreise sich Hitler zuwandten, ist nur erklärbar, wenn wir die Momente in der weiteren Geschichte der Weimarer Republik ansehen, die er für seine Ziele ausnutzen konnte.

Di: Die Inflation ist ja noch im Herbst 1923 – kurz nach dem gescheiterten Putschversuch - gebannt worden.

Eo: Diese Währungsreform war einschneidend und wurde, neben neuen Formen der Rücksicherung des neuen Geldes, nur dadurch möglich, dass staatliche Ausgaben radikal zusammengestrichen wurden: Es wurden 330 000 Staatsbedienstete entlassen und eine Verknappung von Kredit- und Geldmengen vorgenommen, wodurch die Arbeitslosigkeit sprunghaft anstieg und im Winter 1923/24 schon etwa 1,5 Millionen Menschen betraf.

Di: Begann denn hier schon das Elend der Arbeitslosen, deren Zahl vor Hitlers Ermächtigung doch auf sechs Millionen angeschwollen war?

Eo: Nein, auf den Einbruch unmittelbar nach der Währungsreform folgte noch einmal in den Jahren 1925 bis 1929 eine Wirtschaftsblüte, die sogenannten „Goldenen Zwanziger". Der Boom dieser Jahre beruhte darauf, dass vor allem die Amerikaner sich daran interessiert zeigten, dass Deutschland stabilisiert würde. Sie sahen in Deutschland einen gigantischen zukünftigen Kreditmarkt und gaben dafür Milliarden als Start-Kredite. Die jährlichen Reparationszahlungen wurden durch eine alliierte Kommission, die der Amerikaner Dawes geleitet hatte, 1924 neu reguliert und massiv reduziert, und es entstand wieder Vertrauen, dass es bergauf gehen konnte, so dass Deutschland als Kreditnehmer im Ausland von Ende 1923 bis 1930 rund 21 Mrd. Reichsmark aufnehmen konnte.

Di: Weshalb wurden denn dann die Reparationen an die Alliierten noch einmal zu einem so großen Problem?

Eo: Die Zahlungs-Raten sollten nach dem Dawes-Plan, der die Stabilisierung gebracht hatte, nach 1924 in den folgenden Jahren auf eine jährliche Summe von 2,5 Mrd. ansteigen. Zum Einen wurde diese Regulierung vom rechten Parteienspektrum heftig angegriffen als ein weiterer Schritt in der „Erfüllungspolitik" für „Versailles" und blieb so ein dominantes Problem in der politischen Auseinandersetzung. Zum Anderen war diese Regulierung immer noch objektiv unrealistisch in dem, was gegenüber der Leistungsfähigkeit der deutschen Wirtschaft gefordert wurde. Trotz intensiver Überwachung durch alliierte Kontrollen waren die angestrebten Zahlungen in den Folgejahren nicht leistbar, ohne das Geld- und Sozialsystem und die gesamte politische Lage in Deutschland erneut zu destabilisieren.

Di: Das heißt, die deutsche Wirtschaftsleistung wuchs auch unter der Belebung, die die amerikanischen Kredite brachten, nicht schnell genug – und dadurch konnte die Weltwirtschaftskrise einen so tiefen Einbruch in einer noch längst nicht stabilisierten Situation in Deutschland bewirken -

Eo: - auch in den USA hatte es ja einen Boom in den „Golden Twenties" gegeben, der 1929 in einer Überproduktionskrise, Aktienkrise und Kreditkrise zusammenbrach. Amerikanische Geldgeber forderten daraufhin ihre kurzfristigen Kredite aus Deutschland zurück. Da diese aber in Deutschland - gegen die Bedingungen der Vergabe - langfristig weitergegeben und investiert worden waren, kamen Banken in Zahlungsschwierigkeiten, und sehr schnell kam es zu massiven Kredit-Engpässen auch in Deutschland. Zudem waren Erlöse und Exporte dadurch eingebrochen, dass in der Weltwirtschaftskrise, die aus der Krise in den USA sich entwickelt hatte, weltweit Schutzzölle heraufgefahren worden waren. In Deutschland waren die Folgen Firmenpleiten und rasch steigende Arbeitslosenzahlen, 1930: 3,0 Mio., 1931: 4,5 Mio., 1932: 5,6 Mio.. Jetzt wurden die Reparationszahlungen einerseits immer heftiger angegriffen, und zugleich konnten sie immer weniger tatsächlich geleistet werden. Dies wurden die Jahre von Hitlers großen Wahl-Erfolgen, 1930: 18,3 % (6,4 Mio. Stimmen), 1932: 37,4 % (13,8 Mio. Stimmen).

Di: Also fast 14 Millionen von 44 Millionen Wahlberechtigten stellten sich hinter Hitler – was konnte dieser Verbrecher den Millionen anbieten, die ihm in immer größerer Zahl folgten?

Eo: Wohlgemerkt, seine Anhänger waren nicht die Arbeitslosen, die werden sich eher hinter die Kommunistische Partei gestellt haben, die 1932 mit 5,3 Mio. Wählern etwa die Arbeitslosenzahl abbildete. Es waren die „Enttäuschten", die früher bürgerlich gewählt hatten, Bauern, Landbevölkerung, kleine Gewerbetreibende, Angestellte, die sich Hitler anschlossen. Es gab gewalttätige Auseinandersetzungen zwischen Hitlers SA und sozialistischen Kampfverbänden. Die Angst vor Sozialisten und Kommunisten auf der einen und dem „internationalen Finanzkapital", das meint, Angst vor den Juden, auf der anderen Seite wurde von den Nazis geschürt, und das „ganze System", die Parteien, hätten das Volk zerstritten gemacht. Die Nazis warben für eine Volksgemeinschaft über den Parteien, dass es ein Ende der Zahlungen an das Ausland, ein Ende der Geld-Verschwendung, geben müsse, dass Deutschland sich vom internationalen Kapital abgrenzen und einen nationalen Kurs in allen Fragen steuern müsse. Alle diese Bestrebungen liefen zusammen in der Erwartung, dass ein starker „Führer", eben dieser Führer, als quasi überparteilicher Retter, die Zukunft Deutschlands in die Hand nehmen müsse. Ihn zu wählen war deshalb gleichbedeutend damit, die Rettung Deutschlands zu ersehen und sie auch zu bewirken. – Das bot der Verbrecher an, in seinen Volksreden, die er vor Tausenden von Zuhörern hielt. Seine Reden begannen zunächst mit bodenlos-simplen, populären, aber betrügerischen Behauptungen, wurden dann zornig fordernd und mündeten schließlich in Voraus-sagen und Drohungen, die er in zügellos fanatischen Ausbrüchen herausschrie.

Di: Aber er muss doch damit die Erwartungen der Versammelten getroffen haben, sonst wäre doch dieses Geschrei lachhaft gewesen, und sonst hätten diese Versammlungen nicht diese verheerenden Erfolge habe können. Warum erwartete man DIESEN FÜHRER?

Eo: Betrachten wir den damaligen Führer der Regierung, den Reichskanzler Heinrich Brüning aus der katholischen Zentrums-Partei. Er war vom Reichspräsidenten von Hindenburg zum April 1930 als neuer Reichskanzler berufen worden. Es ist bekannt, dass die deutsche Regierung unter ihm keine eigene Mehrheit mehr im Parlament besaß und sich hauptsächlich auf die Macht Hindenburgs als Reichspräsident stützen musste. Und Brüning sah – so könnte man es sagen – die fehlende Bindung an das Parlament als Vorteil an, um viele unpopuläre Entscheidungen zu fällen: Kürzung der öffentlichen Ausgaben, der Löhne und Gehälter, der Arbeitslosen-Unterstützung und gleichzeitig Steuer Erhöhungen. - Brüning nahm in Kauf, dass sich die Krise 1930/31/32 verschärfte! Das Arbeitslosen-Elend ging in mehreren Regionen in Hunger über und trug Brüning den Titel „Hunger-Kanzler" ein. Brüning erreichte in London, dass ein Stillhalten beim Abziehen von Krediten eintrat, und seine Diplomatie bewirkte, dass der amerikanische Präsident Hoover für 1931 unter den Alliierten durchsetzte, dass sie duldeten, dass alle Reparationsleistungen für ein Jahr eingestellt wurden. –

Di: Ja, also: mit Lohn- und Haushaltskürzungen in der Krise und dem Erwerb internationalen Vertrauens und dem Stop von Kapital-Abflüssen schien doch Brüning alles zu tun, was nach dem Lehrbuch nötig und richtig war, oder?

Eo: Dabei wirkte sich aber fatal aus, dass er öffentlich nicht nannte, was das eigentliche Ziel der Krisen-Verschärfung war, die er mit seiner Politik betrieb, dass er das Ziel nicht nennen wollte und nicht nennen konnte. In seinen Memoiren berichtet Brüning, dass er bei einer geheimen Unterredung, die er am 30. Oktober 1930 mit Adolf Hitler führte, ihm gegenüber sein Ziel erklärt und auch den Grund, darüber öffentlich zu schweigen, angegeben hatte: Er wolle mit einer Verschärfung der deutschen Krise die Alliierten in eine Erkenntnis-Krise zwingen: Sie sollten erkennen, dass nur die völlige Streichung der Reparationen die Instabilität in Deutschland beenden könne. Das Ziel, die Reparationen ganz zu erlassen, sei aber, ein halbes Jahr nach dem Young-Plan, in dem 1929/30 die

Verminderung und Streckung der Reparationen mit den Alliierten kompliziert ausgehandelt worden war, nicht öffentlich aussprechbar, weil es eine neuerliche Herausziehung ausländischen Kapitals aus Deutschland zur Folge haben und damit die Zahlungs-Unfähigkeit nach sich ziehen würde. Er erbat sich sogar von Hitler eine „schärfere außenpolitische Opposition seitens der NSDAP" als „das zweckmäßigste".

Di: Er brauchte also die scharfe Opposition der NSDAP? - Er wollte nationalistisches Chaos, um seine Ziele zu erreichen? – Tatsächlich fatal, schicksalhaft: so hatte man unter den Deutschen, die das Elend erlebten, Leid über Leid zu ertragen, ohne dass sie hätten sehen können, dass das zu einem Sinn geführt hätte, denn den kannte also offensichtlich Brüning, blieb aber darüber sprachlos! In der Öffentlichkeit durfte und konnte aber die Nazi-Opposition gegen Brüning hetzen. Denn es musste doch so scheinen, dass Brüning also keinen Plan gegen das Leid hatte, keine „Führung", und es musste auch so scheinen, dass das ebenso war bei den anderen Parteiführern, die Brünings Regierung lediglich duldeten, weil sie die Kraft für Kompromisse, die zu einer eigene Mehrheitsbildung mit einem Mehrheitskanzler erforderlich gewesen wären, nicht aufbrachten. Auch die anderen Parteien wussten ja nicht oder durften ebenfalls nicht aussprechen, welcher Sinn in einer aktiven Verschärfung der Krise, die alle erlebten, liegen konnte. Sinnlos erzwungenes Leid musste Hass hervorrufen -

Eo: - und diesen Hass konnten die Nazis mit einem Namen füllen: den Hass auf „das System"— so macht es Sinn, von „Führungslosigkeit" zu sprechen, und so wurde die Sehnsucht nach einem Führer geradezu produziert, und zugleich wurde mit dem Hass auf „das System" die gewalttätige Bereitschaft erzeugt, „das System" zu zerstören. In dem Begriff „System" schwang alles mit, was die nationalistische Rechte sich immer neu vorspiegelte als Ursache für das Unglück Deutschlands: Das Finanzkapital und der Marxismus - beides sah man von Juden erzeugt und gesteuert - und die Schwächung der Deutschen durch den Sozialismus und das Parteienwesen, den Parlamentarismus und die Demokratie. Dem meinte man entgegensetzen zu müssen: Nationalistische Abgrenzung, Stärke, Kraft, Durchsetzungsfähigkeit, Drohung und Aktion gegen Links, ein Angstregime auf der Straße, Einheit und Führung von Rechts: und alles dieses bot die NSDAP unter dem Führer Hitler.

Di: Das also wurde von Hitler in seinen Reden betrügerisch als Heilsweg den Massen vorgegaukelt, und sie waren geschwächt, ohnmächtig und hoffnungssehnsüchtig genug, um zu glauben - um sich glaubend dem Führerkult einfügen zu lassen. – Erschreckend!

Eo: Wie ein Mörder hinter dem Winkel lauerte Hitler mit seinen Banden-Mitgliedern Heß, Himmler, Göring, Goebbels, Röhm, Strasser, Frick, Feder, mit der Partei und den vielen SA-Gruppen, jeder Schwäche auf, die sich auszunutzen lohnte, mit immer differenzierter eingesetzter Propaganda, Image-Pflege und hartnäckiger Taktik. 1932 war die Anzahl der Partei-Mitglieder angewachsen auf etwa eine Million, die SA umfasste mehrere Hunderttausend Männer, und mit dem Ruf, durch 37,2 % der Wählerstimmen stärkste Partei geworden zu sein, konnte Hitler nach den Juli-Wahlen 1932 auftrumpfen: Er verlangte, dass er als Führer der größten Fraktion im Reichstag (230 Sitze) zum Reichskanzler berufen würde und lehnte es ab, in eine Koalitions-Regierung einzutreten, ohne diese zugleich selbst mit der NSDAP anzuführen. Er war nach und nach immer deutlicher salonfähig geworden, wurde von immer mehr Wirtschaftsführern kontaktiert und anerkannt, und seine Wahlerfolge lockten in Dörfern, Städten und Ländern auch immer mehr Honoratioren in die Partei. Offenbar hatten viele Amtsträger schon die Befürchtung, zu spät zu kommen mit dem „Dabeisein" in der „Bewegung".

Di: Sowohl Reichskanzler Brüning als auch - ab Sommer 1932 - sein Nachfolger von Papen sollen Pläne ausgearbeitet haben, mit Hilfe Hindenburgs das Parlament zu entmachten und die Verfassung in ein autoritär geführtes präsidiales System zu überführen. Beide äußerten das Ziel, die Monarchie wieder einzuführen?

Eo: Diese Tatsachen zeigen die Stimmung in den konservativen Parteien, die Hitler auch auszunutzen wusste, um sich sympathisch zu machen.

Di: Aber sag mal: Wie konnte bloß Hindenburg, der als Komplize des Kaisers im Ersten Weltkrieg in abgründiger Realitätsverkennung mörderischen Illusionen gefolgt war, die Millionen das Leben gekostet hatten, wie konnte er 1925 zum Reichspräsidenten der neuen Republik gewählt werden?

Eo: Das ist das wieder, was wir schon erwähnt hatten: Der Erste Weltkrieg war in der deutschen Bevölkerung in keiner Weise verarbeitet worden, die schwere, schuldhafte Verstrickung Hindenburgs in dessen Verlauf war unbekannt, im Gegenteil, man sah ihn als ruhmreichen Führer des kaiserlichen Heeres, auf den man stolz sein konnte!

Di: Hindenburg war Gegner der Republik, er sah alles Parlamentarisch-Demokratische mit höchstem Misstrauen und Pessimismus. Wie konnte dieser Mann die Reichskanzler auswählen und nach sieben Jahren 1932 noch einmal gewählt werden in einem Alter von 84 Jahren? –

Eo: Brüning stützte ihn, weil er in seinen Augen der letzte Einigungspunkt in der Bevölkerung innerhalb der Weimarer Republik war. Hitler kandidierte gegen Hindenburg, da war für Brüning Hindenburg der bessere Kandidat! Hitler erhielt bei der Stichwahl am 10. April 1932 dennoch 36,8 %, das heißt, 13,4 Mio. Stimmen, Hindenburg 53 %, das sind 19,4 Mio. Wähler.

Di: Wie konnte Hindenburg 1930 zum Reichskanzler Heinrich Brüning berufen, ohne Aussicht auf eine Mehrheit für ihn?

Eo: Die Große Koalition der demokratischen Parteien, die die Weimarer Republik getragen hatten (SPD, Zentrum, BVP, DDP und DVP), hatte sich nicht mehr einigen können und war Ende

März 1930 unter dem SPD-Reichskanzler Müller zerbrochen. Hindenburg schätzte Brüning als solide gebildeten Konservativen, der liberale, sozialdemokratische und nationalsozialistische Tendenzen, die ihm insgesamt zuwider waren, abweisen würde.

Di: Wie konnte Hindenburg dann 1932 Brüning abberufen, um Franz von Papen regieren zu lassen?

Eo: Brüning hatte es gewagt, Pläne vorbereiten zu lassen, dass auf den großen, aber oft hochverschuldeten Gütern in Ostdeutschland Familien von Arbeitslosen Siedlungs- und Ackerland erhalten sollten, um ihre Existenz zu sichern. Da konnte Hindenburg überhaupt nicht mitgehen, da viele adlige ostdeutsche Gutsbesitzer seine Freunde waren und bei ihm heftig protestierten, sie sahen diese Pläne als links und als sozialistisch an. Er berief Papen, damit mehr nach Rechts regiert werde.

Di: Wie konnte dann von Papen die SA, die von Brüning im April 1932 verboten worden war, im Juni 1932 wieder zulassen, nur, um die NSDAP zum Eintritt in die Regierung zu bewegen? Für den Wahlkampf im Sommer 1932 werden dann 300 Tote und 1100 Verletzte genannt, für die die SA mitverantwortlich war. Wie konnten Gewalt und Terror, die die SA auf Straßen, Plätzen, in Sälen und Kneipen und in Privatwohnungen anrichtete, nicht wie gellende Alarm-Sirenen wirken, die die Menschen zum Widerstand veranlassten?

Eo: Wir stoßen immer wieder auf das Problem, wie es möglich sein soll, aktiv Widerstand zu leisten in der Staatsform der westlichen, das heißt, repräsentativen Demokratie. Diese Staatsform ist darauf angelegt, die direkte Einwirkung der Bevölkerung zurückzuhalten. Wenn dann Regierung, Parlament, Polizei und die Gerichte einem gefährlichen Trend nicht mehr widerstehen, ja, sogar die vorhandenen Schutzrechte für zivile bürgerlich-politische Aktivität aufgelöst werden durch ein Regime des Terrors, wie es die Nazis ab 1933 vollzogen haben, - wie soll dann die zielvoll entmündigte Bevölkerung eingreifen können?

Di: Das wäre doch eine grundlegende Erörterung wert? – Könnte es nicht regelmäßige Bürgerversammlungen in den jeweiligen Wohnbezirken geben, auf denen alle relevanten Entwicklungen erörtert und gefährliche Entwicklungen tausendfach gestoppt werden könnten?

Eo: Es hätte durchaus eine Konsequenz sein können, nach der Erfahrung des unterdrückten Widerstandes in der NS-Zeit, eine veränderte Staatsform anzustreben, eine in sich lernende, wehrhafte Zivilgesellschaft, die den Staat konsequent zu ihrem Diener hat, statt ihm deshalb gegenübertreten zu müssen, weil der Staat ein massiver Lenker und unerreichbarer Regent geworden ist. Zwar wurden nach 1945 die Kontroll-Mechanismen verstärkt – aber der Staat wurde wieder als Regent installiert, der gegen die Bevölkerung zu schützen war.

Di: Jedenfalls blieb also 1932 in Deutschland der Aufschrei aus -

Eo: Die Dramatik der kommenden Entscheidungen wurde 1932 stark empfunden, die Suche nach Lösungen verließ aber die alten Bahnen nicht. Noch wollten im Sommer 1932 weder von Papen noch Hindenburg Hitler das Reichskanzleramt überlassen. Sie ließen noch einmal Neuwahlen stattfinden, im November 1932. Diese brachten kein klareres Ergebnis als die Wahlen vom Juli. Im November brachte es die DNVP, die Franz von Papen stützte, auf ganze 7,2 %, die NSDAP dagegen erreichte 33% (196 Sitze). Von Papen schlug Hindenburg jetzt einen Militärputsch vor, bekam aber nicht die Unterstützung des Generals von Schleicher, der die Reichswehr nicht gegen die Nazis einsetzen wollte. Während dann von Schleicher durch Hindenburg als neuer Reichskanzler eingesetzt wurde und versuchte, eine Mehrheit im Parlament zusammen zu bekommen, begab Franz von Papen sich in die Rolle, gegen den neuen Reichskanzler von Schleicher zu intrigieren und in der Umgebung des Reichspräsidenten von Hindenburg die Fäden für eine Reichskanzlerschaft Hitlers zu ziehen. Inzwischen hatten sich auch führende Unternehmer zugunsten eines Reichskanzlers Hitler ausgesprochen, so dass von mehreren verschiedenen Beratungsrunden im Hintergrund aus von Papens Bemühungen zum Ziel kamen: Am 30. Januar 1933 wurde Hitler von Hindenburg gegen alle Bedenken doch berufen und als Reichskanzler vereidigt.

Di: Jetzt haben wir dieses schreckliche Datum erreicht, von dem es offenbar kein Zurück mehr gab.

Eo: Ja, die nächsten Schritte Hitlers sind so unglaublich, dass man sie immer wieder nennen muss, um keine Zweifel über die Art von Hitlers Vorgehen aufkommen zu lassen:

- Erstellung von Listen mit Namen von Kommunisten, Sozialdemokraten, Gegnern der Nazis und Juden, die zur baldigen Verhaftung und Erschießung vorgesehen wurden.
- Planung von Behelfsgefängnissen, Haft- und Konzentrationslagern.

Di: Der Brand des Reichstages gehört dazu, denke ich. Er erfolgte ja nur etwa vier Wochen nach dem 30. Januar, am 27. Februar 1933. Er ist zwar bis heute in seinen unmittelbaren Ursachen unklärbar geblieben, aber er ist ein Ereignis-Fanal geworden im Vorgehen der Nazi-Clique.

Eo: Jedenfalls wurde der Reichstagsbrand propagandistisch so ausgeschlachtet, verwendet und behandelt, als ob er ein Fanal für einen kommunistischen Umsturz-Versuch gewesen sei, der nur durch sofortige Aktion gegen Kommunisten und Sozialdemokraten verhindert werden könnte. Es mordeten und verhafteten die Nazis in jener Nacht bereits und in den folgenden Wochen und Monaten nach den erstellten Listen Kommunisten, Sozialdemokraten und andere Gegner, ohne dass ein rechtlich-polizeiliches Vorgehen gegen die Willkür stattfinden konnte.

Di: Du beziehst Dich darauf, dass dieses rechtlose Vorgehen der Polizeikräfte ab dem 28. Februar erlaubt war, da mittels einer Notverordnung die Grundrechte außer Kraft und ein Ausnahmezustand eingesetzt worden waren, „zum Schutz von Volk und Staat". Göring hatte doch bereits seit Anfang Februar seinen polizeilichen Terrortruppen Straffreiheit zugesichert, wenn sie die Schusswaffen gegen „Staatsfeinde" gebrauchen würden. Polizei, SA und SS erhielten „die Straßen frei" für die willkürlichen Erschießungen und Verhaftungen, die ohne strafrechtliche Folgen blieben. Unfassbar.

Eo: KPD-Büros wurden im Anschluss an den Reichstagsbrand sofort geschlossen oder zerstört. Für die Neuwahlen, die im Februar bereits, für den 5. März, jetzt eine Woche nach dem Reichstagsbrand, angesetzt worden waren, konnten KPD und SPD keine offizielle Aktivität mehr entfalten. Ihre Publikationen waren nach dem Brand verboten. Bis Mitte März waren allein in Preußen 10 000 Personen in „Schutzhaft", bis Oktober 1933 waren 500 bis 600 Menschen ermordet worden und bereits etwa 100 000 inhaftiert.

Di: Weiterhin kein Aufschrei?

Eo: Nein, eher Anerkennung für den Staatsmann Hitler, der mit starkem Zugriff gegen die sozialistische Bedrohung handelte - -

Di: Die Neuwahlen vom 5. März brachten der NSDAP nicht die erhoffte absolute Mehrheit, sondern 43,9 %.

Eo: Da aber kommunistische und sozialdemokratische Abgeordnete in "Schutzhaft" waren, also an den Sitzungen des Reichstages nicht teilnehmen konnten, erreichte die NSDAP im Reichstag, mit den anderen konservativen Parteien zusammen, am 23. März für das Ermächtigungsgesetz dennoch eine verfassungs-ändernde Zweidrittel-Mehrheit.

Di: Und dieses Gesetz vom 23.3.33 war der nächste schwere Einschnitt Hitlers, nachdem die Grundrechte durch die „Brandverordnung" vom 28.2.33 außer Kraft gesetzt worden waren - -

Eo: Dieses Gesetz gab der Reichsregierung das Recht zur Verabschiedung von Gesetzen ohne den Reichstag. Der Reichstag wurde tatsächlich überflüssig, obwohl er der Form nach weiterbestand. Die Folge war, dass die anderen Parteien bis zum Sommer 1933 verboten oder aufgelöst wurden. Überhaupt gingen alle relevanten gesellschaftlichen Organisationen in nationalsozialistischen Verbänden unter, einschließlich der Gewerkschaften und Unternehmer-Verbände.

Di: Das also war der "Totale Staat": ein Diktatur- und Terror-Gebilde!

Eo: Die Nazis nannten diese Auflösung „Gleichschaltung". Es wurden jegliche eigenständige Organisationen im ersten Jahr 1933/34 zerstört, das führte bis hin zur Auflösung der Länder-Parlamente und Länder-Regierungen. Schließlich ließen Hitler und die Terror-Clique an der Spitze, in den Tagen vom 30. Juni bis zum 2. Juli 1934, interne Gegner unter den SA-Führern offen erschießen. Gleichzeitig wurden weitere bekannte Regime-Gegner mehr oder weniger offen durch die SS ermordet. Belegt sind für diese drei Tage 191 Morde, geschätzt werden 300 bis 1000 Tote. Hitler erklärte diese Morde in einem Gesetz öffentlich für rechtens als Staatsnotwehr, es waren Gerüchte gestreut worden über einen angeblich drohenden SA-Putsch.

Di: Bitte, alles dieses zeigte doch, was für eine Herrschaft hier begonnen hatte: Die Nazi-Herrschaft weitete sich aus zu einem millionenfachen systematischen Brechen der Menschenrechte mit Tätern, die öffentlich sichtbar, staatlich angestellt waren, Tausende und Tausende von Tätern – wie – konnte – das – zwölf – Jahre – andauern - ?

Eo: Gegner der Nazis mussten schmerzlich feststellen, dass die Maßnahmen zu ihrer Einschüchterung, Verfolgung, Bestrafung und Vernichtung ständig weiter gesteigert wurden, mit beängstigender Wirksamkeit, zum Teil bis ins Absurde – eine ungeheuerliche Maschinerie von Gegner-Beseitigung wurde installiert, deren Willkür-Regeln von ihren Anwendern mit akribischer Zerstörungs-Sicherheit angwandt wurden. Widerstand umfasste sofort das persönliche Risiko der eigenen Isolierung und Auslöschung. Alle wurden gezwungen, sich rückhaltlos in diesen einen Willen des totalitären Führers einzufügen. Wie die Versuche des Widerstandes, die es gegeben hat, zeigen, erwies es sich als fast unmöglich und jeweils als sehr kurzlebig, einen Widerstand zu organisieren, der über einzelne isolierte Aktionen hinausging. Die sofortige Auslöschung der studentischen Widerstandsgruppe Weiße Rose 1943 wie die Erschießung der Beteiligten des Attentates auf Hitler am 20. Juli 1944 noch am Abend des Tages haben das beispielhaft für viele andere Versuche gezeigt.

Di: Also müssen wir uns doch für alle Zukunft fragen: Wie kann man gegen das Aufkommen einer solchen Diktatur die Widerstandsfähigkeit in jeder zukünftigen menschlichen Gesellschaft verankern?

Eo: Da sind wir doch nicht ratlos, wir wissen es ziemlich genau, was getan werden muss: In allen Schulen muss es Konfliktlotsen-Organe geben, Anti-Mobbing-Unterricht, Anti-Gewalt-Trainings, Übungs-Einheiten für zivilen, gewaltlosen Widerstand, Übung in Versammlungs-Techniken, Übung in Klein- und Groß-Gruppen-Gesprächen. Der Waffen-Besitz muss strengstens kontrolliert und sowohl bei Privat-Besitzern wie bei der Polizei mit Konflikt-Lösungs-Trainings verknüpft sein. Die Menschenrechte müssen in ihrer persönlich-philosophischen Begründungs-Basis regelmäßig diskutiert werden und ein gedanklicher Bestand sein, der alltäglich aktualisierbar gehalten wird.

Di: Würdest Du das bitte konkretisieren?

Eo: Wir müssen uns als sprachliche Wesen kennen -

Di: Was, bitte, meinst Du damit?

Eo: Sprechen- und Denken-Lernen sind Rechte, die jedem Menschen von Geburt an zustehen und die ihm gesellschaftlich zuerkannt werden müssen. Sprechen-Lernen erfordert Frieden, Denken-Lernen erfordert Frieden und Freiheit im Schulalter, Zuhören und Zeit für Kinder sind kindliche Menschenrechte. Sprechend können wir uns anderen offenbaren, andere offenbaren sich uns. Denkend offenbaren wir uns unsere Erfahrungen, sprechend und denkend werden wir für uns selbst zu sich-selbst-ändernden Wesen: Wir können uns wandeln, wir als Wesen, die uns selbst gegenüber frei sind, verlangen, dass wir als solche Freie geachtet werden, und wir üben uns, in der Begegnung mit Anderen, dem Kern ihres Wesens Raum zu geben: sich selbst gegenüber frei und sich selbst verwandelnd zu sein. Dieses Eingeständnis, sich gegenseitig Raum zu geben für Freiheit, ist ein Friedens-Impuls der Menschenrechte, durch den wir alltäglich Gewalt überwinden können.

Di: Hätte das geholfen, die Juden zu schützen, als die Verfolgungen begannen?

Eo: Wahrscheinlich ja, etwas mehr wahrscheinlich, sicher aber ja, wenn man vor etwa 200 Jahren damit begonnen hätte. Hätten wir die Menschenrechts-Erklärungen in den USA 1776 und in Frankreich 1789 zum Anlass genommen, dieses Wissen wirklich in Recht umzusetzen, dann hätte es keine Judenverfolgungen geben können. Ein konsequent geübtes Denken in Menschenrechten, die einem jeden gleich zugehören, hätte im 19. Jahrhundert das Ausufern rassistischer Gesellschafts-Interpretation und das Ausufern antisemitischen Denkens und Verhaltens nicht aufkommen lassen. Die offene und latente Bejahung autoritärer Gewalt von Menschen über Menschen wäre abgebaut worden, die Bejahung und Ausübung latenter und brutal-offener Gewalt allgemein im weltweiten Imperialismus im 19. Jahrhundert wäre mit einer gleichzeitigen allgemeingültigen Präsenz menschenrechtlicher Praxis nicht möglich gewesen. Und speziell das deutsche Großmachtstreben, das eine Atmosphäre der Gewalt-Ausübung bis in die privatesten Handlungen nach sich zog, wäre aufgelöst worden. Diese Leerstelle in der Entwicklung Europas nach der Französischen Revolution ließ vielen anderen Gewaltregimen auch, aber mit besonderen Folgen den Nazis, Raum, eine anti-menschliche, totalitäre Gesellschafts-Maschinerie zu institutionalisieren, das düsterste und größte Verbrechen, das je an der Bevölkerung eines Landes und an ausgesuchten Teilen der Bevölkerungen begangen worden ist. Die kriegerischen Überfälle des Zweiten Weltkrieges und die systematische Anlegung und Steigerung der Juden-

Verfolgung und des Holocaust sind die dämonisch ins Riesenhafte vergrößerten Folgen dieses böse geplanten Abgrundes in der Missachtung menschlicher Grundrechte.

Di: Du siehst das Nazi-Regime also auch als eine Folge dessen, dass eine rassistische und antisemitische Arroganz sich sozusagen ungebremst über Jahrhunderte hin aufgebaut und angestaut hat, und dass der Gewalt-Wille Hitlers es möglich machte, dass unter den besonderen Bedingungen in Deutschland nach dem verlorenen Ersten Weltkrieg diese rassistisch-antisemitische Unmensch-Arroganz enthemmt wurde zu einer uferlosen Gewalt-Ekstase.

Eo: Wie wir gesehen haben, gab es Bestrebungen zur Vernichtung der jüdischen Religion und des Judentums bereits im zweiten vorchristlichen Jahrhundert bei Antiochus IV. Epiphanes, dann bei Titus mit der Zerstörung Jerusalems um 70 nach Christus, in Mitteleuropa dann mit den Kreuzzügen im Hochmittelalter, mit den verschiedenen späteren Juden-Vertreibungen, zum Beispiel in Spanien um 1492, und so fort. Aus der Französischen Revolution ging immerhin ein kurzes Zeitalter hervor, das man die Juden-Emanzipation genannt hat, aber bald, besonders von den Siebziger Jahren des 19. Jahrhunderts an, setzte ein neuer, immer offener propagierter Antisemitismus ein, in den schließlich auch Hitler sich hineinversetzte und aus dem heraus er seinen Judenhass schließlich ausrasten ließ in systematische Entrechtung, Verfolgung, Ermordung, Vernichtung und in den Holocaust.

Di: Wie siehst Du die Beteiligung der deutschen Öffentlichkeit?

Eo: Eine Juden-feindliche Mentalität hatte sich fatal verbreitet. Auf offener Straße gab es Beschimpfungen und Gewalt-Exzesse gegen Menschen, deren jüdische Herkunft erkennbar war. Als am 1. April 1933 die Boykott-Aufrufe gegen jüdische Geschäfte und alle berufstätigen Juden öffentlich aufgestellt wurden, wurde das ohne verbreitete Gegenwehr hingenommen, ebenso die Entlassung aller jüdischen Beamten am 7. April 1933. Drangsalierungen, Verhaftungen, Folterungen im öffentlichen Raum, indirekte und direkte Enteignungen, alle diese Maßnahmen systematischer Entrechtung, die in ihrem Umfang immer weiter zunahmen, waren öffentlich, es wurde darüber berichtet, sie wurden bejaht, versteckt und auch ganz offen. Die deutsche Öffentlichkeit war durchaus beteiligt.

Di: Die Beteiligung der Vielen, vorher vielleicht Unbeteiligten, die Teilnahme so Vieler daran, andere aktiv zu entrechten, schließlich die kriegerischen Übergriffe und Zerstörungen, die die deutschen Soldaten in der internationalen Gemeinschaft der Staaten begangen haben, die Eroberungskriege, der totale Welt-Krieg, durch das alles wurde das Nazi-Verbrechen so unfassbar vergrößert, und diese Folgen haben es global ewig unvergesslich gemacht.

Eo: Es ist eine unleugbare Tatsache, dass die Deutschen sich überwiegend und landesweit für Hitler begeistert hatten. Die Millionen, die sich an dem gesamten NS-Regime beteiligt hatten, die wir heute Täter und Verbrecher nennen müssen, unsere Eltern und Großeltern, haben die Deutschen bleibend gedemütigt, Hitler und seine NS-Anhänger haben unser Gewissen auf lange Zeiten gedemütigt. Das spüren wir an unserem eigenen inneren Verhältnis zu unseren Eltern und Großeltern, und es wird uns immer wieder neu vor Augen geführt durch die Art, wie sich Menschen in anderen Ländern uns gegenüber verhalten und wie unsere Gefühle sind bei Besuchen in anderen Ländern.

Di: - - Ich würde das Thema für unsere Betrachtungen gerne verlassen, können wir das?

Eo: Ich weiß, wir halten es nicht lange aus, uns mit diesem Verbrechen zu beschäftigen. Wir können diese Betrachtungen verlassen, wenn wir sicher sind, dass wir uns die Dimensionen genügend klar gemacht haben.

Di: Was fehlt noch?

Eo: Es ist oft gesagt worden, dass sich dieses Verbrechen der Nennbarkeit und dem Verstehen entzieht. Deshalb gibt es auch immer weitere und neue Veröffentlichungen über die NS-Zeit. Für ein Gespräch wie dieses, das übersichtlich bleiben soll und ein Ende finden will, kann es auch nur bei einem Stottern bleiben, mit dem Bewusstsein, dass Unendliches ungesagt bleiben muss, wenn es nur darum geht, eine Übersicht herzustellen.

Di: Was also gehört zu dieser Übersicht noch gesagt?

Eo: - - Dass Hitler der Weimarer Republik den letzten Stoß versetzte, als Hindenburg im August 1934 starb und Hitler unter dem Titel „Führer Deutschlands" auch dessen Amt des Reichspräsidenten noch übernahm. Anschließend zwang er alle Soldaten der Reichswehr, auf ihn persönlich, auf Adolf Hitler, ihren Eid zu schwören.

Di: - und so haben viele Soldaten bis zu ihrem Fallen in den Kämpfen des Zweiten Weltkrieges, bis in ihren Tod hinein, sich gebunden gefühlt an ihren Eid auf diesen Dämon des Unterganges. Seine Verbrechen wurden nicht als etwas angesehen, was den Eid aufgelöst hatte?

Eo: Alle NS-Propaganda bemühte sich, aus dem abgründigen Untäter und größten Verbrecher der Menschheit einen makellosen Staatsmann und Feldherrn zu machen. Wie sollte ein solcher die Gültigkeit des Eides auf seine Person durch seine Taten aufgelöst haben können, ohne es ausdrücklich zu sagen, nur durch die Art, wie er handelte? So etwas gibt es in persönlichen Beziehungen, in Ehen, Ehe-Versprechen können durch die Handlungen dessen, dem man sich versprochen hat, aufgelöst werden. Für eine eidlich beschworene Loyalität zu einem Politiker schien es eine solche Auflösung eines Schwures noch nicht gegeben zu haben.

Di: Uns scheinen unsere Väter, Groß- und Urgroßväter fast bemitleidenswert naiv, dass sie sich todernst so lange verpflichtet gefühlt haben, an einem Todesrausch aktiv teilzunehmen. Und doch wissen wir, dass unser Mitleid ihnen nicht gerecht wird, weil sie – darin unendlich betrogen – ihr Bestes gegeben haben. - - Weiter! Was noch?

Eo: Hitler wollte mitten in Europa, das seit über tausend Jahren strukturierte Ländergrenzen hatte, Deutschland vergrößern durch Eroberung von Nachbarländern. Haben wir den planvollen Weg vor Augen, mit dem Hitler den Krieg und die Überfälle auf die anderen Länder vorbereitete? – Die allgemeine Wehrpflicht 1935, Hitlers Vierjahresplan von 1936, mit dem die Wehrmacht und die Wirtschaft aufgefordert wurden, in vier Jahren kriegsbereit zu sein?

Di: Mir scheint, der zielvolle Weg in den Krieg ist in seinen frühen Vorbereitungen nicht genügend bekannt. Ebenso, glaube ich, ist nicht genügend bekannt, dass die Aufrüstung betrügerisch finanziert wurde mit verdeckten Schulden, die erneut in einer hohen Inflation gemündet hätten. Die Inflation ist nur durch den Zusammenbruch nicht zur Wirkung gekommen. Durch die spätere Währungsreform von 1948, drei Jahre nach der Niederlage, wurden die Geldwerte auf ein Zehntel des früheren Wertes zurückgeführt. Die Währungsreform entsprach also einem tatsächlichen Verlust und einer tatsächlichen Inflation von 90%.

Eo: Und dieser ungeheure Umfang an Rüstungsproduktion, erst in den Vorkriegs- und dann in den Kriegsjahren, war nur möglich durch Arbeits-Verpflichtungen und unbezahlte Zwangsarbeit. Erst vor kurzem wurde bekannt, dass es im Laufe der Nazi-Zeit nicht nur etwa 200, sondern mehr als 40 000 Zwangsorte, Konzentrationslager, KZ-ähnliche Gefängnisse und Behelfs-Lager, Zwangs-Häuser und Zwangs-Wohnungen gegeben hat, von denen aus die erzwungene Arbeit in den Rüstungsbetrieben geleistet wurde. Und Zwangsarbeiter waren nicht nur Oppositionelle, Homosexuelle, Sinti, Roma, Juden und Kriegsgefangene, sondern auch Menschen, die in besetzten Ländern am helllichten Tag und aus heiterem Himmel, ohne Vorankündigung, auf Marktplätzen gezwungen wurden, auf Lastwagen aufzusteigen, mit denen sie nach Deutschland abtransportiert wurden. Die Anzahl der unbezahlten Zwangsarbeiter hatte bereits 1941 drei Millionen erreicht und wurde bis 1944 auf 7,5 Millionen. – einige Quellen schätzen die Zahl auf bis zu 11 Millionen. - gesteigert. Wir wissen, dass es unter den Zwangsarbeitern hohe Raten an Hungers-, Krankheits-, Erschöpfungs-, Selbstmord- und Erschießungs-Toten gab. Von 5,7 Mio. russischen Kriegsgefangenen starben 3,3 Mio..

Während die deutschen Soldaten deren Länder eroberten, mussten die Zwangsarbeiterinnen und Zwangsarbeiter aus den eroberten Ländern die Soldaten, die in Deutschland als Arbeitskräfte fehlten, ersetzen, und sie mussten ihre Demütiger, die Nazis, dadurch unterstützen, dass sie ihnen deren Waffen und Munitionen herstellten.

Di: Wir brauchen es, dass uns eine Liste der Länder gegenwärtig ist, die von deutschen Soldaten überfallen worden sind.

Eo: Ich fand eine Karte mit den Ländern, in denen die Deutschen Juden ermordet oder zur Ermordung abtransportiert haben, es sind dort die zugehörigen Zahlen der jüdischen Toten angegeben. Die Länder habe ich nach der Anzahl der Ermordeten geordnet. Diese Liste entspricht wohl der, die Du sehen willst, die kann ich wiedergeben:

Polen	3.000.000
Sowjetunion	1.000.000
Tschechoslowakei	217.000
Ungarn	200.000
Bessarabien	200.000
Deutschland	160.000
Litauen	135.000
Niederlande	106.000
Frankreich	83.000
Lettland	80.000
Griechenland	65.000
Österreich	65.000
Jugoslawien	60.000
Rumänien	40.000
Belgien	24.387
Memelland	8.000
Italien	8.000
Makedonien	7.122

Thrakien	4.221
Rhodos	1.700
Estland	1.000
Freie Stadt Danzig	1.000
Luxemburg	700
Kreta	260
Albanien	200
Norwegen	126
Kos	120
Dänemark	77
Finnland	11

Di: 29 Länder also haben die Deutschen in dieses Wüten gegen Juden hineingezogen. Welche Gesamtzahl ergibt sich hier, wenn man sie aus diesen 29 Staaten und Gebieten zusammenrechnet?

Eo: Diese Angaben haben auch einen Anteil an geschätzten Zahlen. Die Summe hier beträgt 5.465.226 ermordete Menschen mit jüdischem Hintergrund. Andere Gesamtrechnungen gehen von 5,7 bis zu über 6 Mio. Ermordeter aus.

Di: Wir brauchen auch eine Liste der größten Konzentrationslager.

Eo: Auch eine solche Liste kann ich nach einer Karte nennen, mit Schätzungen zur Zahl der dort jeweils vernichteten Menschen. Jedes dieser Lager hatte viele Außenlager, die den Produktionsstätten zugeordnet waren, zum Teil über hundert Außenstellen pro Lager:

Auschwitz	3.000.000
Treblinka	700.000
Belzek	600.000
Sobibor	250.000
Culm	über 160.000
Mauthausen	110.000
Sachsenhausen	100.000
Ravensbrück	90.000

Stutthof	80.000
Buchenwald	60.000
Krakau-Plaszów	50.000
Neuengamme	50.000
Bergen-Belsen	50.000
Groß Rosen	40.000
Dachau	über 35.000
Theresienstadt	30.000
Natzweiler-Struthof	30.000
Flossenbürg	30.000
Mittelburg-Dora	20.000
Kaunas	ohne Angabe

Di: Immer, wenn ich diese Zahlen ansehe, schaudere ich über den Umfang und den Organisationsgrad dieser Verbrechen und über die Anzahl der beteiligten Bewacher, Mörder und Schergen, durch die allein diese Zahlen von Tausenden und Millionen vernichteter Menschen entstehen konnten.

Eo: Und doch können wir, was mit der Nazizeit untergegangen ist, erst ermessen, wenn wir die Opfer des Krieges im Ganzen hinzunehmen.

Di: Mobilisiert wurden in allen beteiligten Ländern zusammen etwa 110 Millionen Menschen, die in den Kampf zogen. Etwa 24 Millionen Soldaten fielen in diesem wahnhaften Hitler-Krieg, den die Deutschen über die Welt brachten.

Eo: Versuchen wir doch auch noch, die Zahlen den einzelnen Ländern zuzuordnen und die zivilen Opfer hinzuzunehmen:

Menschenopfer im Zweiten Weltkrieg (Auswahl):

Land/Ländergruppe	Soldaten	Zivilisten	Gesamt
Sowjetunion	11.400.000	15.200.000	26.600.000
Deutsches Reich	3.250.000	3.800.000	7.050.000
Polen	100.000	5.500.000	5.600.000
Jugoslawien	300.000	1.400.000	1.700.000
Großbritannien	452.580	60.000	512.580
Frankreich	250.000	350.000	600.000
Italien	330.000	70.000	400.000
USA	300.000	-	300.000
China	3.500.000	10.000.000	13.500.000
Japan	2.300.000	800.000	3.100.000
Vermißte, alle Länder		5.000.000	
Alle Länder der Erde	23.923.704	39.600.000	63.523.704

Di: Das sind Gesamt-Verluste von 63.523.704 Menschen. Die Zahl der Verwundeten liegt bei etwa 35.000.000.

Eo: Diese Zahlen übersteigen jedes Vermögen, sie zu fassen. Dennoch müssen wir sie lernen. Wir werden sie uns immer wieder neu nennen und uns immer wieder neu an sie heranwagen müssen, indem wir uns Details von diesem Abgrund der Menschheit vergegenwärtigen. Die Orte und Denkmale werden immer wieder besucht werden müssen. Dieses Geschehen kann nie vergessen werden.

22 Nach dem Zweiten Weltkrieg: die vergrößerten Ansprüche

Di: Wir müssen jetzt zum Abschluss kommen. Die Ungeduld steigt. Du wirst etwas sagen wollen zum Ost-West-Konflikt und zum Kalten Krieg, zur Teilung Deutschlands in zwei Staaten, BRD und DDR, zum Warschauer Pakt und zur NATO -

Eo: - und zum Abwurf der ersten Atombomben in Hiroshima und Nagasaki 1945 -

Di: - zur Gründung des Staates Israel 1948, zur Palästinenser-Vertreibung und zum Nahost-Konflikt -

Eo: - und zu den neuen Internationalen Organisationen, zur UN und zur Erklärung der universellen Menschenrechte von 1948 -

Di: - zur Entkolonialisierung und zur Dritten Welt -

Eo: - zum wachsenden internationalen Austausch von Dienstleistungen und Waren, zum Boom des Welthandels -

Di: - zum Nord-Süd-Konflikt -

Eo: - zum Aufbruch von 1968 und zum Terrorismus, zum Ausstieg aus dem Zyklus von Gewalt und Gegengewalt -

Di: - zum Zusammenbruch der DDR, zur gewaltlosen „Kerzen-Revolution", zur Wandlung der Ostblock-Staaten und der Sowjetunion ab 1989 -

Eo: - zur Umwelt-Verschmutzung, zum Kampf um Energie-Ressourcen, zur Atom-Energie, zu den Welt-Verseuchungs-Katastrophen von Tschernobyl 1986 und Fukushima 2010, und zur Klima-Erwärmung und deren wirtschaftlichen und sozialen Folgen, zur Bedeutung der Nicht-Regierungs-Organisationen, der NGOs -

Di: - zum Wachsen der Europäischen Union -

Eo: - zur Zerstörung des World-Trade-Centers und zum islamistischen Terrorismus, zur Gegenwart der islamischen Welt, zu den Veränderungen in den Arabischen Staaten -

Di: - zur Armuts-Migration, zu den Flüchtlingsströmen -

Eo: - zu den vielen Kriegen nach dem Krieg, zum Öl-, Drogen- und Waffenhandel -

Di: - zur Akkumulation der Schulden-Krisen seit 2008 -

Eo: - und zur Finanz-Spekulation mit Boden, Wasser und Nahrung, zur Akkumulation der Hunger- und Armuts-Katastrophen -

Di: - zur Selbstbild-Krise -

Eo: - und zur Einführung des Alternden Geldes -

Di: - des was?

Eo: Des Alternden Geldes! – Du glaubst doch selbst nicht, dass all das Geld, dessen Mengen jetzt immer schneller geschaffen und freigegeben werden, alle seine Besitzer – man könnte auch sagen: seine Besetzer – noch weiter durch Zinsen ernähren wird, bloß, weil sie es haben -

Di: Das nicht, die Zinsen sind ja in den letzten Jahren bereits gegen Null gegangen – niemand kann mehr darauf vertrauen, allein durch Geld Geld zu verdienen – aber was verbirgt sich hinter dem Ausdruck „Alterndes Geld"?

Eo: Nehmen wir das später auf, wenn wir wissen, wofür wir uns noch Zeit nehmen können. - Wir haben den Namen Stalins nur einmal genannt -

Di: - der die Ermordung und das Verhungern von Millionen von möglichen Gegnern in der Sowjetunion veranlasst hat -

Eo: Das ist das andere totalitäre Regime des Zwanzigsten Jahrhunderts, der Sowjet-Sozialismus, ebenfalls ein System, in dem Menschen nicht nur willkürlich, sondern methodisch und umfassend entrechtet worden sind, das noch bis 1991 bestanden hat.

Di: Wie konnten diese beiden Ausbrüche des tiefsten Bösen im 20. Jahrhundert ausgerechnet gleichzeitig auftreten?

Eo: Es ist vielleicht noch eine Betrachtung wert, dass viele Menschen von einem Fortschritt in der Menschheitsgeschichte ausgegangen sind und die Nazi- und Sowjetsysteme für Rückfälle hielten, die sie eigentlich nicht mehr für möglich gehalten hatten. Diese Gräuel hatte man dem modernen Menschen nicht mehr zugetraut; so auch nicht noch einmal nach dem Zweiten Weltkrieg die ungeheuren Gräuel zum Beispiel im Vietnam-Krieg der Sechziger Jahre, im Kambodscha der Siebziger Jahre oder die Massen- und Völkermord-Exzesse in Ruanda und auf dem Balkan in den Neunziger Jahren.

Di: Ja, die Instanz des Gewissens, die als der auszeichnende, eigenste und innerste und unverletzlichste menschliche Besitz angesehen wurde, hatte durchgehend versagt.

Eo: Das Wort Gewissen könnte man vielleicht umschreiben als meine feste, auf immer gesicherte Teilhabe an einem Wissen von dem, was ich auf keinen Fall will. Gewissensbildung ist die Ausbildung und Absicherung dieses Bereiches – aber wie geschieht sie?

Di: Durch Vorbild und Erziehung - oder nicht?

Eo: So würde ich auch antworten, wobei noch nicht einbezogen ist, dass Menschen auch vielleicht Anteile am Gewissen schon mitbringen, wenn sie geboren werden – deutlich aber ist an deiner Antwort, dass Gewissen entsteht, dass es nicht einfach von selbst da ist und - so muss man folgern – dass es auch nicht einfach für immer bleibt.

Di: Du möchtest also sagen, dass auch unser Gewissen unser eigenes Werk ist. Wir können nicht auf einen Bestand an Humanität im Menschen vertrauen.

Eo: Leider nein! Mir scheint, das ist ein Ergebnis unseres Weges. Wir haben in unseren Gesprächen sehen können, wie, neben einem frühen Gesellschaftsmodell, in dem Gesetze gelten, die, den Mythen nach, von einem Gott oder mehreren Göttern gegeben worden sind und deren Geltung ein König übermittelt und sichert, ein späteres Gesellschaftsmodell entwickelt wird, in dem viele Menschen in Versammlungen selbst füreinander Gesetze verfassen und Einrichtungen schaffen, mittels derer sie die Einhaltung der Gesetze garantieren. Bei diesen selbstgeschaffenen Gesetzen werden – von den Griechen an, aber auch in der Neuzeit - zunächst göttliche Normen einbezogen und ausdrücklich als maßgebend genannt. Aber es wird auch die Natur und auch die Natur des Menschen als vorausgestellte, maßgebende Norm benannt. Dabei ist diese Natur-Norm für die Einen die göttliche Schöpfung, die der Mensch in der Natur erkennt. Für Andere ist es die Orientierung an dem, was sie als die Gestaltungselemente in der Natur vorfinden, ohne dass über einen gestaltenden Gott gesprochen wird. Deutlich ist: der Mensch selbst ergreift die Gesetze, er macht sich allmählich los von religiösen Vorgaben und von dem Willen königlicher Autorität und gestaltet sein Leben und sein Zusammenleben nach dem, was er durch seine Erkenntnis erschließt.

Di: Das ist der Weg der Erkenntnis-Freiheit, den wir mit dem Beginn der Neuzeit immer mehr als ein Aufbegehren im Bereich der Religion beobachten konnten. Daraus ergab sich aber in den weiteren Jahrhunderten auch die Handlungsfreiheit, die sich als politische Freiheit zur Selbstgestaltung des sozialen Lebens bis in die Revolutionen des 17. und 18. Jahrhunderts vergrößerte. Aber Impulse zur Gewissensbildung blieben aus.

Eo: Gleichzeitig expandierten die Wissenschaften, und man begann, von den Ergebnissen der wissenschaftlichen Erkenntnis regen Gebrauch in allen Bereichen des praktischen Lebens zu machen.

Di: Die Schultern der Wissenschaftler, die diesen Gebrauch ihrer Erkenntnisse verantworten mussten, müssten riesig geworden sein -

Eo: - und sind es nicht geworden. Industrie-Erfindungen, Verkehrsmittel, Eisenbahnen, Elektro- und Verbrennungsmotoren, Autos, Medizin-Chemie und Kunstdünger, Welthandel, Flottenbau, Panzer, Gasgranaten – alles das ist erst von Wissenschaftlern und Erfindern erkannt und entwickelt worden, dann in die Welt gegeben und weitergereicht worden, und es ist in Teilen schließlich ausgenutzt worden unter Mitwirkung völlig verantwortungsloser Vorteils-Sucher zu einer Akkumulation unverantwortlicher Vorgänge, unter denen wir als globale Menschheit zusammenzubrechen drohen. Aber bitte: Es ist Erkenntnis, die das alles vorantreibt, hohe, sehr wirksame Intelligenz – oft ohne Verantwortung! - Die Verzweiflung darüber, dass Menschen gewissenlos handeln, begann nicht erst im 20. Jahrundert.

Di: - und je weiter das vorantreibt, je weniger dem durch aktive Gewissens-Bildung entgegengewirkt wird -

Eo: Die totalitären Systeme Hitlers und Stalins sind Ergebnisse, die unter dem hochorganisierten Einsatz brillanter Intelligenz entstanden und zur Wirkung gebracht worden sind, industriell organisierte Sozialsysteme, in denen individuelle Freiheit und Gewissens-Entscheidungen von Einzelnen als Kraftzentren angesehen wurden, die es auszulöschen galt. Gewissen wurde aktiv zerstört. Wer sich nicht in den politischen Gleichschritt dieser Systeme einfügte, das heißt, wer nicht in die Partei eintrat, war weniger lenkbar und war daher sofort verdächtig.

Di: Du möchtest darauf hinaus, dass erkennende und organisierende Intelligenz unsere Macht und unsere Gegenmacht ausmacht, unser Potenzial und unsere Gefährdung, unser Entwicklungspotenzial und unser Widerstandspotenzial, unser Gutes und unser Böses, unser Gewissen und unsere Willkür, dass das alles in unserer Hand ist, potenziell und aktuell -

Eo: - Je größer unser Freiheitsraum geworden ist, desto größer ist das Maß dessen geworden, wofür wir verantwortlich sind. Zentral verantwortlich sind wir für die Bildung und den Erhalt unseres Gewissens. Es muss uns radikal klar sein, dass das Gewissen nur ein gewachsenes, innerstes Ergebnis sein kann von geübter, gelebter und erlebter Verantwortung und dass es immer neu gepflegt und erneuert werden muss, indem wir uns selbst und das, was wir erleben, mit unserer Erkenntnis durcharbeiten.

Di: Verantwortung und Gewissen beginnen also für das Kleinkind zuhause und im Kindergarten, in der Spielwelt und in der Schule, im Umgang mit der Natur und mit Gleichaltrigen -

Eo: - und durch alle Konflikte hindurch, in denen das Kind von Älteren und Eltern begleitet wird, in denen es die Ideale des Menschlichen als lebendigen Hintergrund von Taten erfährt, in Förderung, Weisung und Bestrafung, im Begleiten auf Weg und Unweg. Bis in die Konflikte der Pubertät sollte es begleitet und mit den Idealen konfrontiert werden, über sie sprechen müssen und sie sprechend begreifen müssen – nur so kann Humanität als eine Realität des Lebens und Gewissens erworben werden und erhalten bleiben.

Di: Du forderst eine sehr Wert-orientierte Begleitung der Erziehung in der Schule?

Eo: Es ist nicht zufällig, dass jetzt, wo wir darüber sprechen, welche Lehren wir aus den sozialen, politischen und wissenschaftlichen Katastrophen der jüngsten Geschichte ziehen sollten, dass wir da auf die schulische Erziehung eingehen. Das bestimmende Motiv und der leitende Gedanke in einer Pädagogik, die die Gewissens-Bildung ernst nimmt, ist das Beziehungslernen, die selbstverständliche Übung, mitzuempfinden, was sich außerhalb meiner selbst ereignet – erkennend und mitfühlend auf die Umgebung bezogen zu sein und sich selbst doch nicht zu vergessen, sich zu artikulieren und verantwortlich praktisch zu handeln und einzugreifen.

Di: Gut, klar, das kann man in der Schule viel mehr üben, und sicher muss da mehr getan werden – aber wenn die Jugendlichen aus der Schule heraus sind, wenn keiner mehr die sozialen Konflikte mit ihnen bespricht, wenn die Erwachsenen mit all ihren Schwächen die Konflikte in stillen, verborgenen Intrigen-Schritten hochtreiben, was wollen wir dagegen vorschlagen?

Eo: Zum Einen muss dann ein solcher früh angelegter Aufbau des Gewissens wirken -

Di: - das ist nicht verlässlich -

Eo: - zum Anderen muss dieses alarmierende, akute Bewusstsein einsetzen, durch das die Menschenrechte in jeder Situation aktualisiert und neu erkannt werden.

Di: Wir haben die Menschenrechte seit zweihundert Jahren, und sie wirken ja eben nicht!

Eo: Ihre Erkenntnis wird nicht individuell akut und nicht alarmierend wachgehalten -

Di: Klar, das Menschenbild, das diese Erörterungen getragen und ergeben hat, ist nicht allgemein verbreitet. Es sind Elemente davon in unserem kulturellen Leben erhalten, die sich aber verschleifen und teils verschliffen sind -

Eo: - es wird ja auch, fast unbestritten, verbreitet, dass es keine verbindlichen Werte gäbe und dass alles relativ sei -

Di: Ja, aber wie würdest Du denn in kurzer Form, für Ungeduldige, verbindliche Werte fassen?

Eo: Ist das denn nicht knapp genug gewesen, was wir über die Entstehung des Christentums, über die Werte im Hochmittelalter, über die Gültigkeit der Revolutions-Ideale und Menschenrechts-Erklärungen, über den „Inneren König" der Klassik, über die neuen Begriffe bei Anbruch der Moderne und über Ideen zum Aufbau von politischem Widerstand gesagt haben?

Di: Nein, bitte, noch einmal zusammenfassend, mit den Worten unserer Tage!

Eo: Gut, dann beziehe ich mich auf Otto Apel und Vittorio Hösle, Philosphen unserer Jahre, ohne sie aber für das, was ich jetzt sage, verantwortlich zu machen:

Der Mensch ist ein sprachliches Wesen: er hat eine Natur des Mitteilens, er spricht zum anderen, er lügt auch zum anderen, aber überwiegend spricht er seine Wahrheiten aus und bemüht sich um Wahrheit und Verständnis, erreicht Verständnis beim Anderen und hört dem Anderen zu, wenn der verstanden zu werden beansprucht. Hier ist der Eine dem Anderen gleich. Er sperrt sich auch und missversteht und manipuliert, aber überwiegend hört er, gibt sich den Worten des Anderen hin und versteht. Im guten Gespräch gilt nicht der Befehl, sondern die Gleichheit des Sagens und Hörens, das Ideal der gewaltlosen, symmetrischen Kommunikation ist in jedem Gespräch enthalten, jeder Mensch kennt diesen Wert der gleichgewichtigen Kommunikation und erkennt ihn als wertvoll, als gültigen Wert an.

Di: Aber bitte, Verzeihung, ist das nicht banal?

Eo: Diese Aussagen sind überhaupt nicht banal in einer Welt, in der Wahrheit und Verstehen von Grund auf bezweifelt werden! Und die Arbeit dafür, dass alle Menschen das Recht erleben, sich durch die Mittel gewaltfreier Kommunikation allein und miteinander zu entwickeln, stellt sich zur Zeit noch keineswegs als banale, sondern als unendlich anstrengende und bestrittene Aufgabe dar.

Di: Es scheint mir so einfach gesagt, es kommt wahrscheinlich noch darauf an, welche Folgerungen Du aus diesen Aussagen ziehst -

Eo: Sprechen beruht auf Hingabe zu den eigenen Worten und auf Hingabe zu den Inhalten, die sie aussagen. Zuhören beruht auf dem Zurücknehmen des eigenen Wesens und auf Hingabe zu den Worten des Anderen, Hingabe zu seinem Wesen und zu den Inhalten, die sich in seinen Worten ausdrücken. Ohne Zurückhaltung und Zuhören, ohne Hingabe gäbe es kein Verstehen. Zurückhaltung und Hingabe ergeben zusammen die gedankliche Grundform der Liebe: ohne Liebe sind Sprechen, Gespräch, Hören und Verstehen nicht möglich. Ohne Liebe ist Menschsein nicht möglich: Liebe ist ein universeller, unbezweifelbarer Wert!

Di: Ja - und weiter?

Eo: Freiheit des Sprechens und Denkens gehören zur Gewaltlosigkeit der Kommunikation, die niemand als einen zentralen Wert des Menschlichen wird bezweifeln können. Menschen sind Wesen der Kommunikation, des Gemeinschaftslebens der Gesellschaft, und so sind sie Wesen der Liebe.

Di: Ja, weiter – ich sage jetzt nicht, das sei banal, aber was ist das Menschenrecht in der Gesellschaft?

Eo: Menschen aller Kulturen, Menschen als Menschen haben dieses Recht der Kommunikation – Im Sprechen artikulieren sie sich, erkennen und verändern sich: sie haben ein Recht darauf, sich selbst zu verändern. – Sie haben ein Recht darauf, durch Sprechen-, Denken-, Selbst-Erkennen und Schreiben-Lernen die Selbst-Veränderung zu erlernen. Sie haben lebenslang ein Recht darauf, durch Sprechen, Denken und Schreiben, durch Kommunikation und Befestigung von Gesprochenem, sich zu wandeln. Sie haben damit ein Recht, ihre Verwandlung mitzuteilen und in Vereinbarungen gültig werden zu lassen. Sie haben ein Recht auf gegenseitig vereinbartes Recht, in dem Menschen sich einander gegenseitig verpflichten. Dieses Recht muss, bevor es befestigt wird, auf freier, gewaltloser, gleicher Bejahung beruhen. Recht kann nur gut sein, wenn es in gewaltloser Kommunikation vereinbart wird. Und es muss die selbstverständliche Position beinhalten, dass es in freier Vereinbarung unter Mündigen revidierbar ist und dass es regelmäßigen Revisionen, Wieder-Betrachtungen, unterworfen ist.

Di: Und Du meinst, diese Sätze würden helfen, verborgene Gewalt in Intrigen zu verhindern?

Eo: Wenn sie ernst genommen werden, für wahr genommen werden, ja, dann helfen sie – sie sind wahr, aber sie werden für den Einzelnen erst wahr, wenn er sie für sich selbst erkennt und für sich wahr macht, indem er nach ihnen handelt.

Di: Also sind wir doch auf die Freiheit des Einzelnen und seines Denkens angewiesen -

Eo: - immer! Das ist die radikale Antwort der Geschichtsbetrachtung: die Freiheit ist ungeheuer gewachsen und der Umfang der Verantwortung in der Freiheit ist ins Ungeheure gewachsen.

Di: Aber woher können wir sicher sein, dass der Einzelne in seiner Freiheit Impulse zum Guten fasst?

Eo: Nicht, wenn er Gedanken dieser Art nicht sucht und sie nicht denken will.

Di: Und wo kann er sie finden, wenn er sie nicht denkend suchen will, was soll man ihm sagen?

Eo: Das sind sehr persönliche Fragen -

Di: - aber müssen sie nicht gestellt werden, wenn letztlich alles allein auf die Person ankommt - ?

Eo: Fragen muss man den Einzelnen, was er empfindet, wenn er morgens nach gutem Schlaf aufwacht -

Di: Erfrischung, neue Kraft -

Eo: - hat er sie selbst gemacht?

Di: - die Natur des Schlafes hat sie ihm gebracht -

Eo: - weiß er etwas über die Zeit im Schlaf?

Di: - Da gibt es doch viele Forschungen: da regeneriert sich alles, der Mensch hat kuriose Traum-Erlebnisse, manches enthält seelische Verarbeitung, anderes scheint nur belastend zu sein, manches nur seltsam, die seelische Traum-Seite aber ist oft nur sekundenlang da, die physische Wieder-Herstellung ist meistens viel stabiler -

Eo: - findet sie auch statt, wenn er etwas richtig Widerliches getan hat am Vortag?

Di: – ja, das ist bemerkenswert, die Schlaf-Natur scheint über das Böse hinwegzuhelfen, es ist etwas vergeben, eine Wieder-Anbindung an das Gutsein und Überwindung des Bösen scheint oft am Morgen möglich, auch eigene Impulse der Vergebung sind am Morgen lebendiger als am Vortag -

Eo: - die Kraft und Tatsache der Vergebung ist zentral im Umgang mit den eigenen Handlungen und den Handlungen Anderer. Der Schlaf, die Erneuerung spielt eine große Rolle dabei -

Di: ja – und?

Eo: Das wird uns geschenkt. Wir wachen auf mit Vergebung, wir finden sie in der Natur unseres Lebens-Rhythmus vor.

Di: Und dafür empfinden wir Dank -

Eo: - der Dank ist an etwas Unbekanntes im Schlaf gerichtet -

Di: - gut, ja -

Eo: Vergebung ist ein Motiv des Guten -

Di: - ja -

Eo: - manchmal reicht die Kraft dazu nicht, Vergebung zu erbitten und Verzeihen zu gewähren -

Di: - klar, Gut-Sein ist anstrengend, über-anstrengend -

Eo: - und doch werden uns die Impulse dazu immer wieder geschenkt -

Di: - wenn wir sie als solche annehmen - in all den großen, aus der Geschichte überkommenen Problemen brauchen wir ungeheure Überwindung, unsere eigene Ehre preiszugeben und übermenschliche Kraft zur Verzeihung, Vergebung.

Eo: Wir haben diese Kraft nicht?

Di: Jetzt muss ich antworten: Nur mit Mühe, wenn wir am Morgen Kraft in uns finden und aufnehmen.

Eo: Vor Tag sie in uns zu ergreifen und zu befestigen, kurz, nachdem wir sie geschenkt bekommen und gespürt haben – das könnte doch helfen -

Di: - Ehre-Zurücklassen, Sich-Erniedrigen, Vergeben-Erbitten, Verzeihen-Gewähren, über Gräben und Schluchten Brücken zu bauen und mit dem, was geblieben ist, neu zu beginnen -

Eo: - das sind unerlässliche Elemente von Problem-Lösungen, nichts davon geht ohne Liebe zum Gegner und Liebe zum Gespräch -

Di: - christliche Motive -

Eo: - und es sind aber auch Motive, die sich aus dem reinen Nachdenken und Erkennen ergeben, von denen wir nicht genug haben, wir brauchen dringend, dass wir sie uns mehr klarmachen und dass sie uns auch mehr geschenkt werden: wir haben zu wenig davon und können doch wissen, woher nehmen -

Di: - Schluss jetzt - genug gesagt, es ist alles besprochen, was ich mir gewünscht habe, ich danke Dir!

Anmerkungen

Die Ziffern der Anmerkungen beziehen sich auf die Seitenzahlen des Buches.

10 Siehe: PANZER; Wolfgang, Flutsagen und Wirklichkeit, Festvortrag, Frankfurt a.M., 25.8.1955, Manuskriptdruck

11 Siehe Platons Dialog POLITIKOS (Der Staatsmann), PLATON, Sämtliche Werke 5, Politikos, Philebos, Timaios, Kritias = rororo Taschenbuch Rowohlts Klassiker, Griechische Philosophie Bd 6, Hamburg 1959, S. 24 ff., (Stephanus-Notierung 268d – 274e)

15 Zu den neuesten Funden um Göbekli Tepe: VOSS, Thomas, Sesshaftwerdung – Ein Zusammenklang der Kultivierung von Landschaft und Seele?, in: HESSE, Sibylla und VOSS, Thomas, Göbekli Tepe und der Prozess der Sesshaftwerdung, Kassel: Bildungswerk Beruf und Umwelt, 2011, S. 103 - 210

18 HASENFRATZ, Hans-Peter, Zarathustra, in: ANTES, Peter, Große Religionsstifter, München: Beck, 1992, S. 9-31

19 Angaben zur Lebenszeit Zarathustras: BEMMELEN, D.J. van, Zarathustra, Stuttgart: Mellinger, 1975, S. 13 ff.

20 Anregungen zur gedanklichen Form dieser Darstellungen, so auch hier zur Kultur Mesopotamiens, stammen vielfach aus Geschichtsunterrichten in den Oberstufen von Waldorfschulen und aus Kursen mit deren Dozenten, Lehrern und Schülern. Hervorgegangen sind die Ideen zu der gedanklichen Form der Unterrichte oft aus den Lehrplan-Angaben für die Waldorfschulen von Rudolf Steiner. Sie sind beispielhaft dargestellt bei: LINDENBERG, Christoph, Geschichte lehren, Stuttgart: Freies Geistesleben, 1981

23 Zu den Göttern: KRAMER, Samuel Noah, Mesopotamien, Frühe Staaten an Euphrat und Tigris, Reinbek bei Hamburg: rororo, 1979, S. 100

25 ANDRAE, Walter, Alte Feststraßen im Nahen Osten, Stuttgart: Freies Geistesleben, 1964, S. 9-20 und S. 35 ff.

26 Nacherzählung des Gilgamesch-Epos: BROCKHOFF, Victoria, und LAUBOECK, Hermann, Als die Götter noch mit den Menschen sprachen, Gilgamesch und Enkidu, Freiburg: Herder, 1981

27 TEICHMANN, Frank, Der Mensch und sein Tempel – Ägypten, Stuttgart: Urachhaus 1978

32 Drei Generationen von Göttern: HIEBEL, Friedrich, Die Botschaft von Hellas, S. 43 ff.

35 Alexander und Jerusalem: BOCK, Emil, Cäsaren und Apostel, Beiträge zur Geistesgeschichte der Menschheit, Bd.4, S. 40 ff.

42 Zu Antiochus Epiphanes IV.: BOCK, Ebenda, S. 60 ff.

49 Inschrift für Augustus, den Erlöser: BOCK, Ebenda, S. 101

50 Tod des Augustus: FRANKE, Franz Richard, ROM, von der Gründung der Stadt bis zum Tod des Augustus = Bilder aus der Weltgeschichte, Heft 2, Frankfurt/Main: Diesterweg, 1973, S.68 f.

52 Entrückung – Einwohnung: BOCK (siehe Anm. zu S. 35), S. 194

61 LINDENBERG (siehe Anm. zu S. 20), S. 175

65 Zum Streit über die Göttlichkeit Christi: KUPISCH, Karl, Kirchengeschichte, Band I, Von den Anfängen bis zu Karl dem Großen, Stuttgart: Kohlhammer, 1973, S. 70 ff. und: OSTERRIEDER, Markus, Sonnenkreuz und Lebensbaum, Irland, der Schwarzmeer-Raum und die Christianisierung der europäischen Mitte, Stuttgart: Urachhaus, 1995, S. 80 ff.

69 Zu Ulfilas/Wulfila: OSTERRIEDER (Anm. zu S. 65), S. 88 ff.

71 Zum Arianismus: OSTERRIEDER (Anm. zu S. 65), S. 86-94. Zum Christentum in Irland: STREIT, Jakob, Sonne und Kreuz, Irland zwischen Megalithkultur und frühem Christentum, Stuttgart: Freies Geistesleben, 1977

72 Zum irischen Christentum vor St. Patrick: STREIT, (Anm. zu S. 71), S. 63 f. – Die Sage über König Conchobar ist nacherzählt bei DÜHNFORT, Erika, Am Rande von Atlantis, von irischen Heiligen, Helden und Druiden, Stuttgart: Freies Geistesleben, 1982, S. 39 ff. - Zur Katholisierung der irischen Klöster: OSTERRIEDER (Anm. zu S. 65), S. 95 ff. und: STREIT (Anm. zu S. 71), S. 177 ff.

74 zur Konstantinischen Schenkung: KUPISCH (Anm. zu S. 65), S 145 f.

75 Zu Pelagius: STREIT (Anm. zu S. 71), S. 133 ff.

76 Zum Konzil von Konstantinopel und der Zwei-Seelen-Lehre: OSTERRIEDER (Anm. zu S. 65), S. 239 ff.

81-83 Konsonanten-Beziehungen aus einem Vortrag von Wilhelm Maas. Differenzierte Darstellungen und Untersuchungen zu den angedeuteten Inhalten und Problem-Bereichen, die von westlich-christlichen Aspekten aus gegenüber dem Islam auftreten: MAAS, Wilhelm, Arabismus, Islam, Christentum, Stuttgart: Urachhaus, 1991. Vom gleichen Autor: Im Namen des barmherzigen Gottes? – Der Islam zwischen Fundamentalismus und Erneuerung, Stuttgart: Urachhaus, 1999

85 Das Schwert im Mund Christi, Abbildung einer Miniatur von 1270 in: HOLST; Niels von, Der Deutsche Ritterorden und seine Bauten, von Jerusalem bis Sevilla, von Thorn bis Narwa, Berlin: Mann, 1981, S, 10

88 Folgen der Kreuzzüge, neue Künste und Waren, nach: HORN, Bernhard und STIELOW, Rudolf, Das Hochmittelalter = Bilder aus der Weltgeschichte, Heft 4, Frankfurt/Main: Diesterweg, 1976, S. 56 ff.

89 Zur Ritter-Ausbildung das Kapitel „Ritter, Mönche und Bauern" in: SCHMELZER, Albert, Aktuelles Mittelalter – Zum Geschichtsunterricht der 11. Klasse an Waldorfschulen, Stuttgart: Freies Geistesleben, 2003, S. 124 ff.

91 Zur Gründung der Johanniter: SELG, Peter, Die Reinheit des Ordens und das Opfer, Friedrich Schillers Johanniter-Fragment „Die Malteser", Dornach: Verlag am Goetheanum, 2010, S. 33 ff.

92-94 Zum Orden der Templer: SCHMELZER (Anm. zu S. 89), S. 181 ff.

95 WOLFRAM VON ESCHENBACH, Parzival, in Prosa übertragen von Wilhelm STAPEL, München, Wien: Langen-Müller, 1979 und weitere Auflagen

96 Zu Alanus: ALANUS AB INSULIS, Der Anticlaudian oder Die Bücher von der himmlischen Erschaffung des Neuen Menschen, übers. und eingel. von Wilhelm RATH, Stuttgart: Mellinger, 1966

100 Zur Bildlichkeit der Kathedrale von Chartres: TEICHMANN, Frank, Der Mensch und sein Tempel – Chartres, Schule und Kathedrale, Stuttgart: Urachhaus, 1991

102 Tugenden und Laster am Südportal: TEICHMANN (Anm. zu S. 100), S. 156 f.

105 Ketzer: GRUNDMANN, Herbert, Religiöse Bewegungen im Mittelalter, Darmstadt: Wissenschaftliche Buchgesellschaft, 1970

117 Zitat über Päpste als Henker und Scharfrichter: WEHR, Gerhard, Jan Hus, Ketzer und Reformator, Gütersloh: Mohn, 1979, S. 36. Zitat zur Freiheit: Ebenda, S. 42. Zitat zum Widerstand gegen den Papst: Ebenda, S. 52

122 - 126 Diese Liste ist natürlich unvollständig, mehr z.B. in: KINDER, Hermann und HILGEMANN, Werner, dtv-Atlas zur Weltgeschichte, Karten und chronologischer Abriss, Bd. I, Von den Anfängen bis zur Französischen Revolution, München 1964, S. 213, 215, 221

135 Zu den folgenden Stadien und Autoren der Politischen Philosophie: SCHWAN, Alexander, Politische Theorien des Rationalismus und der Aufklärung, in: LIEBER, Hans Joachim (Hg.), Politische Theorien von der Antike bis zur Gegenwart, Wiesbaden: Fourier, 2000, S. 157 – 257

138 Anregungen zu der folgenden gedanklichen Form der Darstellung zu Montesquieu und Rousseau stammen aus den Vorlesungen von Alexander SCHWAN zur Geschichte der politischen Philosophie am Otto-Suhr-Institut der FU Berlin 1975.

158 Zu Wilhelm von Humboldt und seiner Jugendschrift zum Staat: IBING, Arnold, Neuorientierung des Staatsbewusstseins – Die Staatsauffassung Wilhelm von Humboldts und die Erweiterung ihrer Anregungen durch Rudolf Steiner, Berlin (Diss.-Druck) 1979. Neuerdings hat sich Dietrich Spitta sehr eingesetzt, die Aktualität der Gedanken Humboldts erneut ins Gespräch zu bringen: SPITTA, Dietrich, Die Staatsidee Wilhelm von Humboldts, Berlin: Duncker & Humblot, 2004, und vom gleichen Autor: Menschenbildung und Staat - Das Bildungsideal Wilhelm von Humboldts angesichts der Kritik des Humanismus, Stuttgart, Berlin: Mayer, 2006

159 - 160 Humboldt-Zitate: IBING (Anm. zu S. 158), S. 36-41

162 – 163 Humboldt-Zitat: IBING (Anm. zu S. 158), S. 59

181 Die Momente und Stufen des Kolonialismus lassen sich gut verfolgen bei: MIECK, Ilja, Europäische Geschichte der Frühen Neuzeit – Eine Einführung, Stuttgart: Kohlhammer, 1970, und ergänzend in verschiedenen Abteilungen des dtv-Atlas Bd. I (Anm. zu S. 122-126). Zusammenfassend: IBING, Arnold, Die dynamisierende Kraft des Kolonialismus in der europäischen Neuzeit, in: Entwicklungspolitik, Material für einführende Diskussionen im Problembereich der Entwicklungspolitik, hg. Vom IAK (Internationaler Arbeitskreis, bundesdeutsche Sektion der ISMUN, International Student Movement for the United Nations), Manuskriptdruck, Berlin 1974, S. 81 – 134

189 Angaben zum Arbeiter-Elend: TROG, Walter, Die Nationale und die Industrielle Revolution, = Bilder aus der Weltgeschichte, Heft 11, Frankfurt/Main: Diesterweg, 1974, S. 42 ff.

199 Angaben zu den Opfern im Kongo: MURRAY, Andrew, The imperial controversy, challenging the empire apologists, Croyden: Manifesto Press, 2009, S. 53

201 Wilhelm II. über Gott und Preußen: HOFFMANN, Joachim, Der Imperialismus und der Erste Weltkrieg = Bilder aus der Weltgeschichte, Heft 13, Frankfurt/Main: Diesterweg, 1974, S. 18 f.

204 Die tragischen Zuspitzungen in den Tagen vor dem Ausbruch des Ersten Weltkrieges sind genau dargestellt und dokumentiert in: GEISS, Immanuel, Juli 1914, München: dtv, 1980, S. 264 ff.: „Um die britische Neutralität und die russische Generalmobilmachung (29. - 31. Juli)" und S. 344 ff.: „Vom Kontinentalkrieg zum Weltkrieg (1. Bis 4. August)"

205 – 206 Zum Verhalten Helmuth von Moltkes dessen eigener Bericht „Zur ‚Schuld' am Kriege – Betrachtungen und Erinnerungen", in: KÜHN, Hans, Dreigliederungs-Zeit – Rudolf Steiners Kampf für die Gesellschafts-ordnung der Zukunft, Dornach: Philosophisch-Anthroposophischer Verlag, 1978, S. 185 ff. Zu den hier genannten Vorgängen besonders S. 190-193.

215 Zum Anwachsen der Staaten / Währungen / Zollgebiete in Europa nach 1919: RIEMECK, Renate, Mitteleuropa – Bilanz eines Jahrhunderts, Freiburg: Die Kommenden, S. 147

227 STEINER, Rudolf, Die Philosophie der Freiheit, Grundzüge einer modernen Weltanschauung – Seelische Beobachtungsresultate nach naturwissenschaftlicher Methode, Dornach: Rudolf Steiner-Nachlassverwaltung, 1973 und weitere Auflagen. Wurfparabel: S. 88; Wahrnehmen und Denken: S. 89 ff.

241 Zu Keynes: WIKIPEDIA, Artikel „Keynes". Er schrieb nach seinem Rücktritt aus der britischen Delegation bei der Versailler Friedensverhandlungen sein Buch „Die wirtschaftlichen Folgen des Friedensvertrages (The Economic Consequences of the Peace)" im August und September 1919, in dem er seine Warnungen veröffent-lichte.

242 Angaben zur Inflation: Dirk HOFFMANN, Friedhelm SCHÜTZE, Weimarer Republik und nationalsozialistische Herrschaft, Paderborn: Schöningh, 1989, S. 57

243 Zahlen zur Inflation: GÖBEL, Walter, Abiturwissen, Die Weimarer Republik, Stuttgart: Klett, 1990, S. 56, und: HOFFMANN, Joachim, Die großen Krisen 1917-1933 = Bilder aus der Weltgeschichte, Heft 14, Frankfurt/Main: Diesterweg, 1975, S. 60 f.

244 Anzahl der Morde: HOFFMANN (siehe Anm. zu S. 243), S. 57

248 Redeverbot für Hitler: Der Aufstieg der NSDAP in Augenzeugenberichten, hg. u. eingel. v. Ernst DEUERLEIN, Tb. München: dtv, 1982, S. 246

249 HOFFMANN/SCHÜTZE, (siehe Anm. zu S. 242), S. 64

250 Arbeitslosenzahlen: PANDEL, Hans-Jürgen, Inflation und Arbeitslosigkeit: Wirtschaftliche Krisen der Weimarer Republik, Stuttgart: Klett, 1988, S. 48. Zu den Wahlen 1930: NEEBE, Reinhard, Die Republik von Weimar 1918-1933 Demokratie ohne Demokraten?, Stuttgart: Klett, 1987, S. 122

251 Zur fanatisierenden Wirkung der Reden Hitlers: FEST, Joachim, Hitler – Eine Biographie, Berlin: Ullstein, 11. Aufl. 2010, S. 468 ff.

252 Brünings Unterredung mit Hitler: BRÜNING, Heinrich, Memoiren 1918-1934, Bd. 1, Stuttgart: DVA 1972, S. 203 ff., Angabe nach: HOFFMANN/SCHÜTZE, (Anm. zu S. 242), S. 100 f., und LINDENBERG, Christoph, Die Technik des Bösen, Zur Vorgeschichte und Geschichte des Nationalsozialismus, Stuttgart: Freies Geistesleben, 2/1979, S. 54

255 Zum Wahlkampf im Sommer 1932: WIKIPEDIA, Artikel „Sturmabteilung"

258 Zahlen zu den Terror-Opfern 1933: HOFFMANN / SCHÜTZE, (Anm. zu S. 242), S. 115

266 Zum Ostfeldzug: HOFFMANN / SCHÜTZE, (Anm. zu S. 242), S. 186 f.; über die russischen Kriegsgefangenen und Zwangsarbeiter: WIKIPEDIA, Artikel „NS Zwangsarbeit", Kapitel „Kriegsgefangene als Zwangsarbeiter"

266-267 Länder und Opferzahlen: GILBERT, Martin, Endlösung, Reinbek: rororo, 1982, S. 244, zitiert nach: HOFFMANN / SCHÜTZE, (siehe Anm. zu S. 242), S. 204

269 Zahl der Vermissten aus: GROSCHE, Heinz, Der Nationalsozialismus und der Zweite Weltkrieg, Frankf./Main: Diesterweg, 1977, = Bilder aus der Weltgeschichte, Heft 15, S. 124. Alle übrigen Opferzahlen zum II. Weltkrieg aus: WIKIPEDIA, „Zweiter Weltkrieg", Kapitel „Opferzahlen"

276 Zu Apel und Hösle: HÖSLE, Vittorio, Die Krise der Gegenwart und die Verantwortung der Philosophie: Transzendentalpragmatik, Letztbegründung, Ethik, München: Beck, 1994